Devocional
com papa Francisco

Devocional
com papa Francisco

Meditações diárias
para uma vida com Deus

Organização
Marcelo Cavallari

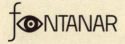

Copyright © 2016 by Libreria Editrice Vaticana

O selo Fontanar foi licenciado pela Editora Schwarcz S.A.

Grafia atualizada segundo o Acordo Ortográfico da Língua Portuguesa de 1990, que entrou em vigor no Brasil em 2009.

CAPA E PROJETO GRÁFICO Claudia Espínola de Carvalho

PREPARAÇÃO Andressa Bezerra Corrêa

REVISÃO Márcia Moura, Marise Leal

Dados Internacionais de Catalogação na Publicação (CIP)
(Câmara Brasileira do Livro, SP, Brasil)

Francisco, Papa, 1936-
 Devocional com Papa Francisco: Meditações diárias para uma vida com Deus / Jorge Bergoglio ; organização Marcelo Cavallari — 1ª ed. — São Paulo : Fontanar, 2016.

 ISBN 978-85-8439-047-2

 1. Devoções diárias 2. Francisco, Papa, 1936- Mensagens 3. Orações 4. Vida cristã I. Cavallari, Marcelo II. Título.

16-07686   CDD-242.2

Índice para catálogo sistemático:
1. Meditações diárias : Cristianismo 242.2

11ª reimpressão

Todos os direitos desta edição reservados à
EDITORA SCHWARCZ S.A.
Rua Bandeira Paulista, 702, cj. 32
04532-002 — São Paulo — SP
Telefone: (11) 3707-3500
facebook.com/Fontanar.br
instagram.com/editorafontanar

Devocional
com papa Francisco

1º DE JANEIRO

SOLENIDADE DA SANTA MÃE DE DEUS

Confraternização Universal, Dia Mundial da Paz

Foram então às pressas, e encontraram Maria, José e o recém-nascido deitado na manjedoura. Vendo-o, contaram o que lhes fora dito a respeito do menino; e todos os que os ouviam ficavam maravilhados com as palavras dos pastores. Maria, contudo, conservava cuidadosamente todos esses acontecimentos e os meditava em seu coração. Lucas 2,16-9

Maria é a mãe da esperança, o ícone mais expressivo da esperança cristã. Toda a sua vida, a partir do "sim" proferido no momento da Anunciação, é um conjunto de atitudes de esperança. Maria não sabia como poderia ser mãe, mas confiou totalmente seu destino ao mistério que estava para se cumprir, tornando-se a mulher da esperança.

ORAÇÃO

Maria, mulher da escuta, abre os nossos ouvidos; faz com que saibamos ouvir a Palavra do teu filho, Jesus, no meio das mil palavras deste mundo; faz com que saibamos ouvir a realidade em que vivemos, cada pessoa que encontramos, especialmente quem é pobre e necessitado e que se acha em dificuldade.

Maria, mulher da decisão, ilumina a nossa mente e o nosso coração, a fim de que saibamos obedecer à Palavra do teu filho, Jesus, sem hesitações; concede-nos a coragem da decisão, de não nos deixarmos levar para que outros orientem a nossa vida.

Maria, mulher da ação, faz com que as nossas mãos e os nossos pés se movam "apressadamente" rumo aos outros, para levar a eles a caridade e o amor do teu filho, Jesus; para levar ao mundo, como tu, a luz do Evangelho. Amém!

2 DE JANEIRO

isto ouvi uma voz forte que, do trono, dizia: "Eis a tenda de Deus com os homens. Ele habitará com eles; eles serão o seu povo, e ele, Deus-com-eles, será o seu Deus. Ele enxugará toda lágrima dos seus olhos, pois nunca mais haverá morte, nem luto, nem clamor, e nem dor haverá mais. Sim! As coisas antigas se foram!". O que está sentado no trono declarou então: "Eis que eu faço novas todas as coisas". APOCALIPSE 21,3-5

Ouvimos a estupenda visão de são João: um novo Céu e uma nova terra e, em seguida, a Cidade Santa que desce de junto de Deus. Tudo é novo, transformado em bondade, em beleza, em verdade; não há mais lamento nem luto… Tal é a ação do Espírito Santo: Ele nos traz a novidade de Deus; vem a nós e faz novas todas as coisas, nos transforma. O Espírito nos transforma! E a visão de são João nos lembra de que todos nós estamos a caminho da Jerusalém celeste, a novidade definitiva para nós e para toda a realidade, o dia feliz em que poderemos ver o rosto do Senhor — aquele rosto maravilhoso, tão belo do Senhor Jesus — e estar para sempre com Ele, no seu amor.

ORAÇÃO

Misericórdia e piedade é o Senhor, Ele é amor, é paciência, é compaixão. O Senhor é muito bom para com todos, Sua ternura abraça toda criatura.

3 DE JANEIRO

ntão Pedro, repleto do Espírito Santo, lhes disse: "Chefes do povo e anciãos! Uma vez que hoje somos interrogados judicialmente a respeito do benefício feito a um enfermo e de que maneira ele foi curado, seja manifesto a todos vós e a todo o povo de Israel: é em nome de Jesus Cristo, o Nazareu, aquele a quem vós crucificastes, mas a quem Deus ressuscitou dentre os mortos, é por seu nome e por nenhum outro que este homem se apresenta curado diante de vós". ATOS DOS APÓSTOLOS 4,8-10

Nós somos homens em tensão, somos também homens contraditórios e incoerentes, pecadores, todos. Mas homens que querem caminhar sob o olhar de Jesus. Nós somos pequenos, somos pecadores, mas queremos militar sob a insígnia da Cruz na Companhia que se distingue com o nome de Jesus. Nós, que somos egoístas, queremos, contudo, viver uma vida agitada por grandes desejos. Renovemos então a nossa oblação ao Eterno Senhor do universo para que, com a ajuda da sua Mãe gloriosa, possamos querer, desejar e viver os sentimentos de Cristo, que se despojou a si mesmo. Como escreveu são Pedro Fabro, "nunca procuremos nesta vida um nome que não se reate ao de Jesus". E peçamos a Nossa Senhora para estar com o seu Filho.

ORAÇÃO

Ó Deus, que constituístes a Vosso Filho unigênito como Salvador do gênero humano e ordenastes que fosse chamado Jesus, concedei benigno que, venerando na terra o seu santo nome, gozemos também de Sua presença no Céu.

4 DE JANEIRO

õe-te em pé, resplandece, porque a tua luz é chegada, a glória do Senhor raia sobre ti. Com efeito, as trevas cobrem a terra, a escuridão envolve as nações, mas sobre ti levanta-se o Senhor e a sua glória aparece sobre ti. As nações caminharão na tua luz, e os reis, no clarão do teu sol nascente. Isaías 60,1-3

Neste mundo, nesta humanidade, nasceu o Salvador, que é Cristo Senhor. Detenhamo-nos diante do Menino de Belém. Deixemos que o nosso coração se comova: não tenhamos medo disso. Não tenhamos medo de que o nosso coração se comova! Precisamos disso. Deixemos que ele se abrase pela ternura de Deus; precisamos de suas carícias. As carícias de Deus não fazem feridas: elas nos dão paz e força. Precisamos das Suas carícias. Deus é grande no amor; a Ele, o louvor e a glória pelos séculos!

ORAÇÃO

Deus é paz: peçamos-Lhe que nos ajude a construí-la, a cada dia, na nossa vida, na nossa família, nas nossas cidades e nações, no mundo inteiro. Deixemo-nos comover pela bondade de Deus.

5 DE JANEIRO

ós sereis para mim um reino de sacerdotes e uma nação santa.
Êxodo 19,6

A Igreja é o templo do Espírito Santo, onde Deus age, onde cada um de nós, com o dom do Batismo, é uma pedra viva. Isso nos diz que, se alguém porventura disser ao outro "Vai para casa, tu és inútil", isso não é verdade, porque na Igreja ninguém é inútil, todos nós somos necessários para construir este templo! Ninguém é secundário, aos olhos de Deus todos somos iguais! Um de vós poderia dizer: "Ouça, senhor papa, Vossa Santidade não é igual a nós!". Sim, sou como cada um de vós, todos nós somos iguais, somos irmãos! Ninguém é anônimo: todos nós formamos e construímos a Igreja. Se faltar o tijolo da nossa vida cristã, faltará também algo da beleza da Igreja. Alguns afirmam "Nada tenho a ver com a Igreja", mas assim falta o tijolo de uma vida neste bonito templo. Ninguém pode ir embora, todos nós devemos oferecer à Igreja a nossa vida, o nosso coração, o nosso amor, o nosso pensamento e o nosso trabalho!

ORAÇÃO

O Senhor conceda a todos nós a sua graça e a sua força, a fim de podermos estar profundamente unidos a Cristo, que é a pedra angular, o pilar, a pedra fundamental da nossa existência e de toda a vida da Igreja. Oremos a fim de que, animados pelo seu Espírito, sejamos sempre pedras vivas da sua Igreja.

6 DE JANEIRO

SOLENIDADE DA EPIFANIA DO SENHOR

Dia de Reis

les, revendo a estrela, alegraram-se imensamente. Ao entrar na casa, viram o menino com Maria, sua mãe, e, prostrando-se, o homenagearam. Em seguida, abriram seus cofres e ofereceram-lhe presentes: ouro, incenso e mirra. MATEUS 2,10-1

Na festa da Epifania, em que recordamos a manifestação de Jesus à humanidade no rosto de um menino, sentimos ao nosso lado os Magos como sábios companheiros de estrada. O seu exemplo nos ajuda a levantar os olhos para a estrela e seguir os anseios grandes do nosso coração. Ensina-nos a não nos contentar com uma vida medíocre, sem "grandes voos", e sim a deixarmo-nos sempre fascinar pelo que é bom, verdadeiro, belo… por Deus, que é tudo isso elevado ao máximo! E ensina-nos a não nos deixarmos enganar pelas aparências, por aquilo que, aos olhos do mundo, é grande, sábio e poderoso.

ORAÇÃO

Ó Deus, que hoje revelastes o Vosso Filho às nações, guiando-as pela estrela, concedei aos Vossos servos e servas, que já Vos conhecem pela fé, contemplar-Vos um dia face a face no Céu. Por nosso Senhor Jesus Cristo, Vosso Filho, na unidade do Espírito Santo.

7 DE JANEIRO

epois disso, eis que vi uma grande multidão, que ninguém podia contar, de todas as nações, tribos, povos e línguas. Estavam de pé diante do trono e diante do Cordeiro, trajados com vestes brancas e com palmas na mão. E, em alta voz, proclamavam: "A salvação pertence ao nosso Deus, que está sentado no trono, e ao Cordeiro!". APOCALIPSE 7,9-10

Quase sempre os acontecimentos da história reclamam uma leitura complexa, podendo eventualmente incluir também a dimensão da fé. Certamente os acontecimentos eclesiais não são mais complicados do que os da política ou da economia; mas possuem uma característica fundamental própria: seguem uma lógica que não obedece primariamente a categorias por assim dizer mundanas e, por isso mesmo, não é fácil interpretá-los e comunicá-los a um público amplo e variado. Realmente a Igreja, apesar de ser indubitavelmente uma instituição também humana e histórica, com tudo o que isso implica, não é de natureza política, mas essencialmente espiritual: é o Povo de Deus, o povo santo de Deus, que caminha rumo ao encontro com Jesus Cristo. Somente colocando-se nesta perspectiva é que se pode justificar plenamente aquilo que a Igreja católica realiza.

ORAÇÃO

Repletos de alegria, invoquemos a Deus recompensa e glória de todos os santos e santas e digamos: "Salvai-nos, Senhor, pela intercessão de Vossos santos".

8 DE JANEIRO

"*Arrependei-vos, e cada um de vós seja batizado em nome de Jesus Cristo para a remissão dos vossos pecados. Então recebereis o dom do Espírito Santo. Pois para vós é a promessa, assim como para vossos filhos e para todos aqueles que estão longe, isto é, para quantos o Senhor, nosso Deus, chamar."* Com muitas outras palavras conjurava-os e exortava-os, dizendo: "Salvai-vos desta geração perversa". Aquelas, pois, que acolheram a sua palavra, fizeram-se batizar.* Atos dos Apóstolos 2,38-41

O Batismo é o nosso nascimento como filhos da Mãe-Igreja. Gostaria de vos dirigir uma pergunta: quem de vós sabe em que dia foi batizado? Poucos! Agora, tendes um dever em casa! "Mãe, pai, me digam: quando fui batizado?" É muito importante, porque se trata do dia do nosso nascimento como filhos de Deus. Como é grande o dom de ser Igreja, de fazer parte do povo de Deus! Na harmonia, na comunhão das diversidades, que é obra do Espírito Santo, porque o Espírito Santo é harmonia e cria harmonia: é uma dádiva, e devemos permanecer abertos para recebê-la!

ORAÇÃO

Deus eterno e todo-poderoso, que, sendo Cristo batizado no Jordão e pairando sobre ele o Espírito Santo, o declarastes solenemente Vosso Filho, concedei aos Vossos filhos adotivos, renascidos da água e do Espírito Santo, perseverar constantemente em Vosso amor. Por nosso Senhor Jesus Cristo, Vosso Filho, na unidade do Espírito Santo.

9 DE JANEIRO

 caridade não pratica o mal contra o próximo. Portanto, a caridade é a plenitude da Lei. Epístola aos Romanos 13,10

Santo Inácio de Antioquia tem aquela expressão densa, com a qual define a Igreja de Roma: "A Igreja que preside à caridade" (na saudação da carta aos romanos). Por isso, vos convido a colaborar "na fé e na caridade de Jesus Cristo, nosso Deus", recordando-vos que nosso agir só será eficaz se permanecer arraigado na fé, se for alimentado pela oração, de modo especial pela Sagrada Eucaristia, sacramento da fé e da caridade.

ORAÇÃO

Ó Deus misericordioso, concedei que a Vossa Igreja, reunida no Espírito Santo, se consagre ao Vosso serviço num só coração e numa só alma. Por nosso Senhor Jesus Cristo, Vosso Filho, na unidade do Espírito Santo.

10 DE JANEIRO

queles que haviam sido dispersos desde a tribulação que sobreviera por causa de Estevão espalharam-se até a Fenícia, Chipre e Antioquia, não anunciando a ninguém a Palavra, senão somente a judeus. Havia entre eles, porém, alguns cipriotas e cireneus. Estes, chegando a Antioquia, falaram também aos gregos, anunciando-lhes a Boa-Nova do Senhor Jesus. A mão do Senhor estava com eles, e um grande número, abraçando a fé, converteu-se ao Senhor. ATOS DOS APÓSTOLOS 11,19

Os cristãos proclamavam a Palavra. Traziam este ardor apostólico no coração; e assim é que a fé se difunde! Algumas pessoas de Chipre e de Cirene, que tinham se tornado cristãs, chegadas a Antioquia, começaram a falar também aos gregos. Dado que isso era então inconcebível, porque se pregava só aos judeus, de quem foi essa iniciativa de falar aos gregos? Foi do Espírito Santo, aquele que impelia avante, sempre mais.

ORAÇÃO

Respirai em mim, ó Espírito Santo, para que seja santo o meu pensar. Impeli-me, ó Espírito Santo, para que seja santo o meu agir. Atraí-me, ó Espírito Santo, para que eu ame o que é santo. Fortalecei-me, ó Espírito Santo, para que eu proteja o que é santo. Protegei-me, ó Espírito Santo, para que jamais eu perca o que é santo. Amém.

11 DE JANEIRO

ão penseis que vim trazer paz à terra. Não vim trazer paz, mas espada. Com efeito, vim contrapor o homem ao seu pai, a filha à sua mãe e a nora à sua sogra. Em suma: os inimigos do homem serão os seus próprios familiares. Aquele que ama pai ou mãe mais do que a mim não é digno de mim. E aquele que ama filho ou filha mais do que a mim não é digno de mim. Aquele que não toma a sua cruz e me segue não é digno de mim. Aquele que acha a sua vida vai perdê-la, mas quem perde a sua vida, por causa de mim, vai achá-la. MATEUS 10,34-9

As revoluções da história mudaram os sistemas políticos e econômicos, mas nenhuma delas modificou de fato o coração do homem. A verdadeira revolução, que transforma radicalmente a vida, foi Jesus Cristo quem realizou através da sua Ressurreição. Bento XVI dizia, sobre essa revolução, que "é a maior mudança da história da humanidade". Um cristão, se não for revolucionário nestes tempos, não é cristão! Deve ser revolucionário pela graça! A graça que o Pai nos dá — através de Jesus Cristo crucificado, morto e ressuscitado — nos torna revolucionários.

ORAÇÃO

Deus eterno e onipotente, vinde em auxílio da nossa fraqueza, com o exemplo dos que deram a vida por Jesus, e fazei que o seu testemunho glorioso aumente o vigor da nossa fé. Por Cristo, nosso Senhor.

12 DE JANEIRO

endito *o Senhor que me aconselha; durante a noite a minha consciência me adverte.* SALMOS 16,7

Este é outro dom do Espírito Santo: o dom do conselho. Sabemos como é importante, nos momentos mais delicados, poder contar com sugestões de pessoas sábias e que nos amam. Através do conselho, o próprio Deus, com o seu Espírito, ilumina o nosso coração, fazendo com que compreendamos o modo justo de falar e de nos comportar e o caminho que devemos seguir. Mas como age esse dom em nós? No momento em que o recebemos e o hospedamos no nosso coração, o Espírito Santo começa imediatamente a nos tornar sensíveis à sua voz e a orientar os nossos pensamentos, sentimentos e intenções segundo o coração de Deus. Ao mesmo tempo, nos leva, cada vez mais, a dirigir o olhar interior para Jesus, como modelo do nosso modo de agir e de nos relacionar com Deus Pai e com os irmãos.

ORAÇÃO

Vinde, Espírito de Conselho, assisti-me em todos os negócios desta vida instável, tornai-me dócil às Vossas inspirações e guiai-me sempre pelo reto caminho dos divinos mandamentos. Glória ao Pai.

13 DE JANEIRO

omo pela desobediência de um só homem todos se tornaram pecadores; assim, pela obediência de um só, todos se tornarão justos. Ora, a Lei interveio para que avultasse a falta; mas, onde abundou o pecado, a graça superabundou, para que, como imperou o pecado na morte, assim também imperasse a graça por meio da justiça, para a vida eterna, através de Jesus Cristo, nosso Senhor. Epístola aos Romanos 5,19-21

Talvez algum de nós possa pensar: o meu pecado é tão grande, o meu afastamento de Deus é como o do filho mais novo da parábola, a minha incredulidade é como a de Tomé; não tenho coragem para voltar, para pensar que Deus possa me acolher e esteja à espera de mim. Mas é exatamente por ti que Deus espera! E a única coisa que pede em troca é que tenhas coragem de ir até Ele.

ORAÇÃO

Sei que a bondade do Senhor eu hei de ver na terra dos viventes. Espera no Senhor e tem coragem, espera no Senhor!

14 DE JANEIRO

amuel não conhecia ainda ao Senhor, e a palavra do Senhor não lhe tinha sido ainda revelada. O Senhor voltou a chamar Samuel pela terceira vez. Ele se levantou, aproximou-se de Eli e disse: "Aqui estou, porque me chamaste". Então Eli compreendeu que era o Senhor que chamava o menino e disse a Samuel: "Vai deitar-te e, se te chamar de novo, dirás: 'Fala, Senhor, que o teu servo ouve'", e Samuel foi se deitar no seu lugar. Veio o Senhor e ficou ali presente. Chamou, como das outras vezes: "Samuel! Samuel!", e Samuel respondeu: "Fala, que teu servo ouve". 1 SAMUEL 3,7-10

Queridos adolescentes e jovens, amai cada vez mais a Jesus Cristo! Nossa vida é uma resposta ao seu chamado, e vós sereis felizes e construireis bem a vossa vida se souberdes responder a esse chamado. Na oração, no diálogo com Ele, na leitura da Bíblia, descobrireis que Ele está verdadeiramente próximo. E aprendei também a interpretar os sinais de Deus na vossa vida! Ele nos fala sempre, também, através dos acontecimentos da nossa época e da nossa existência de cada dia; cabe a nós ouvi-lo.

ORAÇÃO

Ó Deus, atendei como Pai às preces do Vosso povo; dai-nos a compreensão dos nossos deveres e a força de cumpri-los. Por nosso Senhor Jesus Cristo, Vosso Filho, na unidade do Espírito Santo.

15 DE JANEIRO

assado o sábado, Maria Madalena e Maria, mãe de Tiago, e Salomé compraram aromas para ir ungi-lo. De madrugada, no primeiro dia da semana, elas foram ao túmulo ao nascer do sol. E diziam entre si: "Quem rolará a pedra da entrada do túmulo para nós?". E, erguendo os olhos, viram que a pedra já fora removida. Ora, a pedra era muito grande. Tendo entrado no túmulo, elas viram um jovem sentado à direita, vestido com uma túnica branca, e ficaram cheias de espanto. Ele, porém, lhes disse: "Não vos espanteis! Estais procurando Jesus de Nazaré, o Crucificado. Ressuscitou, não está aqui. Vede o lugar onde o puseram". MARCOS 16,1-6

Toda a revelação divina é fruto do diálogo entre Deus e o seu povo, e também a fé na Ressurreição está vinculada a este diálogo, que acompanha o caminho do Povo de Deus na história. Jesus pode dizer: "Eu sou a Ressurreição e a Vida!", porque nele este mistério sobre-humano não apenas se revela plenamente, mas também se concretiza e se realiza. O Evangelho que ouvimos, unindo a narração da morte de Jesus e a do sepulcro vazio, representa o ápice de todo esse caminho: é a Ressurreição, que corresponde à longa busca do Povo de Deus, de cada homem e da humanidade inteira.

ORAÇÃO

Deus eterno e onipotente, Senhor dos vivos e dos mortos, rico de misericórdia para com todos os que Vos amam, pela Vossa clemência e por intercessão de todos os Santos, concedei àqueles por quem oramos, vivos e defuntos, o perdão dos seus pecados.

16 DE JANEIRO

uando Jesus chegou ao lugar, levantou os olhos e disse-lhe: *"Zaqueu, desce depressa, pois hoje devo ficar em tua casa". Ele desceu imediatamente e recebeu-o com alegria. À vista do acontecido, todos murmuravam, dizendo: "Foi hospedar-se na casa de um pecador!". Zaqueu, de pé, disse ao Senhor: "Senhor, eis que eu dou a metade de meus bens aos pobres, e, se defraudei a alguém, restituo-lhe o quádruplo". Jesus lhe disse: "Hoje a salvação entrou nesta casa, porque ele também é um filho de Abraão. Com efeito, o Filho do Homem veio procurar e salvar o que estava perdido".* Lucas 19,2-10

Olhemos para Zaqueu hoje, em cima da árvore: seu gesto é ridículo, mas é uma atitude de salvação. E eu te digo: se tiveres um peso na consciência, se sentires vergonha de tantas coisas que cometeste, para um pouco, não te assustes. Pensa que alguém te espera, porque nunca deixou de se recordar de ti; e este alguém é o teu Pai, é Deus que te espera! Jesus é misericordioso e nunca se cansa de perdoar! Recordai-vos bem disto, Jesus é assim. Irmãos e irmãs, deixemos também nós que Jesus nos chame pelo nome! No fundo do nosso coração, ouçamos a sua voz que nos diz "Hoje tenho que ficar em tua casa", no teu coração, na tua vida!

ORAÇÃO

Senhor nosso Deus, concedei-nos a graça de encontrar sempre a alegria no Vosso serviço, porque é uma felicidade duradoura e profunda ser fiel ao autor de todos os bens.

17 DE JANEIRO

conteceu que, estando à mesa, em casa de Levi, muitos publicanos e pecadores também estavam com Jesus e os seus discípulos; pois eram muitos que o seguiam. Os escribas dos fariseus, vendo-o comer com os pecadores e os publicanos, diziam aos discípulos dele: "Quê? Ele come com os publicanos e pecadores?". Ouvindo isso, Jesus lhes disse: "Não são os que têm saúde que precisam de médico, mas os doentes. Eu não vim chamar justos, mas pecadores". MARCOS 2,15-7

"Anunciar até às periferias." Quero sublinhar isso porque se trata de um elemento que vivi muito quando estava em Buenos Aires: a importância de sair para ir ao encontro do próximo nas periferias — que são lugares, mas são sobretudo pessoas em situação de vida especial. É o caso da minha diocese precedente, a de Buenos Aires. Uma periferia que me causava muito sofrimento; era quando eu encontrava, nas famílias da classe média, crianças que não sabiam fazer o Sinal da Cruz. Mas esta é uma periferia! E eu vos pergunto: aqui, nesta diocese, existem crianças que não sabem fazer o Sinal da Cruz? Pensai sobre isso. Essas são autênticas periferias existenciais, onde não há lugar para Deus.

ORAÇÃO

Ó Deus, atendei como o Pai às preces do Vosso povo; dai-nos a compreensão dos nossos deveres e a força de cumpri-los. Por nosso Senhor Jesus Cristo, Vosso Filho, na unidade do Espírito Santo.

18 DE JANEIRO

e modo que já não és escravo, mas filho. E se és filho, és também herdeiro, graças a Deus. Outrora, é verdade, não conhecendo a Deus, servistes a deuses, que na realidade não o são. Mas agora, conhecendo a Deus, ou melhor, sendo conhecidos por Deus, como é possível voltardes novamente a estes fracos e miseráveis elementos aos quais vos quereis escravizar outra vez? EPÍSTOLA AOS GÁLATAS 4,7-9

Para entender a Igreja é preciso compreendê-la com o estudo, mas também com a oração, com a vida comunitária e apostólica. Quando escorregamos numa ideologia e vamos por essa estrada, temos uma interpretação não cristã, uma interpretação da Igreja ideológica. E isso faz mal, é uma doença. A interpretação da Igreja deve ser a interpretação que a Igreja mesmo proporciona, que a Igreja nos dá. Compreender a Igreja com olhos de cristão; compreender a Igreja com mente de cristão; compreender a Igreja com coração de cristão; compreender a Igreja pela atividade cristã. De outro modo, não se compreende a Igreja ou então a compreendemos mal.

ORAÇÃO

Peçamos ao Senhor que renove em nós o dom do seu Espírito, a fim de que todas as comunidades cristãs e cada batizado sejam expressão da Santa Mãe Igreja Católica e Apostólica.

19 DE JANEIRO

Os *fariseus, ouvindo que ele fechara a boca dos saduceus, reuniram-se em grupo, e um deles — a fim de pô-lo à prova — perguntou-lhe: "Mestre, qual é o maior mandamento da Lei?". Ele respondeu: "Amarás ao Senhor teu Deus de todo o teu coração, de toda a tua alma e de todo o teu entendimento. Esse é o maior e o primeiro mandamento. O segundo é semelhante a esse: amarás o teu próximo como a ti mesmo. Desses dois mandamentos dependem toda a Lei e os Profetas".* MATEUS 22,34-40

O evangelista Mateus narra que alguns fariseus concordaram em pôr Jesus à prova. Um deles, um doutor da lei, dirige-lhe uma pergunta, e, citando o Livro do Deuteronômio, Jesus responde: "Amarás o Senhor teu Deus com todo o teu coração, toda a tua alma e todo o teu espírito". E teria podido parar aqui. Ao contrário, Jesus acrescenta algo que não tinha sido questionado pelo doutor da lei, um segundo mandamento, que tira do Livro do Levítico. A sua novidade consiste em unir os dois mandamentos — o amor a Deus e o amor ao próximo —, revelando que são inseparáveis e complementares, constituem os dois lados de uma mesma moeda. Não se pode amar a Deus sem amar ao próximo, e não se pode amar ao próximo sem amar a Deus.

ORAÇÃO

Caríssimos cristãos: oremos para que os discípulos de Jesus ponham em prática o duplo mandamento do amor, inscrito no coração de todo homem.

20 DE JANEIRO

obre ele repousará o espírito de Deus, espírito de sabedoria e de inteligência, espírito de conselho e de fortaleza, espírito de conhecimento e de temor de Deus. Isaías 11,2

O primeiro dos dons do Espírito Santo é a *sabedoria*. Mas não se trata simplesmente da sabedoria humana, que é fruto do conhecimento e da experiência. Narra-se na Bíblia que, no momento de sua coroação como rei de Israel, Salomão tinha pedido o dom da sapiência. E a sapiência consiste exatamente nisto: é a graça de poder *ver tudo com os olhos de Deus*. Ver o mundo, as situações, as conjunturas e os problemas, tudo com os olhos de Deus. Às vezes nós vemos a realidade segundo o nosso prazer, ou em conformidade com a situação do nosso coração, com amor ou com ódio, com inveja... Não, este não é o olhar de Deus. A sabedoria é aquilo que o Espírito Santo realiza em nós, a fim de vermos todas as realidades com os olhos de Deus.

ORAÇÃO

Por isso, devemos pedir ao Senhor que nos conceda o Espírito Santo e nos confira a dádiva da sabedoria, daquela sapiência de Deus que nos ensina a ver com os olhos de Deus, a sentir com o coração de Deus e a falar com as palavras de Deus. Com essa sabedoria, sigamos em frente, construamos a família, edifiquemos a Igreja, santificando-nos a todos. Hoje peçamos a graça da sabedoria. E a peçamos a Nossa Senhora, que é a sede da sabedoria: que Ela nos conceda essa graça.

21 DE JANEIRO

ue vosso amor seja sem hipocrisia, detestando o mal e apegados ao bem; com amor fraterno, tendo carinho uns para com os outros, cada um considerando o outro como mais digno de estima. EPÍSTOLA AOS ROMANOS 12,9-10

O crescimento na igualdade exige algo mais do que o crescimento econômico, embora o pressuponha. Antes de tudo, requer "uma visão transcendente da pessoa", porque, "sem a perspectiva de uma vida eterna, o progresso humano neste mundo permanece sem respiro". Por outro lado, exige decisões, mecanismos e processos que visem uma distribuição mais equilibrada das riquezas, a criação de oportunidades de trabalho e uma promoção integral dos pobres que não seja mero assistencialismo. Sem ignorar, naturalmente, a especificidade científica e profissional de cada contexto, peço-vos que façais de modo que a riqueza esteja a serviço da humanidade e não a governe.

ORAÇÃO

Deus eterno e todo-poderoso, dirigi a nossa vida segundo o amor, para que possamos, em nome do Vosso Filho, frutificar em boas obras. Por nosso Senhor Jesus Cristo, Vosso Filho, na unidade do Espírito Santo.

22 DE JANEIRO

edro e os apóstolos, porém, responderam: "É preciso obedecer antes a Deus do que aos homens. O Deus de nossos pais ressuscitou Jesus, a quem vós matastes, suspendendo-o no madeiro. Deus, porém, o exaltou com a sua direita, fazendo-o Príncipe e Salvador, a fim de conceder a Israel o arrependimento e a remissão dos pecados. Nós somos testemunhas destas coisas, nós e o Espírito Santo, que Deus concedeu aos que lhe obedecem". Atos dos Apóstolos 5,29-33

Uma antiga tradição da Igreja de Roma conta que o apóstolo Pedro, saindo da cidade para escapar da perseguição do imperador Nero, viu que Jesus caminhava na direção oposta e, admirado, lhe perguntou: "Para onde vais, Senhor?". Jesus respondeu: "Vou a Roma para ser crucificado outra vez". Então Pedro entendeu que devia seguir o Senhor com coragem até o fim, mas entendeu sobretudo que nunca estava sozinho no caminho; com ele, sempre estava aquele Jesus que o amara a ponto de morrer. Jesus, com a sua Cruz, atravessa os nossos caminhos e carrega nossos medos, problemas e sofrimentos, mesmo os mais profundos.

ORAÇÃO

Deus onipotente e eterno, que, para dar ao gênero humano um exemplo de humildade, quisestes que o nosso Salvador tomasse a natureza e morresse na Cruz, concedei-nos, benignamente, que acolhamos o ensinamento de Sua Paixão, para tomar parte na Sua Ressurreição. Pelo mesmo Jesus Cristo, nosso Senhor.

23 DE JANEIRO

ue os velhos sejam sóbrios, respeitáveis, sensatos, fortes na fé, na caridade e na perseverança. As mulheres idosas, igualmente, devem proceder como convém a pessoas santas: não sejam caluniadoras, nem escravas da bebida excessiva; mas sejam capazes de bons conselhos, de sorte que as recém-casadas aprendam com elas a amar os seus maridos e filhos. Epístola a Tito 2,2-4

Logo que me tornei bispo, no ano de 1992, chegou a Buenos Aires a imagem de Nossa Senhora de Fátima. Organizou-se uma grande missa para os doentes, durante a qual fiquei no confessionário. No fim da missa, uma idosa — muito humilde, com mais de oitenta anos — veio falar comigo. Olhei-a e disse: "Avó [lá é costume tratar os idosos assim], quer se confessar?". "Sim, todos temos pecados...", respondeu. "Decerto o Senhor não os perdoa..." "O Senhor perdoa tudo. Senão, o mundo não existiria", retorquiu-me segura. Eu quis muito perguntar: "Diga-me, senhora! Estudou na [universidade] Gregoriana?". É isto que o Espírito Santo concede: a sabedoria interior rumo à misericórdia de Deus.

ORAÇÃO

Invoquemos a intercessão de Nossa Senhora. Ela, que seguiu com fé seu Filho até o Calvário, nos ajude a caminhar atrás Dele, levando com serenidade e amor a sua Cruz a fim de chegarmos à alegria da Páscoa. A Virgem Nossa Senhora das Dores ampare especialmente quem está vivendo situações mais difíceis.

24 DE JANEIRO

 xalá que fendesses o céu e descesses! Isaías 63,19

Quando Jesus recebeu o Batismo de João, no rio Jordão, "logo os céus se abriram". Era a realização das profecias. Se os céus permanecessem fechados, o nosso horizonte nesta vida terrena seria obscuro, sem esperança. A manifestação do Filho de Deus na terra assinala o início do tempo da misericórdia, depois que o pecado fechou os céus, elevando como que uma barreira entre o ser humano e seu Criador. Com o nascimento de Jesus abrem-se os céus! Portanto, desde que o Verbo se fez Carne é possível ver os céus abertos. Foi possível para os pastores de Belém, para os Magos do Oriente, para João Batista, para os apóstolos de Jesus, para santo Estêvão, o primeiro mártir, que exclamou: "Eis que contemplo os céus abertos!". E será possível também para cada um de nós, se nos deixarmos invadir pelo amor de Deus, que nos é concedido pela primeira vez mediante o Batismo.

ORAÇÃO

Derramai, ó Céus, das alturas, o seu orvalho, e as nuvens chovam o Justo.

Vede, Senhor, a aflição de seu povo e mandai rapidamente Aquele que está para vir: enviai diante de nós o Cordeiro, Senhor de toda a terra, da rocha do deserto aos montes das filhas de Sião e retirai o severo jugo de nossa sujeição.

25 DE JANEIRO

le é a Cabeça da Igreja, que é o seu Corpo. Ele é o Princípio, o Primogênito dos mortos (tendo em tudo a primazia), pois nele aprouve a Deus fazer habitar toda a Plenitude e reconciliar por ele e para ele todos os seres, os da terra e os dos céus, realizando a paz pelo sangue da sua cruz. COLOSSENSES 1,18-20

Sabemos que a história tem um centro: Jesus Cristo, encarnado, morto e ressuscitado, que está vivo no meio de nós; tem um fim: o Reino de Deus, Reino de paz, justiça e liberdade no amor; e tem uma força que se move rumo a este fim: a força é o Espírito Santo. Todos nós temos o Espírito

Santo que recebemos no Batismo, e Ele nos impele a ir em frente na estrada da vida cristã, na estrada da história rumo ao Reino de Deus. Este Espírito é o poder do amor que fecundou o ventre da Virgem Maria, e é o mesmo que encoraja os projetos e as obras de todos os construtores de paz. Onde estiver um homem ou uma mulher construtores de paz, é o Espírito Santo que os ajuda, os impele a promover a paz.

ORAÇÃO

Por isso elevo para vós minha oração, neste tempo favorável, Senhor Deus! Respondei-me pelo Vosso imenso amor, pela Vossa salvação que nunca falha! Senhor, ouvi-me, pois suave é Vossa graça, ponde os olhos sobre mim com grande amor!

26 DE JANEIRO

és esta mulher? Entrei em tua casa e não me derramaste água nos pés; ela, ao contrário, regou-me os pés com lágrimas e enxugou-os com os cabelos. Não me deste um ósculo; ela, porém, desde que eu entrei, não parou de cobrir-me os pés de beijos. Não me derramaste óleo na cabeça; ela, ao invés, ungiu-me os pés com perfume. Por essa razão, eu te digo, seus numerosos pecados lhe estão perdoados, porque ela demonstrou muito amor. Mas aquele a quem pouco foi perdoado mostra pouco amor. Lucas 7,44-7

Consideremos Deus como o Deus da vida, consideremos a sua lei, a mensagem do Evangelho, como um caminho de liberdade e vida. O Deus Vivo nos faz livres! Digamos sim ao amor e não ao egoísmo; digamos sim à vida e não à morte; digamos sim à liberdade e não à escravidão dos numerosos ídolos do nosso tempo. Numa palavra, digamos sim a Deus, que é amor, vida e liberdade, e jamais desilude; digamos sim a Deus que é o Vivente e o Misericordioso. Só nos salva a fé no Deus Vivo; no Deus que, em Jesus Cristo, nos concedeu a sua vida com o dom do Espírito Santo e nos faz viver como verdadeiros filhos de Deus com a sua misericórdia. Esta fé nos torna livres e felizes.

ORAÇÃO

Os mandamentos do Senhor são retos, alegram o coração; os preceitos do Senhor são claros, iluminam os olhos.

27 DE JANEIRO

edro estava sentado fora, no pátio. Aproximou-se dele uma criada, dizendo: "Também tu estavas com Jesus, o Galileu!". Ele, porém, negou diante de todos, dizendo: "Não sei o que dizes". Saindo para o pórtico, uma outra o viu e disse aos que ali estavam: "Ele estava com Jesus, o Nazareu". De novo ele negou, jurando que não conhecia o homem. Pouco depois, os que lá estavam disseram a Pedro: "De fato, também tu és um deles; pois o teu dialeto te denuncia". Então ele começou a praguejar e a jurar, dizendo: "Não conheço o homem!". E imediatamente o galo cantou. E Pedro se lembrou da palavra que Jesus dissera: "Antes que o galo cante, três vezes me negarás". MATEUS 26,69-75

O maior inimigo da fragilidade é o medo. Não tenhais medo! Somos frágeis, mas o Senhor é forte! Uma criança é fragilíssima, mas, com o pai ou com a mãe, sente-se segura! Com o Senhor, estamos seguros. Às vezes, porém, pensamos que podemos nos arranjar sozinhos; mas não! Quando temos demasiada confiança em nós mesmos, somos mais frágeis. Sempre com o Senhor! E, quando digo com o Senhor, pretendo dizer com a Eucaristia, com a Bíblia, com a oração… Mas também em família, com a mãe, porque é quem nos leva ao Senhor; é aquela que sabe tudo.

ORAÇÃO

Senhor, que libertastes os Vossos filhos de temores e angústias, olhai com bondade as minhas fraquezas. Eu creio, Senhor, que sois o Pai e, como filho, peço: liberta-me dos temores do medo e das angústias que muitas vezes me assaltam. Sei que não devo ter medo pois sei que estás comigo.

28 DE JANEIRO

São Tomás de Aquino

or isso, todo escriba que se tornou discípulo do Reino dos Céus é semelhante a um pai de família que do seu tesouro tira coisas, novas e velhas. MATEUS 13,52

Alguns pensam que a mensagem de Jesus é destinada aos que não têm uma preparação cultural. Não! O Apóstolo afirma que o Evangelho é para todos. A sabedoria, que deriva da Ressurreição, não se opõe à humana, mas, ao contrário, a purifica e a eleva. A Igreja esteve sempre presente nos lugares onde se elabora cultura. Mas o primeiro passo é sempre a prioridade aos pobres. O Evangelho é para todos! Este ir ao encontro dos pobres não significa que devemos nos tornar pauperistas, ou uma espécie de "mendigos espirituais"! Significa que devemos caminhar em direção à carne de Jesus. Por isso, gosto de usar a expressão "ir às periferias", às periferias existenciais. Todas, da pobreza física e real à intelectual, que é também real. Todas as periferias, todas as encruzilhadas dos caminhos: ir para lá. E ali lançar a semente do Evangelho.

ORAÇÃO

Ó Deus, que tornastes são Tomás de Aquino um modelo admirável, pela procura da santidade e amor à ciência sagrada, dai-nos compreender seus ensinamentos e seguir seus exemplos. Por nosso Senhor Jesus Cristo, Vosso Filho, na unidade do Espírito Santo.

29 DE JANEIRO

erminando de fazer tudo conforme a Lei do Senhor, voltaram à Galileia, para Nazaré, sua cidade. E o menino crescia, tornava-se robusto, enchia-se de sabedoria; e a graça de Deus estava com ele. Lucas 2,39-40

Maternidade e paternidade são dons de Deus, mas acolher o dom, surpreender-se com sua beleza e fazê-lo resplandecer na sociedade é vossa tarefa. Cada um dos vossos filhos é uma criatura única que não se repetirá nunca mais na história da humanidade. Quando se compreende isto — ou seja, que cada um foi desejado por Deus —, ficamos surpresos que um filho seja um grande milagre! Um filho muda a vida! Todos nós, homens e mulheres, sabemos que, quando chega um filho, a vida muda, é outra coisa. Um filho é um milagre que muda a vida. Vós, meninas e meninos, sois fruto único do amor, vindes do amor e cresceis no amor. Sois *únicos*, mas não *sozinhos*! E o fato de terdes irmãos e irmãs vos faz bem: os filhos e as filhas de uma família numerosa são mais capazes de comunhão fraterna desde a primeira infância. Num mundo muitas vezes marcado pelo egoísmo, a família numerosa é uma escola de solidariedade e de partilha; e estas atitudes beneficiam toda a sociedade.

ORAÇÃO

Ó Deus de bondade, que nos destes a Sagrada Família como exemplo, concedei-nos imitar em nossos lares as suas virtudes, para que, unidos pelos laços do amor, possamos chegar um dia às alegrias da Vossa casa.

30 DE JANEIRO

Reino de Deus é como um homem que lançou a semente na terra: ele dorme e acorda, de noite e de dia, mas a semente germina e cresce, sem que ele saiba como. A terra por si mesma produz fruto: primeiro a erva, depois a espiga e, por fim, a espiga cheia de grãos. Quando o fruto está no ponto, imediatamente se lhe lança a foice, porque a colheita chegou. Marcos 4,26-29

O Evangelho é como a semente: tu a semeias, semeias com a tua palavra e com o teu testemunho. E, depois, não calculas a estatística dos resultados: é Deus quem o faz. Ele faz crescer a semente; mas devemos semear com a certeza de que a água é Ele quem dá, é Ele quem dá o crescimento. E nós não fazemos a colheita: outro sacerdote a fará, outro leigo, outra leiga, alguém a fará. Mas a alegria de semear com o testemunho, porque só com a palavra não é suficiente, não basta. A palavra sem o testemunho é ar. As palavras não bastam.

ORAÇÃO

Senhor, que deste nova vida ao mundo pelo Evangelho e queres que sejamos luz do mundo, sal desta terra e fermento que a transforme, concede-nos que vivamos uma experiência diária de serviço à comunidade humana e que coloquemos na realidade terrena o autêntico espírito de Jesus Cristo para a edificação de Seu reino. Por Cristo, nosso Senhor.

31 DE JANEIRO

or isso, com prontidão de espírito, sede sóbrios e ponde toda a vossa esperança na graça que vos será trazida por ocasião da Revelação de Jesus Cristo. 1 PEDRO 1,13

Prezados irmãos e irmãs, a quantos nos perguntarem a razão da nossa esperança, indiquemos Cristo ressuscitado. Indiquemo-lo com o anúncio da Palavra, mas sobretudo com a nossa vida de ressuscitados. Manifestemos a alegria de sermos filhos de Deus, a liberdade que nos permite viver em Cristo, que é a verdadeira liberdade, aquela que nos salva da escravidão do mal, do pecado e da morte! Contemplemos a Pátria celeste, e teremos luz e força renovadas também no nosso compromisso e nas nossas labutas diárias. É um serviço precioso a ser prestado a este nosso mundo, que muitas vezes já não consegue elevar o olhar, já não consegue olhar para Deus.

ORAÇÃO

Não escondais Vossa face de mim, porque em Vós coloquei minha esperança.

1º DE FEVEREIRO

m dos malfeitores suspensos à cruz o insultava, dizendo: "Não és tu o Cristo? Salva-te a ti mesmo e a nós". Mas o outro, tomando a palavra, o repreendia: "Nem sequer temes a Deus, estando na mesma condenação? Quanto a nós, é de justiça; estamos pagando por nossos atos; mas ele não fez nenhum mal". E acrescentou: "Jesus, lembra-te de mim, quando vieres com teu reino". Ele respondeu: "Em verdade, eu te digo, hoje estarás comigo no Paraíso". LUCAS 23,39-43

Um modelo bíblico de confissão é o do bom ladrão, ao qual Jesus promete o Paraíso porque foi capaz de reconhecer o seu erro. Todos nós somos pecadores; Cristo é o único justo. Também nós, às vezes, corremos o risco de nos deixar levar pelo pecado, pelo mal e pela tentação. Em todas as pessoas, a capacidade de agir muito bem convive com a possibilidade de causar muito mal, por mais que se deseje evitá-lo. E devemos nos interrogar por que motivo alguns caem e outros não, uma vez que todos pertencem à mesma condição humana.

ORAÇÃO

Senhor, eu me arrependo sinceramente de todo mal que pratiquei e do bem que deixei de fazer. Pecando, eu Vos ofendi, meu Deus e Sumo Bem, digno de ser amado sobre todas as coisas. Prometo, ajudado com a Vossa graça, fazer penitência e fugir às ocasiões de pecar.

2 DE FEVEREIRO
APRESENTAÇÃO DO SENHOR

avia em Jerusalém um homem chamado Simeão que era justo e piedoso; ele esperava a consolação de Israel e o Espírito Santo estava nele. Fora-lhe revelado pelo Espírito Santo que não veria a morte antes de ver o Cristo do Senhor. Movido pelo Espírito, ele veio ao templo, e, quando os pais trouxeram o menino Jesus para cumprir as prescrições da lei a seu respeito, ele o tomou nos braços e bendisse a Deus, dizendo: "Agora, Soberano Senhor, podes despedir em paz o teu servo, segundo a tua palavra; porque meus olhos viram tua salvação, que preparaste em face de todos os povos, luz para iluminar as nações, e glória de teu povo, Israel". LUCAS 2,25-32

Reparai, quando Maria e José levaram Jesus ao templo, lá estavam os dois; e o Evangelho diz que "foram guiados pelo Espírito Santo". De Maria e José, ao contrário, dizem que foram guiados pela lei. Os jovens devem cumprir a lei, os idosos — como o vinho bom — têm a liberdade do Espírito Santo. E assim este Simeão, que era corajoso, inventou uma "liturgia" e louvava a Deus… E era o Espírito que o estimulava a fazer isso. Os idosos! São a sabedoria da Igreja.

ORAÇÃO

Senhor, olha para o teu povo que espera o Espírito Santo. Concede-nos aquela santa inebriação, a do Espírito, o que faz com que falemos todas as línguas, as línguas da caridade, sempre próximos dos irmãos e das irmãs que têm necessidade de nós.

3 DE FEVEREIRO

aríssimos, desde já somos filhos de Deus, mas o que nós seremos ainda não se manifestou. Sabemos que por ocasião desta manifestação seremos semelhantes a Ele, porque o veremos tal como Ele é. 1 João 3,2

Esta é a bênção do Senhor, que ainda é a nossa: a esperança. A esperança de que Ele tenha piedade do seu povo, que tenha piedade daqueles que vivem na grande tribulação e que tenha piedade também dos destruidores, a fim de que se convertam. É assim que a santidade da Igreja progride: com este povo, com cada um de nós, que veremos Deus como Ele é. Como ouvimos no Evangelho, a nossa atitude é a das bem-aventuranças. Somente este caminho nos levará ao encontro com Deus. Contudo, ele nos fará passar por situações difíceis! Ele nos trará problemas e perseguição. Mas só este caminho nos levará em frente.

ORAÇÃO

Que o Senhor nos ajude e nos conceda a graça desta esperança, mas inclusive a graça da coragem de sair de tudo aquilo que é destruição, devastação, relativismo de vida, exclusão do próximo, exclusão dos valores e exclusão de tudo o que o Senhor nos ofereceu: exclusão da paz. Que Ele nos liberte de tudo isso e nos conceda a graça de caminhar na esperança de nos encontrarmos, um dia, face a face com Ele. E essa esperança, irmãos e irmãs, não desilude!

4 DE FEVEREIRO

uanto a mim, já fui oferecido em libação, e chegou o tempo de minha partida. Combati o bom combate, terminei a minha carreira, guardei a fé. Desde já me está reservada a coroa da justiça, que me dará o Senhor, justo Juiz, naquele Dia; e não somente a mim, mas a todos os que tiverem esperado com amor a sua Aparição. 2 Timóteo 4,6-8

Jesus nos oferece a possibilidade de uma vida fecunda, de uma vida feliz, e nos oferece também um futuro com Ele que não terá fim, na vida eterna. É o que nos oferece Jesus, mas pede para pagarmos a entrada; e a entrada é que treinemos para estar "em forma", para enfrentar, sem medo, todas as situações da vida, testemunhando a nossa fé. Através do diálogo com Ele: a oração. "Padre, agora vai pôr-nos todos a rezar?" "Por que não?", pergunto-lhes… Mas respondam no seu coração, não em voz alta, mas no silêncio: "Eu rezo?". Cada um responda. "Eu falo com Jesus ou tenho medo do silêncio?" Deixo que o Espírito Santo fale no meu coração? Eu pergunto a Jesus: "Que queres que eu faça, que queres da minha vida"? Isso é treinar.

ORAÇÃO

Nos Vossos santos e santas ofereceis um exemplo para a nossa vida, a comunhão que nos une, a intercessão que nos ajuda. Assistidos por tão grandes testemunhas, possamos correr, com perseverança, no certame que nos é proposto e receber, com eles, a coroa imperecível. Por Cristo, Senhor nosso.

5 DE FEVEREIRO

ar-lhes-ei um só coração, porei no seu íntimo um espírito novo: removerei do seu corpo o coração de pedra, dar-lhes-ei um coração de carne, a fim de que andem de acordo com os meus estatutos e guardem as minhas normas e as cumpram. Então serão o meu povo e eu serei o seu Deus. Ezequiel 11,19-20

Muda o teu coração de pecador — todos somos pecadores —, transforma-te em santo. Há algum de nós que não é pecador? Se houver algum, que levante a mão! Todos somos pecadores, todos! Todos somos pecadores! Mas a graça de Jesus Cristo nos salva do pecado: salva-nos! A todos, se aceitarmos a graça de Jesus Cristo. Ele muda o nosso coração e, de pecadores, nos torna santos. Para nos tornarmos santos não é necessário voltar os olhos e olhar para o alto ou ter "cara de santinho"! Não, não, isso não é necessário! Uma só coisa é necessária para nos tornarmos santos: aceitar a graça que o Pai nos dá em Jesus Cristo. Essa graça muda o nosso coração.

ORAÇÃO

Jesus, manso e humilde de coração, fazei meu coração semelhante ao Vosso.

6 DE FEVEREIRO

ual de vós, tendo cem ovelhas e perder uma, não abandona as noventa e nove no deserto e vai em busca daquela que se perdeu, até encontrá-la? E, achando-a, alegre a coloca sobre os ombros e, de volta para casa, convoca os amigos e os vizinhos, dizendo-lhes: "Alegrai-vos comigo, porque encontrei a minha ovelha perdida!". Eu vos digo que do mesmo modo haverá mais alegria no Céu por um só pecador que se arrependa, do que por noventa e nove justos que não precisam de arrependimento. Lucas 15,4-7

Sede, em toda a parte, portadores da Palavra de vida: nos nossos bairros, nos lugares de trabalho e em toda a parte onde as pessoas se encontram e desenvolvem relações. Vós deveis sair. Não compreendo as comunidades cristãs fechadas na paróquia. Desejo dizer-vos o seguinte: no Evangelho, é bonito aquele trecho que nos fala do pastor que, quando volta ao redil, se apercebe que falta uma ovelha, deixa noventa e nove e vai procurá-la. "Vão procurar uma." Mas, irmãos e irmãs, nós temos uma; faltam-nos noventa e nove! Devemos sair, devemos ir ter com elas! Nesta cultura — digamos a verdade — temos só uma, somos minoria! E nós sentimos o fervor, o zelo apostólico de sair e ir ao encontro das outras noventa e nove?

ORAÇÃO

Devemos pedir ao Senhor a graça da generosidade e a coragem e a paciência para sair, para anunciar o Evangelho.

7 DE FEVEREIRO

is o meu servo que eu sustenho, o meu eleito, em quem tenho prazer. Pus sobre ele o meu espírito, ele trará o julgamento às nações. [...] Assim diz Deus, o Senhor, que criou os céus e os estendeu, e fez a imensidão da terra e tudo o que dela brota, que deu o alento aos que a povoam e o sopro da vida aos que se movem sobre ela. Isaías 42,1-5

O Espírito Santo *envia*. Jesus é o Enviado, cheio do Espírito do Pai. Ungidos pelo mesmo Espírito, também somos *enviados* como mensageiros e testemunhas de paz. A paz não está à venda; é um dom que se deve buscar com paciência e construir "artesanalmente", através dos pequenos e grandes gestos do cotidiano. Consolida-se o caminho da paz se reconhecermos que todos temos o mesmo sangue e fazemos parte do gênero humano, sem esquecer que temos um único Pai no Céu e que todos nós somos seus filhos, feitos à sua imagem e semelhança.

ORAÇÃO

Queridos irmãos, o Espírito Santo desceu sobre Jesus no Jordão e deu início à Sua obra de redenção para libertar o mundo do pecado e da morte. A Ele pedimos que *prepare* os nossos corações para o encontro com os irmãos, independente das diferenças de ideias, língua, cultura, religião; que *unja* todo o nosso ser com o óleo da Sua misericórdia, curando as feridas dos erros, das incompreensões, das controvérsias; que nos *envie*, com humildade e mansidão, pelas sendas desafiadoras mas fecundas da busca da paz.

8 DE FEVEREIRO

is que o semeador saiu a semear. E, ao semear, uma parte da semente caiu à beira do caminho, e vieram as aves e a comeram. Outra parte caiu em solo pedregoso e, não havendo terra bastante, nasceu logo, porque não havia terra profunda, mas, ao surgir o sol, queimou-se e, por não ter raiz, secou. Outra parte caiu entre os espinhos; os espinhos cresceram e a sufocaram, e não deu fruto. Outras caíram em terra boa e produziram frutos, subindo e se desenvolvendo, e uma produziu trinta, outra sessenta e outra cem. MARCOS 4,3-8

Jesus explica aos discípulos que o semeador representa o Pai, lançando a semente da Sua Palavra. A semente, contudo, depara com a aridez do nosso coração e, mesmo quando é acolhida, corre o risco de permanecer estéril. Mas, com o dom da fortaleza, o Espírito Santo *liberta o terreno do nosso coração* do torpor, das incertezas e de todos os temores, para que a Palavra do Senhor seja posta em prática, de forma autêntica e jubilosa. O dom da fortaleza é uma verdadeira ajuda, dá-nos força, liberta-nos dos impedimentos.

ORAÇÃO

Ó Deus, concedei-nos o Dom da Fortaleza, para que desprezemos todo o respeito humano, fujamos do pecado, pratiquemos as virtudes da fortaleza com santo fervor e afrontemos, com paciência e mesmo com alegria de espírito, os desprezos, prejuízos e perseguições. Por Jesus Cristo, Vosso Filho, na unidade do Espírito Santo.

9 DE FEVEREIRO

u sou o Deus de teus pais, o Deus de Abraão, o Deus de Isaac e o Deus de Jacó. ÊXODO 3,6

Não é esta vida que serve de referência para a eternidade, para a outra vida, para a vida que nos espera, mas é a eternidade — aquela vida — que ilumina e confere esperança à vida terrena de cada um de nós! Se virmos somente com olhos humanos, seremos levados a dizer que o caminho do homem vai da vida para a morte. Isso é visível! Mas só é assim se virmos com olhos humanos. Jesus inverte essa perspectiva e afirma que a nossa peregrinação vai da morte para a vida: a vida plena! Nós estamos em peregrinação rumo à vida plena, e é esta vida plena que ilumina o nosso caminho! Por conseguinte, a morte está atrás, no passado, não diante de nós. À nossa frente está o Deus dos vivos, o Deus da aliança, o Deus que traz o meu nome, o nosso nome, como Ele mesmo disse: "Eu sou o Deus de Abraão, de Isaac e de Jacó". Também é o Deus que traz o meu nome, o teu nome, o nome de cada um..., o nosso nome. O Deus dos vivos!

ORAÇÃO

O Senhor é clemente e compassivo, paciente e cheio de bondade. Como a distância da terra aos céus, assim é grande a sua misericórdia para os que O temem.

10 DE FEVEREIRO

 as vossas orações não useis de vãs repetições, como os gentios, porque imaginam que é pelo palavreado excessivo que serão ouvidos. Não sejais como eles, porque o vosso Pai sabe do que tendes necessidade antes de lho pedirdes. MATEUS 6,7-8

O mais importante é Jesus. Deixai-me fazer, aqui, uma pequena advertência; mas, cá entre nós, fraternalmente. Todos vós gritastes na Praça: "Francisco, Francisco, papa Francisco". E Jesus, onde estava? Eu teria gostado que vós gritásseis: "Jesus, Jesus é o Senhor e está aqui no meio de nós". De agora em diante, não digais "Francisco", mas "Jesus"!

ORAÇÃO

Nós pensamos que devemos orar, falar, falar, falar… Não! Deixa-te olhar pelo Senhor. Quando Ele olha para nós, dá-nos força e ajuda-nos a testemunhá-lo.

11 DE FEVEREIRO

isto conhecemos o *Amor: ele deu a sua vida por nós. E nós também devemos dar a nossa vida pelos irmãos. Se alguém, possuindo os bens deste mundo, vê o seu irmão na necessidade e lhe fecha o coração, como permanecerá nele o amor de Deus? Filhinhos, não amemos com palavras nem com a língua, mas com ações e em verdade.* 1 João 3,16-8

O Filho de Deus feito homem não privou a experiência humana da doença e do sofrimento, mas, assumindo-os em si, transformou-os e reduziu-os. Jesus é o caminho, e, com o seu Espírito, podemos segui-lo. Como o Pai doou o Filho por amor, e o Filho doou-se a si próprio pelo mesmo amor, também nós podemos amar os outros como Deus nos amou, dando a vida pelos irmãos. A fé no bom Deus torna-se bondade, a fé em Cristo Crucificado torna-se força para amar, até o fim, também aos inimigos.

ORAÇÃO

Feliz quem pensa no fraco e no indigente, no dia da infelicidade o Senhor o salva; o Senhor o guarda, dá-lhe vida e felicidade na terra, e não o entrega à vontade dos seus inimigos! O Senhor o sustenta no seu leito de dor, tu afofas a cama em que ele definha.

12 DE FEVEREIRO

om efeito, de Sião sairá a Lei, e de Jerusalém, a palavra do Senhor. Ele julgará as nações, ele corrigirá a muitos povos. Estes quebrarão as suas espadas, transformando-as em relhas, e as suas lanças, a fim de fazerem podadeiras. Uma nação não levantará a espada contra a outra, e nem se aprenderá mais a fazer guerra. Ó casa de Jacó, vinde, andemos na luz do Senhor. Isaías 2,3-4

A minha fé cristã me leva a olhar para a Cruz. Como eu queria que, por um momento, todos os homens e mulheres de boa vontade olhassem para a Cruz! Na Cruz podemos ver a resposta de Deus: ali, à violência não se respondeu com violência, à morte não se respondeu com a morte. No silêncio da Cruz se calam as armas e se fala a linguagem da reconciliação, do diálogo, da paz. Que nós, cristãos, e os irmãos de outras religiões gritemos com força: a violência e a guerra nunca são o caminho da paz!

ORAÇÃO

Agora, Senhor, ajudai-nos Vós! Concedei-nos Vós a paz; ensinai-nos Vós a paz; orientai-nos, Vós, rumo à paz. Abri os nossos olhos e os nossos corações e incuti-nos a coragem de dizer: "Nunca mais a guerra!". Infundi em nós a coragem de realizar gestos concretos para edificar a paz... Tornai-nos disponíveis para ouvir o clamor dos nossos cidadãos, que nos pedem para transformar as nossas armas em instrumentos de paz, os nossos temores em confiança e as nossas tensões em perdão. Assim seja!

13 DE FEVEREIRO

artos, medos e elamitas; habitantes da Mesopotâmia, da Judeia e da Capadócia, do Ponto e da Ásia, da Frígia e da Panfília, do Egito e das regiões da Líbia próximas de Cirene; romanos que aqui residem; tanto judeus como prosélitos, cretenses e árabes, nós os ouvimos apregoar em nossas próprias línguas as maravilhas de Deus! Estavam todos estupefatos. E, atônitos, perguntavam uns aos outros: "Que vem a ser isto?". Atos dos Apóstolos 2,9-12

Unidade na fé, na esperança, na caridade, nos sacramentos e no ministério são os pilares que sustentam o único e grande edifício da Igreja. Aonde quer que formos, desde a menor paróquia, no recanto mais remoto desta terra, existe uma só Igreja; e este é um grande dom de Deus! Não existe uma Igreja para os europeus, uma para os africanos, uma para os americanos e uma para os asiáticos; não, ela é a mesma em toda a parte. É como uma família: podemos estar distantes, espalhados pelo mundo, mas os vínculos profundos que unem todos os seus membros permanecem sólidos, independe da distância.

ORAÇÃO

Senhor, concedei-nos a graça de viver cada vez mais unidos, de nunca sermos instrumentos de divisão; fazei com que nos comprometamos, como reza uma bonita prece franciscana, a levar o amor onde houver ódio, a levar o perdão onde houver ofensa e a levar a união onde houver discórdia. Assim seja!

14 DE FEVEREIRO

ntão o homem exclamou: *"Esta, sim, é osso de meus ossos e carne de minha carne! Ela será chamada 'mulher', porque foi tirada do homem!". Por isso um homem deixa seu pai e sua mãe, se une à sua mulher, e eles se tornam uma só carne.* GÊNESIS 2,23-4

O que é o Matrimônio? É uma *verdadeira vocação*, como o são o sacerdócio e a vida religiosa. Dois cristãos que se casam reconheceram, na sua história de amor, o chamamento do Senhor, a vocação para formar, a partir de duas pessoas, uma só carne, uma só vida. O sacramento do Matrimônio corrobora esse amor com a graça de Deus. Com esse dom, com a certeza dessa vocação, é possível que o varão e a mulher comecem com segurança, sem medo de nada, e, juntos, enfrentem tudo!

ORAÇÃO

Enviai benignamente, Senhor, sobre estes esposos o espírito da Vossa caridade para que se tornem um só coração e uma só alma. Nada separe os que Vós unistes e cumulastes com a Vossa bênção. Por Jesus Cristo, nosso Senhor.

15 DE FEVEREIRO

odos então se admiraram, perguntando uns aos outros: *"Que é isto? Um novo ensinamento com autoridade! Até mesmo aos espíritos impuros dá ordens, e eles lhe obedecem!". Imediatamente a sua fama se espalhou em todo o lugar, em toda a redondeza da Galileia.* MARCOS 1,27-8

Quantas pessoas, quantos santos e santas, lendo o Evangelho com o coração aberto, foram conquistados por Jesus e converteram-se a Ele! Pensemos em são Francisco de Assis: ele já era cristão, mas um cristão "ao sabor da corrente". Quando leu o Evangelho, num momento decisivo da sua juventude, encontrou Jesus e descobriu o Reino de Deus, e, então, todos os seus sonhos de glória terrena esmoreceram. O Evangelho nos leva a conhecer o Jesus verdadeiro, o Jesus vivo; fala-nos ao coração e muda a nossa vida. E então, sim, deixamos tudo. Podemos mudar de vida concretamente, ou então continuar a fazer aquilo que fazíamos antes, mas *nós* somos outra pessoa, renascemos: encontramos aquilo que dá sentido e luz a tudo, inclusive às dificuldades, aos sofrimentos e até à morte.

ORAÇÃO

Ó Senhor, nosso Deus, como é grande Vosso nome por todo o universo! Perguntamos: "Senhor, que é o homem, para dele assim vos lembrardes e o tratardes com tanto carinho?".

16 DE FEVEREIRO

inguém pode servir a dois senhores: com efeito, ou odiará um e amará o outro, ou se apegará a um e desprezará o outro. Não podeis servir a Deus e ao Dinheiro. Lucas 16,13

Hoje a Igreja renova o seu apelo vigoroso a fim de que sejam sempre salvaguardadas a dignidade e a centralidade de cada pessoa, no respeito pelos seus direitos fundamentais, como ressalta a sua doutrina social: direitos que ela pede que sejam realmente estendidos a milhões de homens e mulheres, que não os têm reconhecidos, em todos os continentes. Num mundo em que se fala muito de direitos, quantas vezes é verdadeiramente espezinhada a dignidade humana! Num mundo onde se fala tanto de direitos, parece que o único que os tem é o dinheiro. Prezados irmãos e irmãs, nós vivemos num mundo onde é o dinheiro que manda. Vivemos numa cultura onde reina o fetichismo do dinheiro.

ORAÇÃO

Aproveite-nos, ó Deus, a participação nos Vossos mistérios. Fazei que eles nos ajudem a amar desde agora o que é do céu e, caminhando entre as coisas que passam, abraçar as que não passam. Por Cristo, nosso Senhor.

17 DE FEVEREIRO

erto samaritano em viagem, porém, chegou junto dele, viu-o e moveu-se de compaixão. Aproximou-se, cuidou de suas chagas, derramando óleo e vinho, depois colocou-o em seu próprio animal, conduziu-o à hospedaria e dispensou-lhe cuidados. No dia seguinte, tirou dois denários e deu-os ao hospedeiro [...]. Qual dos três, em tua opinião, foi o próximo do homem que caiu nas mãos dos assaltantes? Ele respondeu: "Aquele que usou de misericórdia para com ele". Jesus então lhe disse: "Vai e, também tu, faze o mesmo". LUCAS 10,33-7

Esta é a Igreja Una, Santa, Católica, Apostólica e formada por pecadores, necessitados da sua misericórdia. Esta é a Igreja, a verdadeira Esposa de Cristo, que procura ser fiel a Ele e à sua doutrina. É a Igreja que não tem medo de comer e beber com as prostitutas e os publicanos. A Igreja que tem as suas portas escancaradas para receber os necessitados, os arrependidos, e não apenas os justos ou aqueles que se julgam perfeitos! A Igreja que não se envergonha do irmão caído nem finge que não o vê, e sim se sente comprometida e quase obrigada a levantá-lo e a encorajá-lo a retomar o caminho rumo ao encontro definitivo com o seu Esposo na Jerusalém Celeste.

ORAÇÃO

Senhor, Pai Santo, dai-nos a graça de cumprir os mandamentos que imprimistes no coração humano e não deixeis que jamais nos esqueçamos de ver em cada homem o nosso próximo.

18 DE FEVEREIRO

e dissermos: "Não temos pecado", enganamo-nos a nós mesmos e a verdade não está em nós. Se confessarmos nossos pecados, ele, que é fiel e justo, perdoará nossos pecados e nos purificará de toda injustiça. Se dissermos: "Não pecamos", fazemos dele um mentiroso, e a sua palavra não está em nós. 1 João 1,8-10

Quantas famílias vivem na angústia, porque algum dos seus membros — frequentemente jovem — deixou-se subjugar pelo álcool, pela droga, pelo jogo, pela pornografia! Quantas pessoas perderam o sentido da vida; sem perspectivas de futuro, perderam a esperança! E quantos se veem constrangidos por condições sociais injustas, por falta de trabalho, que os priva da dignidade de levar o pão para casa, por falta de igualdade nos direitos à educação e à saúde. Nestes casos, pode-se chamar a miséria moral de suicídio incipiente. Essa forma de miséria, que é causa também de ruína econômica, anda sempre associada com a *miséria espiritual*, que nos atinge quando nos afastamos de Deus. Se julgamos não ter necessidade de Deus, porque nos consideramos autossuficientes, vamos a caminho da falência. O único que verdadeiramente salva e liberta é Deus.

ORAÇÃO

Concedei-nos, ó Deus todo-poderoso, iniciar com este dia de jejum o tempo da Quaresma, para que a penitência nos fortaleça no combate contra o espírito do mal.

19 DE FEVEREIRO

isse Jesus: *"Retirai a pedra!". Marta, a irmã do morto, disse-lhe: "Senhor, já cheira mal: é o quarto dia!". Disse-lhe Jesus: "Não te disse que, se creres, verás a glória de Deus?". Retiraram, então, a pedra. Jesus ergueu os olhos para o alto e disse: "Pai, dou-te graças porque me ouviste. Eu sabia que sempre me ouves; mas digo isso por causa da multidão que me rodeia, para que creiam que me enviaste". Tendo dito isso, gritou em alta voz: "Lázaro, vem para fora!". O morto saiu, com os pés e mãos enfaixados e com o rosto recoberto com um sudário. Jesus lhes disse: "Desatai-o e deixai-o ir embora".* João 11,39-44

Todos nós temos algumas partes do nosso coração que não estão vivas; e alguns têm mortas tantas partes do coração, uma verdadeira necrose espiritual! Temos vontade de sair dessa situação, mas não podemos: só o poder de Jesus é capaz de nos ajudar a sair desses túmulos de pecado. Todos somos pecadores! Mas, se estivermos muito apegados a estes sepulcros e os conservarmos dentro de nós sem desejar que o nosso coração ressurja para a vida, tornamo-nos corruptos e a nossa alma começa a emanar, como diz Marta, "mau cheiro", o cheiro de pessoa que é apegada ao pecado.

ORAÇÃO

Senhor, nosso Deus, que vencestes a morte e o abismo ao ressuscitar o Vosso Filho, libertai-nos dos pecados que nos prendem, pois Vós sois o Deus da Vida. Por Cristo, nosso Senhor.

20 DE FEVEREIRO

ela terceira vez, disse-lhes: "Que mal fez este homem? Nenhum motivo de morte encontrei nele! Por isso vou soltá-lo depois de o castigar". Eles, porém, insistiam com grandes gritos, pedindo que fosse crucificado [...]. Então Pilatos sentenciou que se atendesse ao pedido deles. Soltou aquele que fora posto na prisão por motim e homicídio, e que eles reclamavam. Quanto a Jesus, entregou-o ao arbítrio deles. [...] Grande multidão do povo o seguia, como também mulheres que batiam no peito e se lamentavam por causa dele. LUCAS 23,22-7

Tantos rostos acompanharam Jesus no caminho para o Calvário... Você quer ser como Pilatos, que não teve a coragem de ir contra a corrente para salvar a vida de Jesus, lavando as mãos? Ou você é um daqueles que faz de conta que não viu e olha para o outro lado? Ou é como o Cireneu, que ajuda Jesus a levar aquela Cruz pesada, ou como Maria e as outras mulheres, que não tiveram medo de acompanhar Jesus até o final? Jesus olha para você e diz: "Quer ajudar-me a carregar a Cruz?". Irmãos e irmãs, o que respondem?

ORAÇÃO

Deus eterno e todo-poderoso, Vós criastes todos os seres humanos e pusestes em seu coração o desejo de Vos procurar para que, tendo-Vos encontrado, só em Vós achassem repouso. Concedei que, entre as dificuldades deste mundo, discernindo os sinais da Vossa bondade e vendo o testemunho das boas obras daqueles que creem em Vós, tenham a alegria de proclamar que Sois o único Deus verdadeiro e Pai de todos os seres humanos.

21 DE FEVEREIRO

im, que ninguém abra um processo e que ninguém julgue! Pois, na realidade, o meu processo é contra ti, ó sacerdote! Tropeçarás de dia, e contigo tropeçará, de noite, também o profeta; farei perecer a tua mãe. Meu povo será destruído por falta de conhecimento. Porque tu rejeitaste o conhecimento, eu te rejeitarei do meu sacerdócio; porque esqueceste o ensinamento de teu Deus, eu também me esquecerei dos teus filhos. Quanto mais numerosos se tornaram, tanto mais pecaram contra mim, trocaram a sua Glória pela Ignomínia. Oseias 4,4-7

Sinto, no meu coração, angústia e pesar pelo fato de alguns padres e bispos terem violado a inocência de menores — e a sua própria vocação sacerdotal —, abusando deles sexualmente. Trata-se de algo mais que atos ignóbeis; é uma espécie de culto sacrílego, porque esses meninos e meninas tinham sido confiados ao carisma sacerdotal para serem conduzidos a Deus, e eles os sacrificaram ao ídolo da sua luxúria. Profanaram a própria imagem de Deus, pois foi à imagem d'Ele que fomos criados.

ORAÇÃO

Ó Deus onipotente e clementíssimo, que fizestes brotar da rocha uma fonte viva para saciar o Vosso povo, arrancai lágrimas de compunção do nosso coração endurecido, para que possamos chorar os nossos pecados e, por Vossa misericórdia, alcancemos o Vosso perdão.

22 DE FEVEREIRO
CÁTEDRA DE SÃO PEDRO

Pedro e João estavam subindo ao templo para a oração da hora nona. Vinha, então, carregado, um homem que era aleijado de nascença, [...]. Vendo a Pedro e João, que iam entrar no templo, implorou que lhe dessem uma esmola. [...]. Ele os olhava atentamente, esperando receber deles alguma coisa. Mas Pedro lhe disse: "Nem ouro nem prata possuo. O que tenho, porém, isto te dou: em nome de Jesus Cristo, o Nazareu, põe-te a caminhar!". E, tomando-o pela mão direita, ergueu-o. No mesmo instante seus pés e calcanhares se firmaram; de um salto pôs-se em pé e começou a andar. E entrou com eles no templo, andando, saltando e louvando a Deus.

Atos dos Apóstolos 3,1-8

Não tenho ouro nem prata, mas trago o que de mais precioso me foi dado: Jesus Cristo! Venho em seu nome, para alimentar a chama de amor fraterno que arde em cada coração; e desejo que chegue a todos, e a cada um, a minha saudação: "A paz de Cristo esteja com vocês!".

ORAÇÃO

Concedei, ó Deus todo-poderoso, que nada nos possa abalar, pois edificastes a Vossa Igreja que foi a profissão de fé do apóstolo Pedro. Por nosso Senhor Jesus Cristo, Vosso Filho, na unidade do Espírito Santo.

23 DE FEVEREIRO

ntão Jesus lhes disse: "Jovens, acaso tendes algum peixe?". Responderam-lhe "Não!". Disse-lhes: "Lançai a rede à direita do barco e achareis". Lançaram, então, e já não tinham força para puxá-la, por causa da quantidade de peixes. JOÃO 21,5-6

Quem é homem e mulher de esperança — a grande esperança que a fé nos dá — sabe que, mesmo em meio às dificuldades, Deus atua e nos surpreende. A história deste Santuário [de Nossa Senhora Aparecida] serve de exemplo: três pescadores, depois de um dia sem conseguir apanhar peixes nas águas do rio Paraíba, encontram algo inesperado: uma imagem de Nossa Senhora da Conceição. Deus sempre surpreende, como o vinho novo, no Evangelho que ouvimos. Deus sempre nos reserva o melhor. Mas pede que nos deixemos surpreender pelo seu amor, que acolhamos as suas surpresas. Confiemos em Deus! Longe d'Ele, o vinho da alegria, o vinho da esperança, se esgota. Se nos aproximarmos d'Ele, se permanecermos com Ele, aquilo que parece água fria, aquilo que é dificuldade, aquilo que é pecado, transforma-se em vinho novo de amizade.

ORAÇÃO

Queridos amigos, viemos bater à porta da casa de Maria. Ela abriu, fez-nos entrar e nos aponta o seu Filho. Agora ela nos pede: "Fazei o que Ele vos disser". Sim, Mãe, nos comprometemos a fazer o que Jesus nos disser! E o faremos com esperança, confiantes nas surpresas de Deus e cheios de alegria. Assim seja.

24 DE FEVEREIRO

or isso um homem deixa seu pai e sua mãe, se une à sua mulher, e eles se tornam uma só carne. GÊNESIS 2,24

Quando um homem e uma mulher celebram o sacramento do Matrimônio, Deus, por assim dizer, "espelha-Se" neles, imprime neles os seus lineamentos e o caráter indelével do seu amor. O Matrimônio é o ícone do amor de Deus por nós. Com efeito, também Deus é comunhão: as três pessoas do Pai, Filho e Espírito Santo vivem desde sempre e para sempre em unidade perfeita. É nisto que consiste o mistério do Matrimônio: dos dois esposos, Deus faz uma só existência. A Bíblia usa uma expressão forte e diz "uma só carne", tão íntima é a união entre o homem e a mulher no Matrimônio! Eis o mistério do Matrimônio: o amor de Deus reflete-se no casal que decide viver junto.

ORAÇÃO

Ouvi propício, Senhor, as nossas orações, e dignai-Vos a acompanhar, com a Vossa graça, o sacramento que instituístes para a propagação do gênero humano; de sorte que a união, de que sois autor, se mantenha por Vossa assistência.

25 DE FEVEREIRO

esus, chamando-os, disse: "Sabeis que os governadores das nações as dominam e os grandes as tiranizam. Entre vós não deverá ser assim. Ao contrário, aquele que quiser tornar-se grande entre vós seja aquele que serve, e o que quiser ser o primeiro dentre vós, seja o vosso servo. Desse modo, o Filho do Homem não veio para ser servido, mas para servir e dar a sua vida em resgate por muitos". MATEUS 20,25-8

Bento XVI, com grande sabedoria, recordou muitas vezes à Igreja que, se para o homem autoridade é sinônimo de posse e de sucesso, para Deus autoridade é sempre sinônimo de serviço, de humildade e de amor; significa entrar na lógica de Jesus que se inclina para lavar os pés dos apóstolos. Pensemos no dano que causam ao Povo de Deus os homens e as mulheres de Igreja que são carreiristas ou arrivistas, que "usam" o povo, a Igreja, os irmãos e as irmãs — aqueles a quem deveriam servir — como trampolim para os interesses e as ambições pessoais. Eles causam um dano grande à Igreja.

ORAÇÃO

Conservemos o olhar fixo na Cruz: ali está toda a autoridade da Igreja, onde aquele que é o Senhor se faz servo até o dom total de si.

26 DE FEVEREIRO

E disse-lhe: *"Tudo isto te darei, se, prostrado, me adorares". Aí Jesus lhe disse: "Vai-te, Satanás, porque está escrito: Ao Senhor teu Deus adorarás e só a ele prestarás culto". Com isso, o diabo o deixou. E os anjos de Deus se aproximaram e puseram-se a servi-lo.* Mateus 4,9-11

Jesus rejeita todas as tentações e reafirma a vontade decidida de seguir o percurso estabelecido pelo Pai, sem qualquer compromisso com o pecado e com a lógica do mundo. Observai bem como Jesus responde. Ele não dialoga com Satanás, como tinha feito Eva no paraíso terrestre. Jesus sabe bem que com Satanás, que é muito astuto, não se pode dialogar. Por isso, Jesus, em vez de dialogar como tinha feito Eva, escolhe refugiar-se na Palavra de Deus e responde com a força dessa Palavra. Recordemo-nos disto: no momento das nossas tentações, não travemos nenhum diálogo com Satanás, e estaremos defendidos sempre pela Palavra de Deus!

ORAÇÃO

Senhor, Pai Santo, fonte da vida eterna, Deus dos vivos e não dos mortos, que enviastes o Vosso Filho a anunciar a vida, aos homens, para libertá-los do reino da morte e conduzi-los à Ressurreição, livrai estes Vossos eleitos do poder da morte que vem do espírito maligno, para que recebam a vida nova de Cristo ressuscitado, e dela possam dar testemunho.

27 DE FEVEREIRO

stando ele a caminhar junto ao mar da Galileia, viu dois irmãos: Simão, chamado Pedro, e seu irmão André, que lançavam a rede ao mar, pois eram pescadores. Disse-lhes: "Segui-me e eu vos farei pescadores de homens". Eles, deixando imediatamente as redes, o seguiram. Continuando a caminhar, viu outros dois irmãos: Tiago, filho de Zebedeu, e seu irmão João, no barco com o pai Zebedeu, a consertar as redes. E os chamou. Eles, deixando imediatamente o barco e o pai, o seguiram. MATEUS 4,18-22

Deus não cessa de chamar algumas pessoas para segui-lo. No entanto, também devemos fazer a nossa parte, mediante a dádiva que Deus concede através das vocações. É preciso conservar e desenvolver as vocações para que produzam frutos maduros, e isso se faz através da formação. Jesus não disse "Vem cá que te explico", "Segue-me que te educo". Ao contrário: a formação conferida por Cristo aos seus discípulos se deu através de um "Vem e me segue!", "Faz como eu!". Esse é o método que ainda hoje a Igreja quer aplicar aos seus ministros. A formação de que falamos é uma experiência de discipulado, que aproxima cada vez mais de Cristo.

ORAÇÃO

Os céus proclamam a glória do Senhor, e o firmamento, a obra de suas mãos. Não são discursos, nem frases ou palavras, nem são vozes que possam ser ouvidas; seu som ressoa e se espalha em toda a terra, chega aos confins do universo a sua voz.

28 DE FEVEREIRO

hegando à porta da cidade, eis que estava lá uma viúva apanhando lenha [...]. Elias lhe respondeu: "Não temas; vai e faze como disseste. Mas, primeiro, prepara-me com o que tens um pãozinho e traze-mo; depois o prepararás para ti e para teu filho. Pois assim fala o Senhor, Deus de Israel: A vasilha de farinha não se esvaziará e a jarra de azeite não acabará, até o dia em que o Senhor enviar a chuva sobre a face da terra". Ela partiu e fez como Elias disse e fizeram uma refeição ele, ela e seu filho: A vasilha de farinha não se esvaziou e a jarra de azeite não acabou, conforme a predição que o Senhor fizera por intermédio de Elias. 1 REIS 17,10-6

Nós, cristãos, somos chamados a ver as misérias dos irmãos, a tocá-las, a ocupar-nos delas e a trabalhar para aliviá-las. A *miséria material*, a que habitualmente designamos por pobreza, atinge todos aqueles que vivem em condições indignas — privados de direitos fundamentais e de bens de primeira necessidade, como alimento, água, condições higiênicas, trabalho, possibilidade de progresso e de crescimento cultural. Perante tal miséria, a Igreja oferece o seu serviço, para curar essas chagas que deturpam o rosto da humanidade. Nos pobres, vemos o rosto de Cristo; amando e ajudando os pobres, amamos e servimos a Cristo.

ORAÇÃO

Deus, fonte de todo o bem, ensinai-nos com a Vossa inspiração a pensar o que é reto e ajudai-nos com a Vossa providência a pô-lo em prática.

1º DE MARÇO

ão digo isto para vos impor uma ordem; mas, citando-vos o zelo dos outros, dou-vos ocasião de provardes a sinceridade da vossa caridade. Com efeito, conheceis a generosidade de nosso Senhor Jesus Cristo, que por causa de vós se fez pobre, embora fosse rico, para vos enriquecer com a sua pobreza. 2 Coríntios 8,8-9

A Quaresma é providencial para mudar de rota e recuperar a capacidade de reagir diante do mal que nos desafia sempre. Deve ser vivida como tempo de conversão, de renovação pessoal e comunitária, mediante a aproximação com Deus e a adesão ao Evangelho. A Quaresma nos permite considerar com novos olhos os irmãos e as suas necessidades. Se meditarmos os mistérios centrais da Fé, da Paixão, da Cruz e da Ressurreição de Cristo, perceberemos que a dádiva imensurável da Redenção nos foi concedida por uma iniciativa gratuita de Deus.

ORAÇÃO

Ação de Graças a Deus pelo mistério do seu amor crucificado; fé autêntica, conversão e abertura do coração aos irmãos: eis os elementos essenciais para viver o tempo da Quaresma. Invoquemos, com confiança especial, a salvaguarda e o auxílio da Virgem Maria: que Ela, a primeira que acreditou em Cristo, nos acompanhe nos dias de oração intensa e de penitência, para chegarmos a celebrar, purificados e renovados no Espírito, o grande mistério da Páscoa.

2 DE MARÇO

gora, portanto — *oráculo do Senhor* — *retornai a mim de todo vosso coração, com jejum, com lágrimas e com lamentação. Rasgai os vossos corações, e não as vossas roupas, retornai ao Senhor, vosso Deus, porque ele é bondoso e misericordioso, lento na ira e cheio de amor, e se compadece da desgraça.* JOEL 2,12-3

Estas palavras penetrantes do profeta Joel constituem um desafio para todos nós, sem excluir ninguém, e nos recordam que a conversão não se reduz a formas externas nem a propósitos indefinidos, mas compromete e transforma a existência inteira a partir do centro da pessoa, da sua consciência. Estamos convidados a empreender um caminho no qual, desafiando a rotina, devemos nos esforçar por abrir os olhos e os ouvidos, mas sobretudo o coração. Abrir-se a Deus e aos irmãos. Sabemos que este mundo cada vez mais artificial nos faz viver numa cultura do "fazer", do "útil", e, sem nos darmos conta, excluímos Deus do nosso horizonte. Mas assim excluímos também o próprio horizonte! A Quaresma nos convida a "despertar", a recordar-nos de que somos criaturas, simplesmente, de que não somos Deus.

ORAÇÃO

Senhor, nosso Deus, rico em misericórdia, que nos chamais a converter o coração, dai-nos a alegria de sermos salvos e guiai-nos, pela força do Espírito, para a festa da Páscoa jubilosa.

3 DE MARÇO

 Reino dos Céus é semelhante a um homem que semeou boa semente no seu campo. Enquanto todos dormiam, veio o seu inimigo e semeou o joio no meio do trigo e foi-se embora. Quando o trigo cresceu e começou a granar, apareceu também o joio. Os servos do proprietário foram procurá-lo e lhe disseram: "Senhor, não semeaste boa semente no teu campo? Como então está cheio de joio?". Ao que este respondeu: "Um inimigo é que fez isso". Os servos perguntaram-lhe: "Queres, então, que vamos arrancá-lo?". Ele respondeu: "Não, para não acontecer que, ao arrancar o joio, com ele arranqueis também o trigo [...]". MATEUS 13,24-29

Às vezes temos uma grande pressa de julgar, pôr de um lado os bons e, do outro, os maus. Mas recordai-vos da oração daquele homem soberbo: "Graças a Vós, ó Deus, eu sou bom, não sou como os outros homens, maus". Mas Deus é paciente, sabe esperar. Ele olha para o "campo" da vida de cada pessoa com paciência e misericórdia: vê muito melhor do que nós a sujeira e o mal, mas vê também as sementes do bem e espera com confiança que elas amadureçam. O nosso Deus é um Pai paciente que nos espera sempre, que nos aguarda com o coração na mão para nos receber e perdoar. Perdoa-nos sempre, se formos ter com Ele.

ORAÇÃO

Peçamos a Nossa Senhora, nossa Mãe, que nos ajude a crescer na paciência, na esperança e na misericórdia com todos os irmãos.

4 DE MARÇO

e dissermos: "Não temos pecado", enganamos a nós mesmos e a verdade não está em nós. Se confessarmos os nossos pecados, Ele, que é fiel e justo, perdoará nossos pecados e nos purificará de toda injustiça. 1 João 1,8-9

No período da Quaresma, a Igreja, em nome de Deus, renova o apelo à conversão. É o chamado para mudarmos de vida. Converter-se não é questão de um momento ou de um período do ano, é compromisso que dura toda a vida. Quem de nós pode presumir que não é pecador? Ninguém. Todos o somos.

ORAÇÃO

Ó Deus, fonte de toda misericórdia e de toda bondade, Vós nos indicastes o jejum, a esmola e a oração como remédio contra o pecado. Acolhei esta confissão da nossa fraqueza para que, humilhados pela consciência de nossas faltas, sejamos conformados pela Vossa misericórdia. Por nosso Senhor Jesus Cristo, Vosso Filho, na unidade do Espírito Santo.

5 DE MARÇO

hegando ao lugar chamado Caveira, lá o crucificaram, bem como aos malfeitores, um à direita e outro à esquerda. Jesus dizia: "Pai, perdoa-lhes: não sabem o que fazem". Depois, repartindo suas vestes, sorteavam-nas. Lucas 23,33-4

Um cristão sempre deve ser capaz de responder ao mal com o bem, ainda que muitas vezes seja difícil. A estes irmãos e irmãs, procuremos fazer-lhes sentir que estamos profundamente unidos à sua situação, que sabemos que são cristãos "imbuídos de paciência". Quando Jesus vai ao encontro da Paixão, demonstra paciência. Eles entraram na paciência: há que fazê-lo saber a eles, mas também fazê-lo saber ao Senhor. Deixai que vos faça uma pergunta: rezais por estes irmãos e estas irmãs? Rezais por eles, na oração de todos os dias? Eu não vou pedir agora que levantem a mão aqueles que rezam. Não o pedirei… Mas tende-o bem em conta.

ORAÇÃO

Na oração de cada dia, digamos a Jesus: "Senhor, olha este irmão, olha esta irmã que sofre tanto, tanto!". Eles fazem a experiência do limite, precisamente do limite entre a vida e a morte. E esta experiência deve levar-nos também a promover a liberdade religiosa para todos! Cada homem, cada mulher deve ser livre na sua própria confissão religiosa, seja ela qual for. Por quê? Porque aquele homem e aquela mulher são filhos de Deus.

6 DE MARÇO

m *Betânia, quando Jesus estava à mesa em casa de Simão, o leproso, aproximou-se dele uma mulher, trazendo um frasco de alabastro cheio de perfume de nardo puro, caríssimo, e quebrou o frasco, derramou-o sobre a cabeça dele. Alguns dentre os presentes indignavam-se entre si: "Para que esse desperdício de perfume? Pois poderia ser vendido esse perfume por mais de trezentos denários e distribuído aos pobres". E a repreendiam. Mas Jesus disse: "Deixai-a. Por que a aborreceis? Ela praticou uma boa ação para comigo".* MARCOS 14,3-6

Para Deus, o que conta é o coração, quanto estamos abertos a Ele, se somos filhos que confiam. Mas isto nos leva a meditar inclusive sobre o modo como as mulheres, na Igreja e no caminho de fé, tiveram e ainda hoje desempenham um papel especial na abertura das portas ao Senhor, pois o olhar de fé tem sempre necessidade do olhar simples e profundo do amor. Os apóstolos e os discípulos têm dificuldade de acreditar. As mulheres não. Pedro correu até ao sepulcro, mas se deteve diante do túmulo vazio; Tomé quis tocar as chagas do corpo de Jesus. Também no nosso caminho de fé é importante saber e sentir que Deus nos ama, não ter medo de amá-Lo: a fé se professa com a boca e com o coração, com a palavra e com o amor.

ORAÇÃO

Eu, porém, confiei na Vossa bondade, o meu coração se alegra com a Vossa salvação e cantarei ao Senhor pelo bem que me fez.

7 DE MARÇO

e um só ele fez toda a raça humana para habitar sobre toda a face da terra, fixando os tempos anteriormente determinados e os limites do seu habitat. Tudo isto para que procurassem a divindade e, mesmo se às apalpadelas, se esforçassem por encontrá-la, embora não esteja longe de cada um de nós. Pois nele vivemos, nos movemos e existimos, como alguns dos vossos, aliás, já disseram: "Porque somos também de sua raça". Atos dos Apóstolos 17,26-8

Quando lemos no Gênesis a narrativa da Criação, corremos o risco de imaginar que Deus foi um mago, com uma varinha mágica capaz de fazer tudo. Mas não é assim! Ele criou os seres e deixou que se desenvolvessem segundo as leis internas que Ele mesmo inscreveu em cada um, para que progredissem e chegassem à própria plenitude. E assim a Criação foi em frente por séculos e milênios, até se tornar aquela que hoje conhecemos, precisamente porque Deus não é um demiurgo nem um mago, mas o Criador que dá a existência a todos os seres.

ORAÇÃO

Bendize, ó minha alma, ao Senhor! Ó meu Deus e meu Senhor, como sois grande! Quão numerosas, ó Senhor, são Vossas obras! Encheu-se a terra com as Vossas criaturas! Se tirais o seu respiro, elas perecem e voltam para o pó de onde vieram. Enviais o Vosso espírito e renascem; e da terra toda a face renovais.

8 DE MARÇO

A mulher lhe disse: "Sei que vem um Messias (que se chama Cristo). Quando ele vier, nos anunciará tudo". Disse-lhe Jesus: "Sou eu, que falo contigo". Naquele instante, chegaram os seus discípulos e admiravam-se de que falasse com uma mulher; nenhum deles, porém, lhe perguntou: "Que procuras?" ou "O que falas com ela?". A mulher, então, deixou seu cântaro e correu à cidade, dizendo a todos: "Vinde ver um homem que me disse tudo o que fiz. Não seria ele o Cristo?". Eles saíram da cidade e foram ao seu encontro. João 4,25-30

Quero aconselhar-vos isto: sede transparentes com o confessor. Sempre. Dizei-lhe tudo, não tenhais medo. "Padre, pequei!" Pensai na samaritana que, para demonstrar, para dizer aos seus concidadãos que tinha encontrado o Messias exclamou: "Disse-me tudo o que fiz", e todos conheciam a vida daquela mulher. Dizer sempre a verdade ao confessor faz bem, porque nos torna humildes, a todos. "Mas, padre, permaneci nisto, fiz isto, odiei…" Seja o que for. Dizei a verdade, sem esconder, sem rodeios, porque estás a falar com Jesus na pessoa do confessor. E Jesus sabe a verdade. Só Ele te perdoa sempre!

ORAÇÃO

Deus, que ilumina os nossos corações, te dê a graça de reconheceres com verdade os teus pecados e a tua misericórdia.

9 DE MARÇO

uvistes que foi dito: olho por olho e dente por dente. Eu, porém, vos digo: não resistais ao homem mau; antes, àquele que te fere na face direita oferece-lhe também a esquerda; àquele que quer pleitear contigo, para tomar-te a túnica, deixa-lhe também a veste; e se alguém te obriga a andar uma milha, caminha com ele duas. Dá ao que te pede e não voltes as costas ao que te pede emprestado. Mateus 5,38-42

Jesus não dá importância simplesmente à observância disciplinar e à conduta exterior. Ele vai à raiz da Lei, apostando sobretudo na intenção e, por conseguinte, no coração humano, onde têm origem as nossas ações boas e más. A fim de obter comportamentos bons e honestos, não são suficientes as normas jurídicas, mas são necessárias motivações profundas, expressão de uma sabedoria escondida, a Sabedoria de Deus, que pode ser acolhida graças ao Espírito Santo. E nós, através da fé em Cristo, podemos nos abrir à ação do Espírito, que nos torna capazes de viver o amor divino. À luz deste ensinamento de Cristo, cada preceito revela o seu pleno significado como exigência de amor, e todos se reconhecem no maior mandamento: ama a Deus com todo o coração e ama o próximo como a ti mesmo.

ORAÇÃO

Como o Oriente dista do Ocidente, assim Ele afasta de nós os nossos pecados; como um pai se compadece dos seus filhos, assim o Senhor se compadece dos que O temem.

10 DE MARÇO

ram Pedro e João, Tiago e André, Filipe e Tomé, Bartolomeu e Mateus; Tiago, filho de Alfeu, e Simão, o Zelota; e Judas, filho de Tiago. Todos estes, unânimes, perseveravam na oração com algumas mulheres, entre as quais Maria, a mãe de Jesus, e com os irmãos dele. ATOS DOS APÓSTOLOS 1,13-4

Para ouvir o Senhor, é necessário aprender a contemplá-Lo, a sentir sua presença constante na nossa vida; é preciso parar e dialogar com Ele em oração. Cada um de nós, deveria interrogar-se: que espaço reservo ao Senhor? Paro para dialogar com Ele? Desde quando éramos crianças, os nossos pais nos acostumaram a começar e a terminar o dia com uma oração, a fim de nos educar para sentir que a amizade e o amor de Deus nos acompanham. Recordemo-nos mais do Senhor durante os nossos dias! Recitando a Ave-Maria, somos levados a contemplar os mistérios de Jesus, ou seja, a meditar sobre os momentos centrais da Sua vida a fim de que, como para Maria e são José, Ele seja o cerne dos nossos pensamentos, das nossas atenções e das nossas obras.

ORAÇÃO

Caros irmãos e irmãs, peçamos a são José e à Virgem Maria que nos ensinem a sermos fiéis aos nossos compromissos diários, a vivermos a nossa fé nos gestos de todos os dias, a reservarmos mais espaço ao Senhor na nossa vida e a pararmos para contemplar o Seu rosto. Obrigado!

11 DE MARÇO

rai-vos, mas não pequeis: não se ponha o sol sobre a vossa ira, nem deis lugar ao diabo. Epístola aos Efésios 4,26-7

E aos recém-casados dou sempre este conselho: "Discuti quanto quiserdes. Não vos importeis se voam pratos. Mas nunca termineis o dia sem fazer as pazes! Nunca!". E se os casais aprenderem a dizer "Desculpe, eu estava cansado", aí está a paz; e retomai a vida no dia seguinte. Esse é um bonito segredo que evita as separações dolorosas. É importante caminhar unidos, sem fugir, sem saudades do passado. E, enquanto caminham, devem falar um com o outro, se conhecer, comunicar-se reciprocamente e crescer como família.

ORAÇÃO

Visitai, Senhor, esta casa e afastai as ciladas do inimigo; nela habitem Vossos santos anjos, para nos guardar na paz, e a Vossa bênção fique sempre conosco. Por Cristo nosso Senhor.

12 DE MARÇO

 ós vos desvestistes do homem velho com as suas práticas e vos revestistes do novo, que se renova para o conhecimento, segundo a imagem do seu Criador. Aí não há mais grego e judeu, circunciso e incircunciso, bárbaro, cita, escravo, livre, mas Cristo é tudo em todos. COLOSSENSES 3,9-11

Para evitar que se encalhe nos recifes, nossa vida espiritual não pode se reduzir a poucos momentos religiosos. Na sucessão dos dias e das estações, no passar das idades e dos acontecimentos, exercitemo-nos a fim de nos considerarmos pessoas que contemplam Aquele que não passa: espiritualidade significa regresso ao essencial, àquele bem que ninguém pode nos tirar, ao único bem verdadeiramente necessário. Até nos momentos de aridez, quando as situações pastorais se tornam difíceis e quando temos a impressão de estarmos sozinhos, ela é um manto de consolação maior do que qualquer dissabor; é a medida de liberdade do juízo chamado "senso comum"; é fonte de júbilo, que nos leva a receber tudo das mãos de Deus, a ponto de contemplarmos a sua presença em tudo e em todos.

ORAÇÃO

Senhor, que nos criastes para Vós, fazei que o nosso coração passe a noite desta vida a pensar em Vós, e desde a aurora vos procure para vos contemplar no Vosso santuário e ser saciado com saborosos manjares, entre cânticos de louvor da multidão em festa. Por nosso Senhor.

13 DE MARÇO

ão há árvore boa que dê fruto mau, e nem árvore má que dê fruto bom; com efeito, uma árvore é conhecida por seu próprio fruto; não se colhem figos de espinheiros, nem se vindimam uvas de sarças. O homem bom, do bom tesouro do coração tira o que é bom, mas o mau, de seu mal tira o que é mau; porque a boca fala daquilo de que está cheio o coração. LUCAS 6,43-5

O que atrai o teu coração? Posso dizer que é o amor de Deus? Há o desejo de fazer o bem ao próximo, de viver para o Senhor e para os nossos irmãos? Posso dizer isso? Cada um responda no seu coração. Mas alguém pode me dizer: "Mas, padre, eu trabalho, tenho família, para mim a realidade mais importante é ocupar-me da minha família, do trabalho…". Sem dúvida, é verdade, é importante. Mas qual é a força que mantém a família unida? Essa força é o amor, e quem semeia o amor no nosso coração é Deus. É o amor de Deus que confere sentido aos pequenos compromissos diários e que ajuda também a enfrentar as grandes provações. Esse é o tesouro autêntico do homem. Ir em frente na vida com amor, com aquele amor que o Senhor semeou no coração, com o amor de Deus. Esse é o verdadeiro tesouro.

ORAÇÃO

Que poderei retribuir ao Senhor Deus por tudo aquilo que Ele fez em meu favor? Elevo o cálice da minha salvação, invocando o nome santo do Senhor.

14 DE MARÇO

o entrar em *Cafarnaum, chegou-se a ele um centurião que lhe implorava e dizia: "Senhor, o meu criado está deitado em casa paralítico, sofrendo dores atrozes". Jesus lhe disse: "Eu irei curá-lo". Mas o centurião respondeu-lhe: "Senhor, não sou digno de receber-te sob o meu teto; basta que digas uma palavra e o meu criado ficará são".* MATEUS 8,5-8

A tentação de pôr Deus de lado para nos colocarmos a nós mesmos no centro está sempre à espreita, e a experiência do pecado fere a nossa vida cristã. Por isso, devemos ter a coragem da fé, sem nos deixar conduzir pela mentalidade que nos diz: "Deus não é útil, não é importante para ti", e assim por diante. É o exato oposto: nossa vida só será nova, animada pela serenidade e pela alegria, se nos comportarmos como filhos de Deus, sem nos desencorajar por causa das nossas quedas e dos nossos pecados, sentindo-nos amados por Ele. Deus é a nossa força! Deus é a nossa esperança!

ORAÇÃO

Senhor, nosso Deus, dai-nos por toda a vida a graça de Vos amar e temer, pois nunca cessais de conduzir os que firmais no Vosso amor. Por nosso Senhor Jesus Cristo, Vosso Filho, na unidade do Espírito Santo.

15 DE MARÇO

nanias respondeu: "Senhor, ouvi de muitos a respeito deste homem, quantos males fez a teus santos em Jerusalém. E aqui está com autorização dos chefes dos sacerdotes para prender a todos os que invocam o teu nome". Mas o Senhor insistiu: "Vai, porque este homem é para mim um instrumento de escol para levar o meu nome diante das nações pagãs, dos reis, e dos filhos de Israel. Eu mesmo lhe mostrarei quanto lhe é preciso sofrer em favor do meu nome". ATOS DOS APÓSTOLOS 9,13-6

Meu pensamento está nas comunidades cristãs que habitam na Síria e todo o Oriente Médio. Estes membros da Igreja — que hoje passam por dificuldades — têm a grande tarefa de continuar a propagar o cristianismo na região onde nasceu; e é nossa obrigação favorecer a permanência desse testemunho. É muito importante a participação de toda a comunidade cristã nessa grande obra. Todos devemos pensar na Síria! Tanto sofrimento, tanta pobreza, tanta dor de Jesus que sofre, que é pobre, que é expulso da sua pátria!

ORAÇÃO

Senhor, Deus da paz, nós Te damos graças pelos desejos, pelos esforços e pelas realizações que o Teu espírito de paz tem suscitado no nosso tempo, para substituir o ódio pelo amor, a desconfiança pela compreensão, a indiferença pela solidariedade. Abre ainda mais o nosso espírito às exigências concretas do amor de todos os nossos irmãos e irmãs, para que possamos ser, cada vez mais, construtores de paz.

16 DE MARÇO

 ntão Pedro, chegando-se a ele, perguntou-lhe: "Senhor, quantas vezes devo perdoar ao irmão que pecar contra mim? Até sete vezes?". Jesus respondeu-lhe: "Não te digo até sete, mas até setenta e sete vezes". MATEUS 18,21-2

Estas palavras tocam o coração da mensagem de reconciliação e de paz indicada por Jesus. Obedientes ao seu mandamento, pedimos diariamente ao nosso Pai do Céu que perdoe os nossos pecados, "assim como nós perdoamos a quem nos tem ofendido". Mas, se não estivermos prontos a fazer o mesmo, como podemos honestamente rezar pela paz e a reconciliação? Jesus nos pede para acreditar que o perdão é a porta que leva à reconciliação. Quando nos manda perdoar aos nossos irmãos sem qualquer reserva, pede-nos para fazer algo totalmente radical, mas nos dá, também, a graça de cumpri-lo. Aquilo que, visto duma perspectiva humana, parece ser impossível, impraticável e, às vezes, até repugnante, Jesus torna possível e frutuoso com a força infinita da Sua Cruz. A Cruz de Cristo revela o poder que Deus tem de superar toda divisão, curar toda ferida e restaurar os vínculos originais de amor fraterno.

ORAÇÃO

Senhor Jesus Cristo, que nos remistes pela Vossa Paixão e pela Vossa Cruz e nos destes o exemplo da paciência e da caridade, estamos arrependidos de Vos ter ofendido e de termos sido negligentes no Vosso serviço e no dos nossos irmãos. Perdoai-nos, Senhor.

17 DE MARÇO

or isto, eu vos declaro que ninguém, falando com o Espírito de Deus, diz: "Anátema seja Jesus!", e ninguém pode dizer: "Jesus é Senhor" a não ser no Espírito Santo.
1 Coríntios 12,3

Não existem cristãos mudos, emudecidos de alma, pois o Espírito Santo nos leva a falar com Deus na *oração*. A oração é uma dádiva que nós recebemos gratuitamente; é diálogo com Ele no Espírito Santo, que ora em nós e que nos permite dirigir-nos a Deus chamando-lhe Pai, *Aba*; e não se trata apenas de um "modo de dizer", mas da realidade: nós somos *realmente* filhos de Deus. "Todos aqueles que são conduzidos pelo Espírito de Deus são filhos de Deus". Ele nos faz falar no gesto da fé. Nenhum de nós pode dizer "Jesus é o Senhor" sem o Espírito Santo. E o Espírito ajuda-nos a falar com os homens no *diálogo fraterno*, reconhecendo, neles, irmãos e irmãs; a falar com amizade, ternura e mansidão, compreendendo as angústias e as esperanças, as tristezas e as alegrias dos outros. E há mais: o Espírito Santo nos leva a falar também aos homens na *profecia*, ou seja, transformando-nos em "canais" humildes e dóceis da Palavra de Deus.

ORAÇÃO

Vinde, ó Santo Espírito, vinde amor ardente, acendei na terra Vossa luz fulgente. Vinde, Pai dos pobres: na dor e aflições, vinde encher de gozo nossos corações. Benfeitor supremo em todo o momento, habitando em nós sois o nosso alento.

18 DE MARÇO

, *como estavam no campo, Caim se lançou sobre seu irmão Abel e o matou. O Senhor disse a Caim: "Onde está teu irmão Abel?". Ele respondeu: "Não sei. Acaso sou guarda de meu irmão?". O Senhor disse: "Que fizeste! Ouço o sangue de teu irmão, do solo, clamar por mim! [...]"*. GÊNESIS 4,8-10

Hoje, de todos os cantos da terra, os crentes elevam orações para pedir ao Senhor o dom da paz e a capacidade de levá-la em todos os âmbitos. Comecemos em casa! Justiça e paz em casa, entre nós. Comecemos em casa e depois nos alarguemos a toda a humanidade. Mas devemos iniciar em casa. Que o Espírito Santo aja nos corações, abra os fechamentos e as durezas e conceda que nos enterneçamos diante da fragilidade do Menino Jesus. De fato, a paz requer a força da mansidão, a força não violenta da verdade e do amor.

ORAÇÃO

Nas mãos de Maria, Mãe do Redentor, coloquemos as nossas esperanças com confiança filial. A Ela, que estende a sua maternidade a todos os homens, confiemos o brado de paz das populações oprimidas pela guerra e pela violência, para que a coragem do diálogo e da reconciliação prevaleça sobre as tentações de vingança, de prepotência e de corrupção. A Ela peçamos que o Evangelho da fraternidade, anunciado e testemunhado pela Igreja, possa falar a cada consciência e abater os muros que impedem aos inimigos que se reconheçam irmãos.

19 DE MARÇO
SOLENIDADE DE SÃO JOSÉ

nquanto assim decidia, eis que o Anjo do Senhor manifestou-se a ele em sonho, dizendo: "José, filho de Davi, não temas receber Maria, tua mulher, pois o que nela foi gerado vem do Espírito Santo. Ela dará à luz um filho e tu o chamarás com o nome de Jesus, pois ele salvará o seu povo dos seus pecados". [...] José, ao despertar do sono, agiu conforme o Anjo do Senhor lhe ordenara e recebeu em casa sua mulher. Mas não a conheceu até o dia em que ela deu à luz um filho. E ele o chamou com o nome de Jesus. MATEUS 1,20-5

José é "guardião" porque sabe ouvir a Deus, deixa-se guiar pela Sua vontade e, por isso mesmo, mostra-se ainda mais sensível com as pessoas que lhe estão confiadas, sabe ler com realismo os acontecimentos, está atento àquilo que o rodeia e toma as decisões mais sensatas. Nele vemos como se responde à vocação de Deus — com disponibilidade e prontidão — mas vemos também qual é o centro da vocação cristã: Cristo. Guardemos Cristo na nossa vida para guardar os outros, para guardar a Criação! Sede guardiões dos dons de Deus!

ORAÇÃO

Deus todo-poderoso, pelas preces de são José, a quem confiastes as primícias da Igreja, concedei que ela possa levar à plenitude os mistérios da salvação. Por nosso Senhor Jesus Cristo, Vosso Filho, na unidade do Espírito Santo.

20 DE MARÇO

A mão do Senhor veio, sobre mim, e me conduziu para fora pelo espírito do Senhor e me pousou no meio de um vale que estava cheio de ossos. E aí fez com que eu me movesse em torno deles de todos os lados. Os ossos eram abundantes na superfície do vale e estavam muito secos. Ele me disse: "Filho do homem, porventura tornarão a viver estes ossos?". Ao que respondi: "Senhor, tu o sabes". Então me disse: "Profetiza a respeito destes ossos e dize-lhes: 'Ossos secos, ouvi a palavra do Senhor'". Assim fala o Senhor a estes ossos: "Eis que vou fazer com que sejais penetrados pelo espírito e vivereis. Cobrir-vos-ei de tendões, farei com que sejais cobertos de carne e vos revestirei de pele. Porei em vós o meu espírito e vivereis. Então sabereis que eu sou o Senhor". Ezequiel 37,1-6

Também a Igreja, quando se torna autorreferencial, adoece e envelhece. Que o nosso olhar, bem fixo em Cristo, seja profético e dinâmico em relação ao futuro: desse modo, permanecereis jovens e audazes na leitura dos acontecimentos!

ORAÇÃO

Ó Deus, que preparastes para nossa fraqueza os auxílios necessários à nossa renovação, dai-nos recebê-los com alegria e vê-los frutificar em nossa vida. Por nosso Senhor Jesus Cristo, Vosso Filho, na unidade do Espírito Santo.

21 DE MARÇO

 odos os publicanos e pecadores estavam se aproximando para ouvi-lo. Os fariseus e os escribas, porém, murmuravam: "Esse homem recebe os pecadores e come com eles!".
Lucas 15,1-2

Não há profissão nem condição social, não existe pecado nem crime de qualquer tipo que possa eliminar, da memória e do coração de Deus, um só dos seus filhos. "Deus recorda" sempre, não se esquece de nenhum daqueles que Ele criou; Ele é Pai, sempre à espera vigilante e amorosa de ver renascer no coração do filho o desejo de voltar para casa. E quando reconhece aquele desejo, muitas vezes quase inconsciente, põe-se imediatamente ao seu lado e, com o seu perdão, faz com que o caminho de conversão e de volta seja mais suave.

ORAÇÃO

Deus de bondade, que no coração do Vosso Filho, ferido pelos nossos pecados, nos abristes os tesouros infinitos do Vosso amor, fazei que, prestando-lhe a homenagem fervorosa da nossa piedade, cumpramos também o dever de uma digna reparação.

22 DE MARÇO

or que devo andar pesaroso pela opressão do inimigo? Envia tua luz e tua verdade: elas me guiarão, levando-me à tua montanha sagrada, às tuas moradias. Eu irei ao altar de Deus, ao Deus que me alegra. Vou exultar e celebrar-te com a harpa, ó Deus, o meu Deus! Por que te curvas, ó minha alma, gemendo dentro de mim? Espera em Deus, eu ainda o louvarei, a salvação da minha face e meu Deus! SALMOS 43,2-5

Devemos dizer a verdade: o trabalho de evangelização, de levar em frente a graça, gratuitamente, não é fácil, porque não estamos a sós com Jesus Cristo; há também um adversário, um inimigo que quer manter os homens separados de Deus. O diabo lança todos os dias nos nossos corações sementes de pessimismo e amargura, e a pessoa desanima, nós desanimamos. "Não pode ser! Veja como aquela religião atrai tanta gente e nós não!" Devemos nos preparar para a luta espiritual. Não se pode pregar o Evangelho sem luta espiritual: uma luta de todos os dias contra a tristeza, contra a amargura, contra o pessimismo; uma luta de todos os dias! Semear não é fácil. É mais agradável colher, mas semear não é fácil, e essa é a luta de todos os dias dos cristãos.

ORAÇÃO

Senhor nosso Deus, dai-nos por Vossa graça caminhar com alegria na mesma caridade que levou o Vosso Filho a se entregar à morte no seu amor pelo mundo. Por nosso Senhor Jesus Cristo, Vosso Filho, na unidade do Espírito Santo.

23 DE MARÇO

uando injuriado, não revidava; ao sofrer, não ameaçava, antes, punha a sua causa nas mãos daquele que julga com justiça. Sobre o madeiro, levou os nossos pecados em seu próprio corpo, a fim de que, mortos para os nossos pecados, vivêssemos para a justiça. Por suas feridas fostes curados. 1 PEDRO 2,23-4

Jesus, quando volta para o Céu, leva ao Pai uma prenda. Que prenda? Suas chagas. Seu corpo lindíssimo, sem manchas, sem as feridas da flagelação, mas conserva as chagas. Quando volta para o Pai, mostra-Lhe as chagas e diz: "Repara, Pai, este é o preço do perdão que Tu dás". Quando o Pai vê as chagas de Jesus, perdoa-nos sempre, não porque nós somos bons, mas porque Jesus pagou por nós. Olhando para as chagas de Jesus, o Pai se torna mais misericordioso. Este é o grande trabalho de Jesus hoje no Céu: mostrar ao Pai o preço do perdão, as suas chagas. Isso nos estimula a não ter medo de pedir perdão; o Pai perdoa sempre, porque vê as chagas de Jesus, vê o nosso pecado e o perdoa.

ORAÇÃO

Por suas santas chagas, suas chagas gloriosas, o Cristo Senhor nos proteja e nos guarde.

24 DE MARÇO

om efeito, conheceis a generosidade de nosso Senhor Jesus Cristo, que por causa de vós se fez pobre, embora fosse rico, para vos enriquecer com a sua pobreza. 2 Coríntios 8,9

A finalidade de Jesus se fazer pobre não foi a pobreza em si mesma, mas — como diz são Paulo — "para vos enriquecer com a sua pobreza". Não se trata de um jogo de palavras. Pelo contrário, é uma síntese da lógica de Deus: a lógica do amor, a lógica da Encarnação e da Cruz. Deus não fez cair do alto a salvação sobre nós, como a esmola de quem dá parte do próprio supérfluo com piedade filantrópica. Não é assim o amor de Cristo! Quando Jesus desce às águas do Jordão e pede para João Batista batizá-lo, não o faz porque tem necessidade de penitência, de conversão; mas para se colocar no meio do povo necessitado de perdão, no meio de nós, pecadores, e carregar sobre si o peso dos nossos pecados. Esse foi o caminho que Ele escolheu para nos consolar, salvar, libertar da nossa miséria. É impressionante ouvir o apóstolo dizer que fomos libertados não por meio da riqueza de Cristo, mas por meio da sua pobreza. E, todavia, são Paulo conhece bem a "insondável riqueza de Cristo", "herdeiro de todas as coisas".

ORAÇÃO

Ó Deus, que pela Vossa graça inefável nos enriqueceis de todos os bens, concedei-nos passar da antiga à nova vida, preparando-nos assim para o Reino da Glória.

25 DE MARÇO

SOLENIDADE DA ANUNCIAÇÃO DO SENHOR

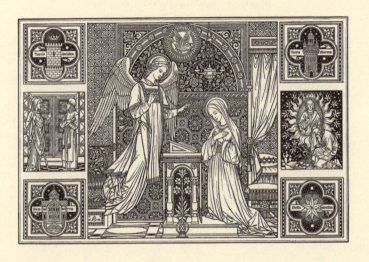

"Eis que conceberás no teu seio e darás à luz um filho e tu o chamarás com o nome de Jesus. Ele será grande, será chamado Filho do Altíssimo […]." Maria, porém, disse ao anjo: "Como é que vai ser isso, se eu não conheço homem algum?". O anjo lhe respondeu: "O Espírito Santo virá sobre ti e o poder do Altíssimo vai te cobrir com a sua sombra; por isso o Santo que nascer será chamado Filho de Deus […]". Disse, então, Maria: "Eu sou a serva do Senhor; faça-se em mim segundo a tua palavra!". E o anjo a deixou. LUCAS 1,31-8

Contemplamos aquela que conheceu e amou Jesus como nenhuma outra criatura. O Evangelho mostra a atitude fundamental com a qual Maria expressou seu amor por Jesus: fazer a vontade de Deus. "Porque aquele que fizer a vontade de meu Pai que está nos Céus, esse é meu irmão, irmã e mãe." Com essas palavras, Jesus deixa uma mensagem importante: a vontade de Deus é a Lei suprema que estabelece o verdadeiro pertencimento a Ele. Portanto, Maria estabelece um relacionamento familiar com Jesus antes de lhe dar à luz — torna-se discípula e mãe do seu Filho no momento em que acolhe as palavras do Anjo.

ORAÇÃO

Que Maria, nossa esperança, nos ajude a fazer de nossa vida uma oferenda agradável ao Pai celeste e um dom jubiloso para os nossos irmãos, uma atitude que olha sempre para o futuro.

26 DE MARÇO

u não sabeis que todos os que fomos batizados em Cristo Jesus, é na sua morte que fomos batizados? Portanto pelo batismo nós fomos sepultados com ele na morte para que, como Cristo foi ressuscitado dentre os mortos pela glória do Pai, assim também nós vivamos vida nova. Romanos 6,3-4

O Batismo não é uma formalidade! É um ato que diz respeito à nossa existência. Uma pessoa batizada e uma pessoa não batizada não são a mesma coisa. Nós, com o Batismo, somos imersos naquela fonte inesgotável de vida que é a morte de Jesus, o maior ato de amor de toda a história; e graças a esse amor podemos viver uma vida nova, na comunhão com Deus e com os irmãos. Faço uma pergunta: uma pessoa pode batizar-se a si mesma? Ninguém pode batizar-se a si mesmo! Podemos pedi-lo, desejá-lo, mas temos sempre a necessidade de que alguém nos confira esse sacramento, em nome do Senhor. Porque o Batismo é um dom que é concedido num contexto de solicitude e de partilha fraterna. Ao longo da história sempre um batiza outro, outro, outro... É uma corrente. Uma corrente de Graça.

ORAÇÃO

Peçamos então, de coração, ao Senhor que possamos experimentar cada vez mais, na vida diária, esta graça que recebemos com o Batismo. Que os nossos irmãos, ao nos encontrar, possam encontrar verdadeiros filhos de Deus, verdadeiros irmãos e irmãs de Jesus Cristo, verdadeiros membros da Igreja.

27 DE MARÇO

risto, nos dias de sua vida terrestre, dirigiu preces e súplicas, com forte clamor e lágrimas, àquele que era capaz de salvá-lo da morte. E foi atendido, por causa de sua entrega a Deus. Mesmo sendo Filho, aprendeu o que significa a obediência a Deus por aquilo que ele sofreu. Mas, na consumação de sua vida, tornou-se causa de salvação eterna para todos os que lhe obedecem. HEBREUS 5,7-9

Quando chegou a "hora" de Jesus, ou seja, a hora da Paixão, Maria esteve de vigia. Na noite do Sábado Santo, a sua chama, pequena, mas clara, esteve acesa até o alvorecer da Ressurreição; e, quando lhe chegou a notícia de que o sepulcro estava vazio, alastrou-se em seu coração a alegria da fé cristã na morte e Ressurreição de Jesus Cristo. Porque a fé sempre nos traz alegria e Ela é a Mãe da alegria: que Ela nos ensine a caminhar pela estrada da alegria e viver essa alegria! Este é o ponto culminante — essa alegria, esse encontro entre Jesus e Maria —; imaginemos como foi... Esse encontro é o ponto culminante do caminho da fé de Maria e de toda a Igreja.

ORAÇÃO

Sede a rocha do meu refúgio e a fortaleza da minha salvação; porque Vós sois a minha força e o meu refúgio, por amor do Vosso nome, guiai-me e conduzi-me. Livrai-me da armadilha que me prepararam, porque Vós sois o meu refúgio. Em Vossas mãos entrego o meu espírito, Senhor, Deus fiel, salvai-me.

28 DE MARÇO

ntes da festa da Páscoa, sabendo Jesus que chegara a sua hora de passar deste mundo para o Pai, tendo amado os seus que estavam no mundo, amou-os até o fim. João 13,1

O encontro com o amor de Deus na amizade de Cristo é possível, antes de tudo, nos sacramentos, de modo particular na Eucaristia e na Reconciliação. Na Santa Missa, nós celebramos o memorial do sacrifício do Senhor, o seu entregar-se totalmente para a nossa salvação: ainda hoje, Ele realmente entrega o seu corpo por nós e derrama o seu sangue para redimir os pecados da humanidade e para nos fazer entrar em comunhão com Ele. Na Penitência, Jesus nos acolhe com todos os nossos limites, oferece-nos a misericórdia do Pai que nos perdoa e muda o nosso coração, transformando-o num coração novo, capaz de amar como Ele, que amou os seus até o fim. E esse amor se manifesta na sua misericórdia. Jesus nos perdoa sempre.

ORAÇÃO

Quando meu coração se azedava e eu espicaçava meus rins, é porque eu era imbecil e não sabia, eu era animal junto a ti. Quanto a mim, estou sempre contigo, tu me agarraste pela mão direita; tu me conduzes com teu conselho, e com tua glória me atrairás.

29 DE MARÇO

is que o meu Servo há de prosperar, ele se elevará, será exaltado, será posto nas alturas. Exatamente como multidões ficaram pasmadas à vista dele — tão desfigurado estava o seu aspecto e a sua forma não parecia a de um homem — assim agora nações numerosas ficarão estupefatas a seu respeito, reis permanecerão silenciosos ao verem coisas que não lhes haviam sido contadas e ao tomarem consciência de coisas que não tinham ouvido. Isaías 52,13-1

A Cruz de Jesus é a Palavra com que Deus respondeu ao mal do mundo. Às vezes nos parece que Deus não responde ao mal, que permanece calado. Na realidade, Deus falou, respondeu, e a Sua resposta é a Cruz de Cristo: uma Palavra que é amor, misericórdia, perdão. É também julgamento: Deus julga, amando-nos. Lembremos: Deus julga, amando-nos. Se acolho o Seu amor, estou salvo; se o recuso, estou condenado; não por Ele, mas por mim mesmo, porque Deus não condena, Ele unicamente ama e salva.

Caminhemos juntos pela senda da Cruz; caminhemos, levando no coração esta Palavra de amor e de perdão. Caminhemos, esperando a Ressurreição de Jesus, que tanto nos ama. É tudo amor!

ORAÇÃO

Olhai com amor, ó Pai, esta Vossa família, pela qual nosso Senhor Jesus Cristo livremente se entregou às mãos dos inimigos e sofreu o suplício da Cruz. Por nosso Senhor Jesus Cristo, Vosso Filho, na unidade do Espírito Santo.

30 DE MARÇO

erto da cruz de Jesus, permaneciam de pé sua mãe, a irmã de sua mãe, Maria, mulher de Clopas, e Maria Madalena. Jesus, então, vendo sua mãe e, perto dela, o discípulo a quem amava, disse à sua mãe: "Mulher, eis o teu filho!". Depois disse ao discípulo: "Eis a tua mãe!". E, a partir dessa hora, o discípulo a recebeu em sua casa. JOÃO 19,25-7

O olhar de Maria não se volta só para nós. Aos pés da Cruz, quando Jesus lhe confia o apóstolo João e, com ele, todos nós, dizendo: "Senhora, eis o teu filho", o olhar de Maria está fixo em Jesus. E Maria nos diz, como nas bodas de Caná: "Fazei tudo o que Ele vos disser". Maria aponta para Jesus, convida-nos a dar testemunho de Jesus, guia-nos sempre para o seu Filho Jesus, porque só Nele há salvação, só Ele pode transformar a água da solidão, da dificuldade, do pecado, no vinho do encontro, da alegria, do perdão. Só Ele.

ORAÇÃO

"Bem-aventurada és Tu, porque acreditaste." Maria é bem-aventurada pela sua fé em Deus, pela sua fé, porque o olhar do seu coração sempre esteve fixo em Deus, no Filho de Deus, que trouxe no seu ventre e contemplou na Cruz.

31 DE MARÇO

esus, porém, tornando a dar um grande grito, entregou o espírito. Nisso, o véu do Santuário se rasgou em duas partes, de cima a baixo, a terra tremeu e as rochas se fenderam. [...] O centurião e os que com ele guardavam a Jesus, ao verem o terremoto e tudo mais que estava acontecendo, ficaram muito amedrontados e disseram: "De fato, este era filho de Deus!". Estavam ali muitas mulheres, olhando de longe. Haviam acompanhado Jesus desde a Galileia, a servi-lo. Entre elas, Maria Madalena, Maria, mãe de Tiago e de José, e a mãe dos filhos de Zebedeu. MATEUS 27,50-6

Façamos uma pergunta a nós mesmos: "Quem sou eu?". Quem sou eu, em face do Senhor, que entra festivamente em Jerusalém? Demonstro minha alegria e o louvo? Ou fico à distância? O grupo dos líderes — alguns sacerdotes, alguns fariseus, alguns doutores da lei — que decidiram matá-lo esperavam só uma boa oportunidade para o prender. Sou como um deles? Sou como aquelas mulheres corajosas, e como a Mãe de Jesus, que estavam lá e sofriam em silêncio? Sou eu como José, o discípulo oculto, que leva o corpo de Jesus, com amor, para lhe dar sepultura? Sou eu como as duas Marias que permanecem junto do sepulcro chorando, rezando?

ORAÇÃO

Senhor Jesus Cristo, que nos fizestes passar, sem o merecermos, da escravidão à liberdade dos filhos de Deus, fazei-nos anunciar, com alegria, a Boa-Nova proclamada nesta Páscoa.

1º DE ABRIL

eu Deus, meu Deus, por que me abandonaste? As palavras do meu rugir estão longe de me salvar! Meu Deus, eu grito de dia e não me respondes, de noite, e nunca tenho descanso. [...]. Quanto a mim, sou verme, não homem, riso dos homens e desprezo do povo; todos os que me veem caçoam de mim, abrem a boca e meneiam a cabeça: "Voltou-se ao Senhor, que ele o liberte, que o salve, se é que o ama!". Salmos 22,2-9

Olhemos ao nosso redor... Tantas feridas infligidas pelo mal à humanidade: guerras, violências, conflitos econômicos que atingem quem é mais fraco, sede de dinheiro que, depois, ninguém pode levar consigo, terá de deixar. Amor ao dinheiro, poder, corrupção, crimes contra a vida humana e contra a Criação! E também — como bem o sabe e conhece cada um de nós — os nossos pecados pessoais: as faltas de amor e respeito para com Deus, com o próximo e com a Criação inteira. E na Cruz Jesus sente todo o peso do mal e, com a força do amor de Deus, vence-o, derrota-o na sua Ressurreição. Este é o bem que Jesus realiza por todos nós sobre o trono da Cruz.

ORAÇÃO

Ó Cruz fiel, entre todas, a árvore mais nobre: nenhum bosque produz igual, em ramagens, frutos e flores. Ó doce lenho, que os doces cravos e o doce peso sustentas. Canta, ó língua, o glorioso combate e, diante do troféu da Cruz, proclama o nobre triunfo: a vitória conseguida pelo Redentor, vítima imolada para o mundo.

2 DE ABRIL

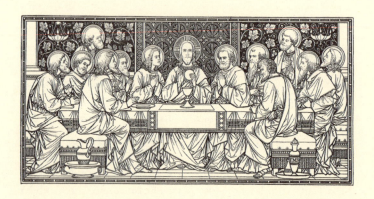

nquanto comiam, Ele tomou um pão, abençoou, partiu-o e distribuiu-lhes, dizendo: "Tomai, isto é o meu corpo". Depois, tomou um cálice e, dando graças, deu-lhes e todos dele beberam. E disse-lhes: "Isto é o meu sangue, o sangue da Aliança, que é derramado em favor de muitos. Em verdade vos digo, já não beberei do fruto da videira até aquele dia em que beberei o vinho novo do Reino de Deus". Marcos 14,22-5

Os profetas referiam as palavras do Senhor. Os profetas anunciavam. Acontece o mesmo também na Igreja, através da sua Palavra recolhida no Evangelho e na Bíblia: Ele nos fala através da catequese, da homilia. Quando celebramos a missa, não fazemos uma representação da Última Ceia. A missa não é uma representação, é algo diverso. É precisamente a Última Ceia; é exatamente viver outra vez a Paixão e a Morte redentora do Senhor. É uma teofania: o Senhor torna-se presente no altar para ser oferecido ao Pai pela salvação do mundo.

ORAÇÃO

Senhor Jesus Cristo, neste dia em que nos convidais como amigos a comer convosco a Santa Páscoa, tornai-nos dignos de participar no banquete eterno do Vosso Reino. Vós que sois Deus com o Pai, na unidade do Espírito Santo.

3 DE ABRIL

ra desprezado e abandonado pelos homens, um homem sujeito à dor, familiarizado com a enfermidade, como uma pessoa de quem todos escondem o rosto; desprezado, não fazíamos caso nenhum dele. E, no entanto, eram as nossas enfermidades que ele levava sobre si, as nossas dores que ele carregava. Mas nós o tínhamos como vítima do castigo, ferido por Deus e humilhado. Mas ele foi trespassado por causa das nossas transgressões, esmagado em virtude das nossas iniquidades. O castigo que havia de trazer-nos a paz caiu sobre ele, sim, por suas feridas fomos curados. Isaías 53,3-5

Por qual motivo o povo fiel quer deter-se diante do ícone de um homem flagelado e crucificado? Porque o Homem do Sudário nos convida a contemplar Jesus de Nazaré. A imagem impressa no lençol fala ao nosso coração e nos impele a subir o Monte do Calvário, a olhar o madeiro da Cruz, a mergulhar no silêncio eloquente do amor. Deixemo-nos, pois, alcançar por este olhar, que não procura os nossos olhos, mas o nosso coração. Ouçamos o que ele nos quer dizer, no silêncio, ultrapassando a própria morte.

ORAÇÃO

Deus, altíssimo e glorioso, iluminai as trevas do meu coração. E dai-me fé reta, esperança certa e caridade perfeita, juízo e conhecimento, Senhor, para cumprir o Vosso mandamento santo e verdadeiro. Amém.

4 DE ABRIL

las, partindo depressa do túmulo, com medo e grande alegria, correram a anunciá-lo aos seus discípulos. E eis que Jesus veio ao seu encontro e lhes disse: "Alegrai-vos". Elas, aproximando-se, abraçaram-lhe os pés, prostrando-se diante dele. Então Jesus disse: "Não temais! Ide anunciar a meus irmãos que se dirijam para a Galileia; lá me verão". MATEUS 28,8-10

Voltar à Galileia significa *reler* tudo a partir da Cruz e da vitória; sem medo, "não temais". Reler tudo — a pregação, os milagres, a nova comunidade, os entusiasmos e as deserções, até a traição — a partir do fim, que é um novo início, a partir deste supremo ato de amor. "Partir para a Galileia" significa uma coisa estupenda, significa redescobrirmos o nosso Batismo como fonte viva, tirarmos energia nova da raiz da nossa fé e da nossa experiência cristã. Voltar para a Galileia significa, antes de tudo, retornar lá, àquele ponto incandescente onde a Graça de Deus me tocou no início do caminho. A partir daquela fagulha, acende-se uma alegria humilde, uma alegria que não ofende o sofrimento e o desespero, uma alegria mansa e bondosa.

ORAÇÃO

Nós Vos pedimos, Senhor, que este Círio, consagrado ao Vosso nome, arda incessantemente para dissipar as trevas da noite; e, subindo para Vós como suave perfume, junte a sua claridade a das estrelas do céu.

5 DE ABRIL

uando o Senhor, ao sinal dado, à voz do arcanjo e ao som da trombeta divina, descer do céu, então os mortos em Cristo ressuscitarão primeiro; em seguida nós, os vivos que estivermos lá, seremos arrebatados com eles nas nuvens para o encontro com o Senhor, nos ares. E, assim, estaremos para sempre com o Senhor. Consolai-vos, pois, uns aos outros com estas palavras. 1 Tessalonicenses 4,16-8

É emblemático o modo como, no livro do Apocalipse, retomando a intuição dos profetas, João descreve a dimensão derradeira, definitiva, segundo os termos da "nova Jerusalém": "eu vi descer do céu, de junto de Deus, a Cidade Santa, como uma esposa ornada para o seu esposo". E não é apenas um modo de dizer: celebrar-se-ão núpcias autênticas! Sim, porque Cristo, fazendo-se homem como nós, e tornando-nos todos um só, com Ele, com a sua morte e Ressurreição, desposou-nos verdadeiramente e fez de nós, como povo, sua esposa. Eis quem é a Igreja: ela é o povo de Deus que segue o Senhor Jesus e que, dia após dia, se prepara para o encontro com Ele.

ORAÇÃO

Invoquemos a Virgem Maria, Mãe da esperança e rainha do Céu, para que nos preserve sempre numa atitude de escuta e esperança, de maneira a podermos ser, desde já, permeados do amor de Cristo e participar, um dia, no júbilo sem fim, na plena comunhão de Deus. Mas nunca vos esqueçais: "E assim estaremos para sempre com o Senhor!".

6 DE ABRIL

Ao voltarem do túmulo, anunciaram tudo isso aos Onze, bem como a todos os outros. Eram Maria Madalena, Joana e Maria, mãe de Tiago. As outras mulheres que estavam com elas disseram-no também aos apóstolos; essas palavras, porém, lhes pareceram desvario, e não lhes deram crédito. Pedro, contudo, levantou-se e correu ao túmulo. Inclinando-se, porém, viu apenas os lençóis. E voltou para casa, muito surpreso com o que acontecera. Lucas 24,9-12

Frequentemente temos medo da *novidade*, incluindo a novidade que Deus nos traz, a novidade que Deus nos pede. Fazemos como os apóstolos, no Evangelho: muitas vezes preferimos manter as nossas seguranças, parar junto de um túmulo com o pensamento num defunto que, no fim de contas, vive só na memória da história, como as grandes figuras do passado. Tememos as surpresas de Deus. E Ele não cessa de nos surpreender! O Senhor é assim.

ORAÇÃO

Nesta noite de luz, invocando a intercessão da Virgem Maria, que guardava todos os acontecimentos no seu coração, peçamos ao Senhor que nos torne participantes da sua Ressurreição: que nos abra à sua novidade que transforma, às surpresas de Deus, que são tão belas; que nos torne homens e mulheres capazes de fazer memória daquilo que Ele opera na nossa história pessoal e na do mundo.

7 DE ABRIL

em-aventurados os pobres em espírito, porque deles é o Reino dos Céus. Bem-aventurados os mansos, porque herdarão a terra. Bem-aventurados os aflitos, porque serão consolados. Bem-aventurados os que têm fome e sede de justiça, porque serão saciados. Bem-aventurados os misericordiosos, porque alcançarão misericórdia. Bem-aventurados os puros de coração, porque verão a Deus. Bem-aventurados os que promovem a paz, porque serão chamados filhos de Deus. Bem-aventurados os que são perseguidos por causa da justiça, porque deles é o Reino dos Céus. [...] Alegrai-vos e regozijai-vos, porque será grande a vossa recompensa nos céus, pois foi assim que perseguiram os profetas, que vieram antes de vós. MATEUS 5,3-12

É Ele que nos ensina a nos tornarmos santos e, no Evangelho, nos indica o caminho: a Via das Bem-Aventuranças. Com efeito, o Reino dos Céus é para aqueles que têm um coração simples e humilde, sem a presunção de serem justos, sem julgar os outros; para aqueles que sabem sofrer com quantos sofrem e se alegrar com quantos se alegram; para quantos não são violentos, mas misericordiosos, e procuram ser artífices de reconciliação e de paz.

ORAÇÃO

Console-me a Vossa bondade, segundo a promessa feita ao Vosso servo. Desçam sobre mim as Vossas misericórdias e viverei, porque a Vossa lei faz as minhas delícias.

8 DE ABRIL

ele, predestinados pelo propósito daquele que tudo opera segundo o conselho da sua vontade, fomos feitos sua herança, a fim de servirmos para o seu louvor e glória, nós, os que antes esperávamos em Cristo. Efésios 1,11-2

Amados irmãos e irmãs, esta esperança — a esperança oferecida pelo Evangelho — é o antídoto contra o espírito de desespero que parece crescer como um câncer no meio da sociedade, que exteriormente é rica e, todavia, muitas vezes experimenta amargura interior e vazio. A quantos dos nossos jovens não fez pagar o seu tributo um tal desespero! Que os jovens, que nestes dias se reúnem ao nosso redor com a sua alegria e confiança, nunca lhes vejam roubada a esperança!

ORAÇÃO

Dirijamo-nos a Maria, Mãe de Deus, e imploremos a graça de vivermos, alegres, na liberdade dos filhos de Deus, de usarmos sabiamente essa liberdade para servir aos nossos irmãos e irmãs, e viver e atuar de tal modo que sejamos sinais de esperança, aquela esperança que encontrará a sua realização no Reino eterno, onde reinar é servir. Amém.

9 DE ABRIL

alavam ainda, quando ele próprio se apresentou no meio deles e disse: "A paz esteja convosco!". Tomados de espanto e temor, imaginavam ver um espírito. Mas ele disse: "Por que estais perturbados e por que surgem tais dúvidas em vossos corações? Vede minhas mãos e meus pés: sou eu! Apalpai-me e entendei que um espírito não tem carne, nem ossos, como estais vendo que eu tenho". LUCAS 24,36-9

É o momento da admiração, do encontro com Jesus Cristo, onde tanta alegria não nos parece verdadeira; ainda mais, assumir a alegria, o júbilo daquele instante parece-nos arriscado e sentimos a tentação de nos refugiarmos no ceticismo, no "não exageres!". É mais fácil acreditar num fantasma do que em Cristo vivo! É mais fácil uma ideia, uma imaginação, do que a docilidade a este Senhor que ressuscita da morte e só Deus sabe para que nos convida! Esse processo de relativizar tanto a fé acaba por nos afastar do encontro, distanciando-nos da carícia de Deus. Os discípulos tinham medo da alegria... E também nós!

ORAÇÃO

Ó Deus, que nos alegrais todos os anos com a solenidade da Ressurreição do Senhor, concedei-nos chegar às eternas alegrias, pelas festas que celebramos nesta vida. Por Cristo, nosso Senhor.

10 DE ABRIL

quando eu me for e vos tiver preparado um lugar, virei novamente e vos levarei comigo, a fim de que, onde eu estiver, estejais vós também. João 14,3

O Cenáculo recorda-nos o *serviço*, o lavapés que Jesus realizou, como exemplo para os seus discípulos. Lavar os pés uns aos outros significa acolher-se, aceitar-se, amar-se, servir-se reciprocamente. Quer dizer servir o pobre, o doente, o marginalizado, a pessoa que é antipática, aquela que me aborrece. O Cenáculo nos recorda, com a Eucaristia, o *sacrifício*. Em cada celebração eucarística, Jesus se oferece, por nós, ao Pai, para que também nós possamos nos unir a Ele, oferecendo a Deus a nossa vida, o nosso trabalho, as nossas alegrias e as nossas penas, oferecer tudo em sacrifício espiritual. E o Cenáculo nos recorda também a *amizade*. O Senhor faz de nós seus amigos, confia-nos a vontade do Pai e nos dá a si mesmo […]. O Cenáculo nos recorda a *despedida* do Mestre e a *promessa* de reencontrar-se com os seus amigos. Jesus não nos deixa, nunca nos abandona, vai à nossa frente para a casa do Pai; e, para lá, nos quer levar consigo.

ORAÇÃO

Elevemos as nossas súplicas ao Senhor Jesus, que lavou os pés dos apóstolos e nos deu o sacerdócio e a Eucaristia.

11 DE ABRIL

, se Cristo não ressuscitou, ilusória é a vossa fé; ainda estais nos vossos pecados. 1 Coríntios 15,17

Infelizmente, muitas vezes procurou-se obscurecer a fé na Ressurreição de Jesus, e também entre os próprios crentes se insinuaram dúvidas. Um pouco daquela fé "diluída", como dizemos; não é a fé forte. E isso por superficialidade, às vezes por indiferença, preocupados com muitas coisas que se consideram mais importantes que a fé, ou então devido a uma visão apenas horizontal da vida. Mas é a Ressurreição que nos abre à maior esperança, porque abre a nossa vida e a vida do mundo para o futuro eterno de Deus, para a felicidade plena, para a certeza de que o mal, o pecado e a morte podem ser derrotados. E isso leva a viver com maior confiança as realidades diárias, a enfrentá-las com coragem e compromisso. A Ressurreição de Cristo ilumina com uma luz nova estas realidades cotidianas. A Ressurreição de Cristo é a nossa força!

ORAÇÃO

Ó Deus, por Vosso Filho Unigênito, vencedor da morte, abristes hoje para nós as portas da eternidade. Concedei que celebrando a Ressurreição do Senhor, renovados pelo Vosso Espírito, ressuscitemos na luz da vida nova.

12 DE ABRIL

de! Eis que eu vos envio como cordeiros entre lobos. Não leveis bolsa, nem alforje, nem sandálias, e a ninguém saudeis pelo caminho. Em qualquer casa em que entrardes, dizei primeiro: "Paz a esta casa!". Em qualquer cidade em que entrardes e fordes recebidos, comei o que vos servirem; curai os enfermos que nela houver e dizei ao povo: "O Reino de Deus está próximo de vós". Mas em qualquer cidade em que entrardes e não fordes recebidos, saí para as praças e dizei: "Até a poeira da vossa cidade que se grudou aos nossos pés, nós a sacudimos para deixá-la para vós". Sabei, no entanto, que o Reino de Deus está próximo. LUCAS 10,3-5.8-11

Jesus não deseja agir sozinho, mas veio trazer ao mundo o amor de Deus e quer propagá-lo com a comunhão e a fraternidade. Por isso, forma imediatamente uma comunidade de discípulos e prepara-se para a missão, para partir. Mas atenção: a finalidade não é socializar, passar o tempo juntos, não; o objetivo é anunciar o Reino de Deus! É preciso partir e anunciar: anuncia-se a todos a paz de Cristo e, se não a acolhem, vai-se em frente de qualquer maneira. Aos doentes se leva a cura, porque Deus quer curar o homem de todo o mal.

ORAÇÃO

Que Vossas obras, ó Senhor, Vos glorifiquem, e os Vossos santos com louvores Vos bendigam! O Vosso reino é um reino para sempre, Vosso poder, de geração em geração.

13 DE ABRIL

irigindo-vos a elas, proclamai que o Reino dos Céus está próximo. Curai os doentes, ressuscitai os mortos, purificai os leprosos, expulsai os demônios. De graça recebestes, de graça dai. Não leveis ouro, nem prata, nem cobre nos vossos cintos, nem alforje para o caminho, nem duas túnicas, nem sandálias, nem cajado, pois o operário é digno do seu sustento. MATEUS 10,7-10

Pode-se pensar que devemos programar em pormenor a evangelização, pensando nas estratégias, fazendo planos. Mas isto são instrumentos, pequenos instrumentos. O importante é Jesus, e deixar-se guiar por Ele. Então podemos fazer as estratégias, mas isso é secundário.

ORAÇÃO

Senhor, Deus onipotente, que confirmastes com o poder do Vosso braço o humilde testemunho dos apóstolos, concedei-nos a graça de sermos arautos do Evangelho, pela força e a sabedoria do Espírito. Por Cristo, nosso Senhor.

14 DE ABRIL

 s mulheres, porém, que tinham vindo da Galileia com Jesus, haviam seguido a José; observaram o túmulo e como o corpo de Jesus fora ali depositado. Em seguida, voltaram e prepararam aromas e perfumes. E, no sábado, observaram o repouso prescrito. LUCAS 23,55-6

No Evangelho desta noite luminosa da Vigília Pascal, encontramos em primeiro lugar as mulheres que vão ao sepulcro de Jesus, levando perfumes para ungir seu corpo. Vão cumprir um gesto de piedade e de amor, feito tradicionalmente a um ente querido falecido. Elas tinham seguido Jesus e o acompanharam até o fim, no Calvário e no momento da descida do seu corpo da Cruz. Podemos imaginar os sentimentos delas enquanto caminham para o túmulo: tanta tristeza, tanta pena porque Jesus as deixara; morreu, a sua história terminou. Mas, chegando lá, verificam algo totalmente inesperado, algo de novo que lhes transtorna o coração e os seus programas e subverterá a sua vida: veem a pedra removida do sepulcro, aproximam-se e não encontram o corpo do Senhor.

ORAÇÃO

Envias teu sopro e eles são criados, e assim renovas a face da terra. Que a glória do Senhor seja para sempre, que o Senhor se alegre com suas obras! Ele olha a terra e ela estremece, toca as montanhas e elas fumegam. Vou cantar ao Senhor enquanto eu viver, vou louvar o meu Deus enquanto existir. Que meu poema Lhe seja agradável; quanto a mim, eu me alegro com o Senhor.

15 DE ABRIL

omo era a Preparação, os judeus, para que os corpos não ficassem na cruz durante o sábado — porque esse sábado era um grande dia! —, pediram a Pilatos que lhes quebrassem as pernas e fossem retirados. Vieram, então, os soldados e quebraram as pernas do primeiro e depois do outro, que fora crucificado com ele. Chegando a Jesus e vendo-o já morto, não lhe quebraram as pernas, mas um dos soldados traspassou-lhe o lado com a lança e imediatamente saiu sangue e água. João 19,31-4

O que foi que a Cruz deixou naqueles que a viram e naqueles que a tocaram? O que deixa a Cruz, em cada um de nós? Deixa um bem que ninguém mais pode nos dar: a certeza do amor fiel de Deus por nós. Um amor tão grande que entra no nosso pecado e o perdoa, entra no nosso sofrimento e nos dá a força para poder levá-lo, entra também na morte para derrotá-la e nos salvar. Na Cruz de Cristo está todo o amor de Deus, está a sua imensa misericórdia. E este é um amor em que podemos confiar, em que podemos crer.

ORAÇÃO

O Criador teve pena do primitivo casal, que foi ferido de morte, comendo o fruto fatal e marcou logo outra árvore, para curar-se do mal. Glória e poder à Trindade, ao Pai e ao Filho louvor, honra ao Espírito Santo, eterna glória ao Senhor, que nos salvou pela graça e nos reuniu no amor.

16 DE ABRIL

 as o Anjo, dirigindo-se às mulheres, disse-lhes: *"Não temais! Sei que estais procurando Jesus, o crucificado. Ele não está aqui, pois ressuscitou conforme havia dito. Vinde ver o lugar onde ele jazia"*. MATEUS 28,5-6

Este é o ponto culminante do Evangelho, é a Boa-Nova por excelência: Jesus, o crucificado, ressuscitou! Este acontecimento está na base da nossa fé e da nossa esperança: se Cristo não tivesse ressuscitado, o cristianismo perderia o seu valor, porque dali partiu e sempre parte de novo. A mensagem que os cristãos levam ao mundo é esta: Jesus, o amor encarnado, morreu na Cruz pelos nossos pecados, mas Deus Pai o ressuscitou e o fez Senhor da vida e da morte. Em Jesus, o amor triunfou sobre o ódio, a misericórdia sobre o pecado, o bem sobre o mal, a verdade sobre a mentira, a vida sobre a morte.

Por isso, nós dizemos a todos: *"Vinde e vede"* [...] *"Vinde e vede"*: o Amor é mais forte, o Amor dá vida, o Amor faz florescer a esperança no deserto.

ORAÇÃO

Com esta jubilosa certeza no coração, hoje nos voltamos para Vós, Senhor ressuscitado! Ajudai-nos a procurar-Vos para que todos possamos Vos encontrar, saber que temos um Pai e não nos sentimos órfãos; que podemos Vos amar e Vos adorar. Pedimos a Vós, Senhor, por todos os povos da terra: Vós que vencestes a morte, dai-nos a Vossa vida, dai-nos a Vossa paz! Queridos irmãos e irmãs, feliz Páscoa!

17 DE ABRIL

o primeiro dia da semana, muito cedo ainda, elas foram à tumba, levando os aromas que tinham preparado. Encontraram a pedra do túmulo removida, mas, ao entrar, não encontraram o corpo do Senhor Jesus. [...] "Por que procurais Aquele que vive entre os mortos? Ele não está aqui; ressuscitou. Lembrai-vos de como vos falou, quando ainda estava na Galileia: 'É preciso que o Filho do Homem seja entregue às mãos dos pecadores, seja crucificado, e ressuscite ao terceiro dia'". E elas se lembraram de suas palavras. Lucas 24,1-8

Que significa o fato de Jesus ter ressuscitado? Significa que o amor de Deus é mais forte que o mal e a própria morte. O amor pelo qual o Filho de Deus se fez homem e prosseguiu até o extremo, no caminho da humildade e do dom de si mesmo, até à morada dos mortos, ao abismo da separação de Deus, o amor misericordioso que inundou de luz o corpo morto de Jesus e o fez passar à vida eterna. Jesus não voltou à vida terrena, mas entrou na vida gloriosa de Deus e abriu um futuro de esperança para a humanidade.

ORAÇÃO

Ó Deus, que pela humilhação do Vosso Filho reerguestes o mundo decaído, enchei os Vossos filhos e filhas de santa alegria, e dai aos que libertastes da escravidão do pecado o gozo das alegrias eternas. Por nosso Senhor Jesus Cristo, Vosso Filho, na unidade do Espírito Santo.

18 DE ABRIL

 ois minha esperança és tu, Senhor, Deus é minha confiança desde a juventude. Desde o seio tu és o meu apoio, tu és minha parte desde as entranhas maternas, em ti está continuamente o meu louvor. SALMOS 71,5-6

Prezados irmãos e irmãs, como é difícil tomar decisões definitivas no nosso tempo! O provisório nos seduz. Somos vítimas de uma tendência que nos impele à provisoriedade... Como se desejássemos permanecer adolescentes. É um pouco a fascinação de permanecermos adolescentes, e isto por toda a vida! Não tenhamos medo dos compromissos definitivos, das obrigações que abrangem e interessam a vida inteira! Deste modo, a vida será fecunda! E nisto consiste a liberdade: em ter a coragem de tomar decisões com grandeza.

ORAÇÃO

Ó Deus, Senhor e guarda da vinha e da colheita, que repartis as tarefas e dais a justa recompensa, fazei-nos carregar o peso do dia, sem jamais murmurar contra a Vossa vontade. Por Cristo, nosso Senhor.

19 DE ABRIL

se chamais Pai aquele que com imparcialidade julga a cada um de acordo com as suas obras, portai-vos com temor durante o tempo do vosso exílio. Pois sabeis que não foi com coisas perecíveis, isto é, com prata ou com ouro, que fostes resgatados da vida fútil que herdastes dos vossos pais, mas pelo sangue precioso de Cristo, como de um cordeiro sem defeitos e sem mácula, conhecido antes da fundação do mundo, mas manifestado, no fim dos tempos, por causa de vós. Por ele, vós crestes em Deus, que o ressuscitou dos mortos e lhe deu a glória, de modo que a vossa fé e a vossa esperança estivessem postas em Deus. 1 Pedro 1,17-21

Há sempre uma Palavra de Deus que nos orienta depois das nossas debandadas; e apesar dos nossos cansaços e desilusões há sempre um Pão repartido que nos faz continuar o caminho.

ORAÇÃO

Pela intercessão de Maria Santíssima, rezemos a fim de que cada cristão, revivendo a experiência dos discípulos de Emaús, especialmente na missa dominical, redescubra a graça do encontro transformador com o Senhor, com o Senhor ressuscitado, que está sempre conosco.

20 DE ABRIL

irigindo-se a Filipe, disse o eunuco: *"Eu te pergunto, de quem diz isto o profeta? De si mesmo ou de outro?". Abrindo então a boca, e partindo deste trecho da Escritura, Filipe anunciou--lhe a Boa-Nova de Jesus. Prosseguindo pelo caminho, chegaram aonde havia água. Disse então o eunuco: "Eis aqui a água. Que impede que eu seja batizado?". E mandou parar a carruagem. Desceram ambos à água, Filipe e o eunuco. E Filipe o batizou.* Atos dos Apóstolos 8,34-8

Ninguém se torna cristão por si só! O cristão faz parte de um povo que vem de longe e pertence a um povo que se chama Igreja, e é esta Igreja que o faz cristão, no dia do Batismo e, depois, no percurso da catequese, e assim por diante. Mas ninguém se torna cristão por si só! Nós *recebemos* a fé dos nossos pais, dos nossos antepassados; foram eles que no-la ensinaram.

ORAÇÃO

Por intercessão da Virgem Maria Mãe da Igreja, peçamos ao Senhor a graça de nunca cair na tentação de pensar que podemos renunciar aos outros, que podemos prescindir da Igreja, que podemos nos salvar sozinhos. Pelo contrário, não se pode amar a Deus sem amar os irmãos; não se pode amar a Deus fora da Igreja, a não ser juntamente com todos aqueles que procuram seguir o Senhor Jesus, como um único povo, um único corpo; é nisso que consiste a Igreja.

21 DE ABRIL

esus veio, estando as portas fechadas, pôs-se no meio deles e disse: "A paz esteja convosco!". Disse depois a Tomé: "Põe teu dedo aqui e vê minhas mãos! Estende tua mão e põe-na no meu lado e não sejas incrédulo, mas crê!". Respondeu-lhe Tomé: "Meu Senhor e meu Deus!". Jesus lhe disse: "Porque viste, creste. Felizes os que não viram e creram!". João 20,26-9

Quando ressuscitou, Jesus era lindíssimo. Não tinha no seu corpo hematomas, feridas... Nada! Era mais bonito! Quis unicamente conservar as chagas e levá-las para o Céu. As chagas de Jesus estão aqui e no Céu, diante do Pai. Nós curamos as chagas de Jesus e Ele, do Céu, mostra-nos as suas chagas e diz-nos a todos, a todos nós: "Estou à tua espera!". Assim seja.

ORAÇÃO

O Senhor vos abençoe a todos. Que o seu amor desça sobre nós, caminhe conosco; que Jesus nos diga que estas chagas são as suas e nos ajude a dar voz, para que nós cristãos as ouçamos.

22 DE ABRIL

ortanto, também nós, com tal nuvem de testemunhas ao nosso redor, rejeitando todo fardo e o pecado que nos envolve, corramos com perseverança para o certame que nos é proposto, com os olhos fixos naquele que é o autor e realizador da fé, Jesus, que, em vez da alegria que lhe foi proposta, suportou a cruz, desprezando a vergonha, e se assentou à direita do trono de Deus. Considerai, pois, aquele que suportou tal contradição por parte dos pecadores, para não vos deixardes fatigar pelo desânimo. Vós ainda não resististes até o sangue em vosso combate contra o pecado! HEBREUS 12,1-4

O primeiro nome dado ao Brasil foi justamente o de "Terra de Santa Cruz". A Cruz de Cristo foi plantada não só na praia, há mais de cinco séculos, mas também na história, no coração e na vida do povo brasileiro e em muitos outros povos: o Cristo sofredor, sentimo-lo próximo, como um de nós que compartilha o nosso caminho até o final. Não há cruz da nossa vida, por pequena ou grande que seja, que o Senhor não venha compartilhar conosco.

ORAÇÃO

Ó Deus, que para salvar a todos dispusestes que o Vosso Filho morresse na Cruz, a nós, que conhecemos na terra esse mistério, dai-nos colher no Céu os frutos da redenção.

23 DE ABRIL

ele que, nos dias de sua vida terrestre, apresentou pedidos e súplicas, com veemente clamor e lágrimas, àquele que o podia salvar da morte; e foi atendido por causa da sua submissão. E, embora fosse Filho, aprendeu, contudo, a obediência pelo sofrimento; e, levado à perfeição, se tornou para todos os que lhe obedecem princípio de salvação eterna, tendo recebido de Deus o título de sumo sacerdote, segundo a ordem de Melquisedec. HEBREUS 5,7-10

Em grego, "eucaristia" quer dizer "ação de graças". É por isso que o sacramento se chama Eucaristia: é a suprema ação de graças ao Pai, que nos amou a ponto de nos oferecer seu Filho. Eis por que o termo Eucaristia resume todo aquele gesto, que é de Deus e, ao mesmo tempo, do homem, gesto de Jesus Cristo, verdadeiro Deus e verdadeiro homem.

ORAÇÃO

Ó Deus, que para a Vossa glória e nossa salvação constituístes Jesus Cristo sumo e eterno sacerdote, concedei ao Vosso povo, resgatado por seu Sangue, que, ao celebrar o memorial de sua Paixão, receba a força redentora de sua Cruz e Ressurreição.

24 DE ABRIL

 Senhor Deus chamou o homem: "Onde estás?", disse ele.
GÊNESIS 3,9

Nesta pergunta, há toda a dor do Pai que perdeu o filho. O Pai conhecia o risco da liberdade; sabia que Adão teria podido perder-se... Mas talvez nem mesmo o Pai pudesse imaginar tal queda! O grito "Onde estás?" ressoa aqui, perante a tragédia imensurável do Holocausto, como uma voz que se perde num abismo sem fundo... Homem, quem és? Já não te reconheço. De que horrores foste capaz? Não, este abismo não pode ser somente obra tua, das tuas mãos, do teu coração... Quem te corrompeu? Quem te desfigurou?

ORAÇÃO

Lembrai-Vos de nós na Vossa misericórdia. Dai-nos a graça de nos envergonharmos daquilo que, como homens, fomos capazes de fazer, de nos envergonharmos desta máxima idolatria, de termos desprezado e destruído a nossa carne, aquela que Vós formastes da lama, aquela que vivificastes com o Vosso sopro de vida.

Nunca mais, Senhor, nunca mais!

"Adão, onde estás?". Eis-nos aqui, Senhor, com a vergonha daquilo que o homem, criado à Vossa imagem e semelhança, foi capaz de fazer. Lembrai-Vos de nós na Vossa misericórdia!

25 DE ABRIL

> *"Guarda, que resta da noite? Guarda, que resta da noite?" O guarda responde: "A manhã vem chegando, mas ainda é noite. Se quereis perguntar, perguntai! Vinde de novo!".*
> Isaías 21,11-2

O sofrimento dos pequeninos e dos mais frágeis, com o silêncio das vítimas, levantam uma interrogação insistente: "Quanto falta da noite?". Continuemos a vigiar, como a sentinela bíblica, convictos de que o Senhor não nos faltará com a sua ajuda. Por isso, dirijo-me à Igreja inteira para a exortar à oração, que sabe alcançar do coração misericordioso de Deus a reconciliação e a paz. A oração desarma a ignorância e gera diálogo onde existe conflito. Se for sincera e perseverante, tornará a nossa voz mansa e firme, capaz de se fazer ouvir também pelos responsáveis das nações.

ORAÇÃO

Eu espero, Senhor, e minha alma espera, confiando na Tua palavra; minha alma aguarda o Senhor mais que os guardas pela aurora. Mais que os guardas pela aurora aguarde Israel ao Senhor, pois com o Senhor está o amor e redenção em abundância: ele vai resgatar Israel de suas iniquidades todas.

26 DE ABRIL

u vim para que tenham vida e a tenham em abundância. Eu sou o bom pastor: o bom pastor dá sua vida pelas suas ovelhas. O mercenário, que não é pastor, a quem não pertencem as ovelhas, vê o lobo aproximar-se, abandona as ovelhas e foge, e o lobo as arrebata e dispersa, porque ele é mercenário e não se importa com as ovelhas. Eu sou o bom pastor; conheço as minhas ovelhas e as minhas ovelhas me conhecem, como o Pai me conhece e eu conheço o Pai. Eu dou minha vida pelas minhas ovelhas. João 10,10-5

Cristo é o pastor da Igreja, mas a sua presença na história passa através da liberdade dos homens: um deles é escolhido para servir como seu vigário, sucessor do apóstolo Pedro, mas Cristo é o centro. Não o sucessor de Pedro, mas Cristo. Cristo é o centro. Cristo é o ponto fundamental de referimento, o coração da Igreja. Sem Ele, Pedro e a Igreja não existiriam, nem teriam razão de ser.

ORAÇÃO

Deus eterno e todo-poderoso, conduzi-nos à comunhão das alegrias celestes, para que o rebanho possa atingir, apesar de sua fraqueza, a fortaleza do pastor. Por nosso Senhor Jesus Cristo, Vosso Filho, na unidade do Espírito Santo.

27 DE ABRIL

as, *como está escrito, o que os olhos não viram, os ouvidos não ouviram, e o coração do homem não percebeu, isso Deus preparou para aqueles que o amam. A nós, porém, Deus o revelou pelo Espírito. Pois o Espírito sonda todas as coisas, até mesmo as profundidades de Deus.* 1 Coríntios 2,9-10

O apóstolo Paulo descreve bem como age em nós o dom do entendimento. Obviamente, isso não significa que o cristão pode compreender tudo e ter um conhecimento completo dos desígnios de Deus: tudo isso permanece à espera de manifestar-se em toda a sua limpidez, quando nos encontrarmos na presença de Deus e formos verdadeiramente um só com Ele. No entanto, como sugere a própria palavra, a inteligência permite *"intus legere"*, ou seja, "ler dentro": essa dádiva faz-nos compreender a realidade como o próprio Deus a entende, isto é, com a inteligência de Deus. Porque podemos compreender uma situação com a inteligência humana, com prudência, e isso é um bem. Contudo, compreender uma situação em profundidade, como Deus a entende, é o efeito desse dom.

ORAÇÃO

Vinde, Espírito de Entendimento, iluminai a minha mente, para que entenda e abrace todos os mistérios e mereça alcançar um pleno conhecimento Vosso, do Pai e do Filho.

28 DE ABRIL

omo ovelha foi levado ao matadouro; e como cordeiro, mudo ante aquele que o tosquia, assim ele não abre a boca. Na sua humilhação foi-lhe tirado o julgamento. E a sua geração, quem é que vai narrá-la? Porque a sua vida foi eliminada da terra. Dirigindo-se a Filipe, disse o eunuco: "Eu te pergunto, de quem diz isto o profeta? De si mesmo ou de outro?". ATOS DOS APÓSTOLOS 8,32-5

No Novo Testamento, o termo "cordeiro" aparece várias vezes, e sempre em referência a Jesus. A imagem do cordeiro — um animal que certamente não se caracteriza pela força nem pela robustez — causa admiração ao carregar sobre os seus ombros um peso tão opressor. A massa enorme do mal é levantada e carregada por uma criatura débil e frágil, símbolo de obediência, docilidade e amor desarmado, que chega até ao sacrifício de si. Assim é Jesus, como um cordeiro! Que significa para a Igreja, para nós hoje, sermos discípulos de Jesus, Cordeiro de Deus? Significa pôr, no lugar da malícia, a inocência; no lugar da força, o amor; no lugar da soberba, a humildade; no lugar do prestígio, o serviço.

ORAÇÃO

Deus de infinita misericórdia, que por meio do Vosso Filho Unigênito, pregado na Cruz, quisestes salvar todos os homens, concedei-nos que, venerando na terra as suas santas chagas, mereçamos gozar no Céu o fruto redentor do seu sangue.

29 DE ABRIL

hegaram então sua mãe e seus irmãos e, ficando do lado de fora, mandaram chamá-lo. Havia uma multidão sentada em torno dele. Disseram-lhe: "Eis que tua mãe, teus irmãos e tuas irmãs estão lá fora e te procuram". Ele perguntou: "Quem é minha mãe e meus irmãos?". E, repassando com o olhar os que estavam sentados ao seu redor, disse: "Eis a minha mãe e os meus irmãos. Quem fizer a vontade de Deus, esse é meu irmão, irmã e mãe". MARCOS 3,31-5

As famílias são a Igreja doméstica, nas quais Jesus cresce, cresce no amor dos cônjuges, cresce na vida dos filhos. E por isso o inimigo ataca muito a família: o demônio não a quer! E procura destruí-la, procura fazer com que o amor não esteja nela. As famílias são esta igreja doméstica.

Os esposos são pecadores, como todos, mas querem ir em frente, na fé, na sua fecundidade, nos filhos e na fé dos filhos.

ORAÇÃO

O Senhor abençoe a família, fortaleça-a nesta crise na qual o diabo a quer destruir.

30 DE ABRIL

vós, maridos, amai as vossas mulheres, como Cristo amou a Igreja e se entregou por ela, a fim de purificá-la com o banho da água e santificá-la pela Palavra, para apresentar a si mesmo a Igreja, gloriosa, sem mancha nem ruga, ou coisa semelhante, mas santa e irrepreensível. EFÉSIOS 5,25-7

O apóstolo, tendo como exemplo as relações familiares, afirma que "Cristo amou a Igreja e entregou-se por ela, para santificá-la". Cristo amou a Igreja, entregando-se totalmente, na Cruz. E isso significa que a Igreja é santa porque procede de Deus que é santo, lhe é fiel e não a abandona ao poder da morte e do mal. É santa porque Jesus Cristo, o Santo de Deus, une-se a ela de modo indissolúvel; é santa porque se deixa guiar pelo Espírito Santo que purifica, transforma e renova. Não é santa pelos nossos méritos, mas porque Deus a torna santa, é fruto do Espírito Santo e dos seus dons. Não somos nós que a santificamos. É Deus, o Espírito Santo que, no seu amor, santifica a Igreja.

ORAÇÃO

Muitos males se abatem sobre os justos, mas o Senhor de todos eles os liberta. Mesmo os seus ossos ele os guarda e os protege, e nenhum deles haverá de se quebrar.

1º DE MAIO

São José Operário

e onde lhe vêm essa sabedoria e esses milagres? Não é ele o filho do carpinteiro? MATEUS 13,54-5

O mistério do nascimento de Jesus nos chama a testemunhar na nossa vida a humildade, a simplicidade e o espírito de serviço que Ele nos ensinou. Também no vosso trabalho diário, tendes a possibilidade de imitar estas características do Filho de Deus, "que não veio para ser servido, mas para servir". Se for vivido com esta atitude interior, o trabalho pode se tornar apostolado, uma ocasião preciosa para transmitir a quantos encontrais a alegria de ser cristãos.

ORAÇÃO

Senhor Deus, olhai para nós! Olhai para esta cidade. Olhai para as nossas famílias. Senhor, a Vós não faltou trabalho; Vós fostes carpinteiro e éreis feliz. Senhor, falta-nos um trabalho. Os ídolos querem roubar-nos a dignidade. Os sistemas injustos desejam roubar-nos a esperança. Senhor, não nos deixeis sozinhos. Ajudai-nos a auxiliar-nos uns aos outros; fazei-nos esquecer um pouco o egoísmo. Senhor Jesus, concedei-nos um trabalho, ensinai-nos a lutar pelo trabalho e abençoai-nos a todos. Em nome do Pai e do Filho e do Espírito Santo.

2 DE MAIO

uando, porém, chegou a plenitude do tempo, enviou Deus o seu Filho, nascido de uma mulher, nascido sob a Lei. GÁLATAS 4,4

Existem dois perigos sempre presentes, dois extremos opostos que mortificam a mulher e a sua vocação. O primeiro consiste em reduzir a maternidade a um papel social, a uma tarefa, por mais nobre que seja, mas, com efeito, põe de lado a mulher com as suas potencialidades e não a valoriza plenamente na construção da comunidade. Isso tanto no âmbito civil, como no contexto eclesial. E, como reação a este, há outro perigo, em sentido oposto, que consiste em promover uma espécie de emancipação que, para ocupar os espaços tirados ao masculino, chega a abandonar o feminino, com os traços inestimáveis que o caracterizam. E aqui eu gostaria de ressaltar que a mulher tem uma sensibilidade particular pelas "coisas de Deus", sobretudo para nos ajudar a compreender a misericórdia, a ternura e o amor que Deus tem por nós.

ORAÇÃO

Meditando o mistério bíblico da "mulher", a Igreja reza, a fim de que todas as mulheres encontrem a si mesmas, neste mistério, e a sua "suprema vocação". Maria, que "precede toda a Igreja no caminho da fé, da caridade e da perfeita união com Cristo", obtenha para todos nós também este "fruto".

3 DE MAIO

as, se sofreis por causa da justiça, bem-aventurados sois! Não tenhais medo nenhum deles, nem fiqueis conturbados; antes, santificai a Cristo, o Senhor, em vossos corações, estando sempre prontos a dar razão da vossa esperança a todo aquele que vo-la pede; fazei-o, porém, com mansidão e respeito, conservando a vossa boa consciência, para que, se em alguma coisa sois difamados, sejam confundidos aqueles que ultrajam o vosso bom comportamento em Cristo, pois será melhor que sofrais — se esta é a vontade de Deus — por praticardes o bem do que praticando o mal. 1 PEDRO 3,14-7

Dele — ainda que o ignorasse — vive cada homem. Por Ele, Homem das Bem-Aventuranças — página evangélica que volta cotidianamente à minha meditação — passa a medida alta da santidade: se tivermos a intenção de segui-lo, não nos é dado outro caminho. Percorrendo-o com Ele, descobrimo-nos como povo, a ponto de reconhecer com enlevo e gratidão que tudo é graça, inclusive as dificuldades e as contradições da vivência humana, se forem experimentadas com o coração aberto ao Senhor, com a paciência do artesão e com o coração do pecador arrependido.

ORAÇÃO

Senhor, nosso Deus e nosso Pai, abri o coração dos vossos filhos ao grande dom de Jesus ressuscitado e dai-nos a graça de encontrá-lo, cada domingo, na Palavra proclamada e na fração do Pão. Ele que é Deus convosco, na unidade do Espírito Santo.

4 DE MAIO

s toda bela, minha amada, e não tens um só defeito! — *Vem do Líbano, noiva minha, vem do Líbano e faz tua entrada comigo. Desce do alto do Amaná, do cume do Sanir e do Hermon, esconderijo dos leões, montes onde rondam as panteras. Roubaste meu coração, minha irmã, noiva minha, roubaste meu coração com um só dos teus olhares, uma volta dos colares.* CÂNTICO 4,7-9

No caminho, muitas vezes difícil, não estamos sozinhos; somos numerosos, somos um povo, e o olhar de Nossa Senhora nos ajuda a olharmos uns para os outros de modo fraterno. Olhemos uns para os outros de forma mais fraterna! Maria nos ensina a ter aquele olhar que procura acolher, acompanhar e proteger. Aprendamos a nos ver uns aos outros sob o olhar maternal de Maria! Não tenhamos medo de sair e fitar os nossos irmãos e irmãs com o olhar de Nossa Senhora, daquela que nos convida a sermos irmãos autênticos. E não permitamos que algo ou alguém se interponha entre nós e o olhar de Nossa Senhora.

ORAÇÃO

Mãe, dirige-nos o teu olhar! Ninguém o esconda! O nosso coração de filhos saiba defendê-lo de tantos impostores que prometem ilusões; daqueles que têm um olhar ávido de vida fácil, de promessas que não se podem cumprir. Que eles não nos roubem o olhar de Maria, cheio de ternura, que nos dá força e nos torna solidários uns com os outros.

5 DE MAIO

inda que eu falasse línguas, as dos homens e as dos anjos, se eu não tivesse a caridade, seria como um bronze que soa ou como um címbalo que tine. Ainda que eu tivesse o dom da profecia, o conhecimento de todos os mistérios e de toda a ciência, ainda que tivesse toda a fé, a ponto de transportar montanhas, se não tivesse a caridade, eu nada seria. Ainda que eu distribuísse todos os meus bens aos famintos, ainda que entregasse o meu corpo às chamas, se não tivesse a caridade, isso nada me adiantaria. 1 Coríntios 13,1-3

Ninguém pode dizer: "Eu tenho este carisma!". É no âmbito da comunidade que desabrocham e florescem os dons que o Pai nos concede em abundância; e é *no seio da comunidade* que aprendemos a reconhecê-los como um sinal do seu amor por todos os seus filhos. Devemos fazer a nós mesmos as seguintes perguntas: "Existe em mim um carisma?", "Tal carisma é reconhecido pela Igreja?", "Sinto-me feliz com este carisma ou tenho um pouco de inveja dos carismas dos outros?". O carisma é um dom: só Deus o concede!

ORAÇÃO

Vós que enviastes Jesus Cristo para evangelizar os pobres, anunciar a liberdade aos prisioneiros e proclamar o tempo da graça implantai a Vossa Igreja em todo o mundo, para que leve a luz de Cristo aos homens de todas as línguas e nações.

6 DE MAIO

epois de comerem, Jesus disse a Simão Pedro: *"Simão, filho de João, tu me amas mais do que estes?". Ele lhe respondeu: "Sim, Senhor, tu sabes que te amo". Jesus lhe disse: "Apascenta os meus cordeiros". Uma segunda vez lhe disse: "Simão, filho de João, tu me amas?". "Sim, Senhor", disse ele, "tu sabes que te amo". Disse-lhe Jesus: "Apascenta as minhas ovelhas". Pela terceira vez disse-lhe: "Simão, filho de João, tu me amas?". Entristeceu-se Pedro porque pela terceira vez lhe perguntara "Tu me amas?" e lhe disse: "Senhor, tu sabes tudo; tu sabes que te amo"*. João 21,15-7

Pedro ainda sente queimar dentro de si a ferida da desilusão que deu ao seu Senhor na noite da traição. Agora que Ele lhe pergunta "Tu me amas?", Pedro se entrega a Jesus e à Sua misericórdia: "Senhor, Tu sabes que te amo". E aqui desaparece o medo, a insegurança, a covardia. Pedro experimentou que a fidelidade de Deus é maior do que as nossas infidelidades e mais forte do que as nossas negações; afasta nossos medos e ultrapassa toda a imaginação humana. Hoje, Jesus faz a mesma pergunta também a nós: "Tu me amas?". E a faz precisamente porque conhece nossos medos e nossas fadigas.

ORAÇÃO

Ó Deus, que o Vosso povo sempre exulte pela sua renovação espiritual, para que, tendo recuperado agora com alegria a condição de filhos de Deus, espere com plena confiança o dia da Ressurreição.

7 DE MAIO

endito seja o Deus e Pai de nosso Senhor Jesus Cristo, que nos abençoou com toda a sorte de bênçãos espirituais, nos céus, em Cristo. Nele ele nos escolheu antes da fundação do mundo, para sermos santos e irrepreensíveis diante dele no amor. EFÉSIOS 1,3-4

Deus pousa o seu olhar de amor sobre cada homem e mulher! Com um nome e um sobrenome. O seu olhar de amor está sobre cada um de nós. O apóstolo Paulo afirma que Deus "nos escolheu antes da criação do mundo, para sermos santos e irrepreensíveis". Também nós, desde sempre, fomos escolhidos por Deus para levar uma vida santa, livre do pecado. É um desígnio de amor que Deus renova cada vez que nós O frequentamos, especialmente nos sacramentos.

ORAÇÃO

Senhor, que é o homem para Vos lembrardes dele assim e o tratardes com tanto carinho? Pouco abaixo de Deus o fizestes, coroando-o de glória e esplendor.

8 DE MAIO

aidade das vaidades, tudo é vaidade. *Que proveito tira o homem de todo o trabalho com que se afadiga debaixo do sol? Uma geração vai, uma geração vem, e a terra sempre permanece.* ECLESIASTES 1,2-4

"Vaidade das vaidades... Tudo é vaidade". Os jovens são particularmente sensíveis ao vazio de significado e de valores que muitas vezes os circunda. E, infelizmente, pagam as suas consequências. Ao contrário, o encontro com Jesus vivo, na sua grande família que é a Igreja, enche o coração de alegria, porque o torna repleto de vida verdadeira, de um bem profundo, que não passa: vimos isso nos rostos dos jovens no Rio [na Jornada Mundial da Juventude de 2013]. Mas esta experiência deve enfrentar a vaidade cotidiana, aquele veneno do vazio que se insinua nas nossas sociedades fundamentadas no lucro e na posse, que iludem os jovens com o consumismo. O Evangelho do domingo recorda-nos exatamente o absurdo de basear a própria felicidade na posse. O rico diz a si mesmo: Ó minha alma, tens muitos bens em depósito... Descansa, come, bebe e te regala! Deus, porém, diz-lhe: "Insensato! Ainda nesta noite exigirão de ti a tua alma. E as coisas que acumulaste, de quem serão?".

ORAÇÃO

Dai-nos, ó Deus, colher os frutos da nossa participação na Eucaristia para que, auxiliados pelos bens terrenos, possamos conhecer os valores eternos. Por Cristo, nosso Senhor.

9 DE MAIO

aniel, porém, prostrava-se diante do seu Deus. Disse-lhe, um dia, o rei: "Por que não te prostras diante de Bel?". E ele respondeu: "Eu não adoro ídolos feitos por mão humana, mas sim o Deus vivo, que criou o céu e a terra e tem o senhorio sobre toda carne". Perguntou-lhe então o rei: "Não te parece que Bel seja um deus vivo? Acaso não vês tudo o que ele come e bebe dia por dia?". Retrucou Daniel a rir: "Não te enganes, ó rei! Por dentro ele é de barro e por fora é de bronze, e jamais comeu ou bebeu coisa alguma!". DANIEL 14,4-7

Deus é o Vivente, é o Misericordioso. Jesus nos traz a vida de Deus, o Espírito Santo nos introduz e nos mantém na relação vital de verdadeiros filhos de Deus. Muitas vezes, porém — e o sabemos por experiência —, o homem deixa-se guiar por ideologias e lógicas que põem obstáculos à vida, que não a respeitam, porque são ditadas pelo egoísmo, o interesse pessoal, o lucro, o poder, o prazer, e não pelo amor, a busca do bem do outro. Resultado: o Deus Vivo acaba substituído por ídolos humanos e passageiros, que oferecem o arrebatamento de um momento de liberdade, mas no fim são portadores de novas escravidões e de morte.

ORAÇÃO

Quão amáveis são tuas moradas, Senhor dos Exércitos! Minha alma suspira e desfalece pelos átrios do Senhor; meu coração e minha carne exultam pelo Deus vivo.

10 DE MAIO

  o menino crescia, tornava-se robusto, enchia-se de sabedoria; e a graça de Deus estava com ele. Lucas 2,40

Uma mãe ajuda os filhos a *crescer* e deseja que cresçam bem; por isso os educa a não cederem à preguiça — que deriva inclusive de um certo bem-estar —, a não se abandonar a uma vida confortável, que se contenta simplesmente com os objetos. A mãe cuida dos filhos para que cresçam cada vez mais, cresçam fortes e se tornem capazes de assumir responsabilidades, de se comprometer na vida e de propender para grandes ideais. O Evangelho de são Lucas recorda que, na família de Nazaré, Jesus "crescia e se fortificava: estava cheio de sabedoria, e a graça de Deus repousava sobre Ele". Nossa Senhora realiza exatamente isto em nós, ajuda-nos a crescer humanamente e na fé, a sermos fortes e a não ceder à tentação de sermos homens e cristãos de modo superficial, mas a vivermos com responsabilidade, a tendermos sempre, cada vez mais, para o alto.

ORAÇÃO

Virgem e Mãe Maria, Vós que, movida pelo Espírito, acolhestes o Verbo da vida na profundidade da vossa fé humilde, totalmente entregue ao Eterno, ajudai-nos a dizer o nosso "sim" perante a urgência, mais imperiosa do que nunca, de fazer ressoar a Boa-Nova de Jesus.

11 DE MAIO

 á não sou eu que vivo, mas é Cristo que vive em mim. Minha vida presente na carne, eu a vivo pela fé no Filho de Deus, que me amou e se entregou a si mesmo por mim.
GÁLATAS 2,20

Jesus não vive esse amor que conduz ao sacrifício de modo passivo ou como um destino fatal; sem dúvida, não esconde a sua profunda perturbação diante da morte violenta, mas entrega-se ao Pai com plena confiança. Jesus entregou-se voluntariamente à morte para corresponder ao amor de Deus Pai, em união perfeita com a sua vontade, para demonstrar o seu amor por nós. Cada um de nós pode dizer: amou-me e entregou-se por mim. Cada um pode dizer este "por mim".

ORAÇÃO

Assim, todo fiel suplicará a ti no tempo da angústia. Mesmo que as águas torrenciais transbordem, jamais o atingirão. Tu és um refúgio para mim, tu me preservas da angústia e me envolves com cantos de libertação.

12 DE MAIO

ela meia-noite, Paulo e Silas, em oração, cantavam os louvores de Deus, enquanto os outros presos os ouviam. De repente, sobreveio um terremoto de tal intensidade que se abalaram os alicerces do cárcere. Imediatamente abriram-se todas as portas, e os grilhões de todos soltaram-se. Acordado, e vendo abertas as portas da prisão, o carcereiro puxou da espada e queria matar-se: pensava que os presos tivessem fugido. Paulo, porém, com voz forte gritou: "Não te faças mal algum, pois estamos todos aqui". Então o carcereiro pediu uma luz, entrou e, todo trêmulo, caiu aos pés de Paulo e de Silas. Conduzindo-os para fora, disse-lhes: "Senhores, que preciso fazer para ser salvo?". Eles responderam: "Crê no Senhor e serás salvo, tu e a tua casa". Atos dos Apóstolos 16,25-31

Quem faz avançar a Igreja são os santos, porque são eles que dão este testemunho. Como disseram João Paulo II e também Bento XVI, o mundo de hoje tem tanta necessidade de testemunhas; precisa mais de testemunhas que de mestres. Devemos falar menos, mas falar com a vida toda: a coerência de vida. Uma coerência de vida que seja viver o cristianismo como um encontro com Jesus que me leva aos outros, e não como um fato social.

ORAÇÃO

Deus Pai todo-poderoso, que na vida dos santos nos dais um exemplo e na comunhão com eles, uma família, fazei-nos vencer o bom combate e com eles receber a glória eterna.

13 DE MAIO

Nossa Senhora de Fátima

i também descer do céu, de junto de Deus, a Cidade Santa, uma Jerusalém nova, pronta como uma esposa que se enfeitou para seu marido. APOCALIPSE 21,2

Neste dia de Nossa Senhora de Fátima, convido-vos a multiplicar os gestos diários de veneração e imitação da Mãe de Deus. Confiai-lhe tudo o que sois, tudo o que tendes; e assim conseguireis ser um instrumento da misericórdia e ternura de Deus para os vossos familiares, vizinhos e amigos.

ORAÇÃO

Bem-Aventurada Virgem de Fátima, com renovada gratidão pela tua presença materna unimos a nossa voz à de todas as gerações que te dizem bem-aventurada.

Celebramos em ti as grandes obras de Deus, que nunca se cansa de se inclinar com misericórdia sobre a humanidade, atormentada pelo mal e ferida pelo pecado, para guiá-la e salvar.

Temos a certeza de que cada um de nós é precioso aos teus olhos e que nada te é desconhecido de tudo o que habita os nossos corações.

Ensina-nos o teu mesmo amor de predileção pelos pequeninos e pelos pobres, pelos excluídos e sofredores, pelos pecadores e os desorientados; reúne todos sob a tua proteção e recomenda todos ao teu dileto Filho, nosso Senhor Jesus.

14 DE MAIO

 ua mãe disse aos serventes: "Fazei tudo o que ele vos disser".
João 2,5

Recordo-me que uma vez, no santuário de Luján, estava no confessionário, diante do qual havia uma fila longa. Havia também um jovem muito moderno, com brincos, tatuagens. Ele enfrentava um problema grave, difícil. E disse: "Contei tudo à minha mãe e ela me falou: 'conta isto a Nossa Senhora e Ela te dirá o que deves fazer'". Eis uma mulher que tinha o dom do conselho. Não sabia como resolver o problema do filho, mas indicou a estrada justa: "Vai ter com Nossa Senhora e Ela dirá". Aquela mulher humilde, simples, deu ao filho o conselho mais verdadeiro. De fato, o jovem me disse: "Olhei para Nossa Senhora e sinto que devo fazer isto, isto e isto…". Nem precisei falar, já tinham falado tudo a sua mãe e o próprio jovem. Esse é o dom do conselho. Vós, mães, tendes este dom, pedi-o para os vossos filhos; o dom de aconselhar os filhos é um dom de Deus.

ORAÇÃO

Ó Mãe do Redentor, do céu ó Porta, ao povo que caiu, socorre e exorta, pois busca levantar-se, Virgem pura, nascendo o criador da criatura: tem piedade de nós e ouve, suave, o anjo te saudando com seu Ave!

15 DE MAIO

razemos, porém, este tesouro em vasos de argila, para que esse incomparável poder seja de Deus e não de nós. Somos atribulados por todos os lados, mas não esmagados; postos em extrema dificuldade, mas não vencidos pelos impasses; perseguidos, mas não abandonados; prostrados por terra, mas não aniquilados. 2 Coríntios 4,7-9

A intervenção de Deus a favor da nossa perseverança até o fim, até o encontro definitivo com Jesus, é expressão da sua fidelidade. É como um diálogo entre a nossa debilidade e a sua fidelidade. Ele é forte na sua fidelidade. E Paulo dirá, noutra parte, que ele — o próprio Paulo — é forte na sua debilidade. Por quê? Porque está em diálogo com aquela fidelidade de Deus, que nunca desilude. Ele é fiel antes de tudo a si mesmo. Portanto, a obra que iniciou em cada um de nós, com seu chamado, será cumprida. Isto nos dá segurança e grande confiança: uma confiança que se baseia em Deus e exige a nossa colaboração ativa e corajosa, diante dos desafios do momento presente.

ORAÇÃO

"Bendito o Senhor que me aconselha; durante a noite a minha consciência me adverte. Tenho sempre o Senhor diante dos meus olhos, está à minha direita e jamais vacilarei". Que o Espírito possa infundir sempre no nosso coração esta certeza e encher-nos da sua consolação e paz! Pedi sempre o dom do conselho.

16 DE MAIO

 e permanecerdes na minha palavra, sereis verdadeiramente meus discípulos e conhecereis a verdade, e a verdade vos libertará. João 8,31-2

Todos na Igreja somos discípulos, e o somos sempre, a vida inteira; e todos nós somos missionários, cada qual no lugar que o Senhor lhe confiou. Todos: até o menorzinho é missionário; e aquele que parece maior é discípulo. Mas algum de vós dirá: "Os bispos não são discípulos, eles sabem tudo; o papa sabe tudo, e não é discípulo". Não, até os bispos e o papa devem ser discípulos, pois se não forem discípulos não farão o bem, não poderão ser missionários nem transmitir a fé. Todos nós somos discípulos e missionários.

ORAÇÃO

Peçamos a Deus, por toda a Igreja, peçamos a *alegria de evangelizar*, porque por Cristo foi enviada a revelar e a comunicar a caridade de Deus a todos os povos. A Virgem Maria nos ajude a sermos todos discípulos-missionários, pequenas estrelas que refletem a sua luz. E rezemos a fim de que os corações se abram para receber o anúncio, e todos os homens sejam "partícipes da promessa por meio do Evangelho".

17 DE MAIO

itando-o, Jesus o amou e disse: *"Uma só coisa te falta: vai, vende o que tens, dá aos pobres, e terás um tesouro no Céu. Depois, vem e segue-me"*. *Ele, porém, contristado com essa palavra, saiu pesaroso, pois era possuidor de muitos bens. Então Jesus, olhando em torno, disse a seus discípulos: "Como é difícil a quem tem riquezas entrar no Reino de Deus!". Os discípulos ficaram admirados com essas palavras, Jesus, porém, continuou a dizer: "Filhos, como é difícil entrar no Reino de Deus! É mais fácil um camelo passar pelo fundo da agulha do que um rico entrar no Reino de Deus!". Eles ficaram muito espantados e disseram uns aos outros: "Então, quem pode ser salvo?". Jesus, fitando-se, disse: "Aos homens é impossível, mas não a Deus, pois para Deus tudo é possível"*. MARCOS 10,21-7

Seguir os ídolos do poder, do lucro, do dinheiro, acima do valor da pessoa humana, tornou-se norma fundamental de funcionamento e critério decisivo de organização. Esquecemo-nos, no passado e ainda hoje, que, acima dos negócios, da lógica e dos parâmetros de mercado, está o ser humano. Em virtude da sua dignidade profunda, não podemos deixar de oferecer-lhe a possibilidade de viver dignamente e de participar de modo ativo do bem comum.

ORAÇÃO

A Vós, meu Deus, elevo a minha alma. Confio em Vós, que eu não seja envergonhado! Não se riam de mim meus inimigos, pois não será desiludido quem em vós espera.

18 DE MAIO

"*Senhor, é agora o tempo em que irás restaurar a realeza em Israel?". E ele respondeu-lhes: "Não compete a vós conhecer os tempos e os momentos que o Pai fixou com sua própria autoridade. Mas recebereis uma força, a do Espírito Santo que descerá sobre vós, e sereis minhas testemunhas em Jerusalém, em toda a Judeia e a Samaria, e até os confins da terra".* Atos dos apóstolos 1,6-8

O Espírito Santo é a alma da Igreja, com a sua força vivificadora e unificante: faz de muitos um só corpo, o Corpo Místico de Cristo. Não cedamos jamais ao pessimismo — esta amargura que o diabo nos oferece a cada dia — nem ao desânimo: tenhamos a certeza firme de que o Espírito Santo dá à Igreja, com o seu sopro poderoso, a coragem de perseverar e também de procurar novos métodos de evangelização, para levar o Evangelho até aos últimos confins da terra. A verdade cristã anuncia de modo convincente que Cristo é o único Salvador de todos os homens. Esse anúncio permanece válido hoje como o foi nos primórdios do cristianismo, quando se realizou a primeira grande expansão missionária do Evangelho.

ORAÇÃO

Ó Deus todo-poderoso, a ascensão do Vosso Filho já é nossa vitória. Fazei-nos exultar de alegria e fervorosa ação de graças, pois, membros de seu corpo, somos chamados na esperança de participar de sua glória.

19 DE MAIO

omo a corça bramindo por águas correntes, assim minha alma está bramindo por ti, ó meu Deus! Minha alma tem sede de Deus, do Deus vivo; quando voltarei a ver a face de Deus? SALMOS 42,2-3

Da parte de Deus, o que O atrai? É o amor por nós: somos seus filhos, Ele nos ama e quer nos libertar do mal, das doenças, da morte e nos levar para a sua casa, para o seu reino. Deus, por pura graça, nos atrai para nos unir a Si. E existe também da nossa parte um amor, um desejo: o bem nos atrai sempre, a verdade nos atrai, a vida, a felicidade, a beleza nos atraem… Jesus é o ponto de encontro desta atração recíproca e deste movimento duplo.

ORAÇÃO

Arautos da Boa-Nova, fostes por Cristo escolhidos para levá-la, em mensagem, pelo mundo, repartidos.

20 DE MAIO

 erminada a travessia, alcançaram terra em Genesaré e aportaram. Mal desceram do barco, os habitantes logo O reconheceram. Percorreram toda aquela região e começaram a transportar os doentes em seus leitos, onde quer que descobrissem que Ele estava. MARCOS 6,53-5

Quantas vezes contamos os minutos... "Tenho só meia hora, tenho que ir à missa..." Esta não é a atitude que a liturgia nos pede: a liturgia é tempo de Deus e espaço de Deus, e nós devemos estar ali no tempo de Deus, no espaço de Deus e não olhar para o relógio. A liturgia é justamente entrar no mistério de Deus; deixar-se levar ao mistério e estar no mistério.

ORAÇÃO

Ó Deus, que prometestes permanecer nos corações sinceros e retos, dai-nos, por Vossa graça, viver de tal modo que possais habitar em nós.

21 DE MAIO

as recebereis uma força, a do Espírito Santo, que descerá sobre vós, e sereis minhas testemunhas em Jerusalém, em toda a Judeia e a Samaria, e até aos confins da terra.
ATOS DOS APÓSTOLOS 1,8

É Cristo que guia a Igreja através do seu Espírito. O Espírito Santo é a alma da Igreja, com a sua força vivificadora e unificante: faz de muitos um só corpo, o Corpo Místico de Cristo. Não cedamos jamais ao pessimismo, a esta amargura que o diabo nos oferece cada dia, nem ao desânimo: tenhamos a firme certeza de que o Espírito Santo dá à Igreja, com o seu sopro poderoso, a coragem de perseverar e também de procurar novos métodos de evangelização, para levar o Evangelho até aos últimos confins da terra. A verdade cristã é fascinante e persuasiva, porque responde a uma necessidade profunda da existência humana, anunciando de modo convincente que Cristo é o único Salvador do homem todo e de todos os homens. Este anúncio permanece válido hoje como o foi nos primórdios do cristianismo, quando se realizou a primeira grande expansão missionária do Evangelho.

ORAÇÃO

À poderosa intercessão de Maria, nossa Mãe, Mãe da Igreja, confio o meu ministério e o vosso. Sob o seu olhar materno, possa cada um de nós caminhar, feliz e dócil, à voz do seu divino Filho, reforçando a unidade, perseverando, concordes, na oração e testemunhando a fé autêntica na presença contínua do Senhor.

22 DE MAIO

enho ainda muito que vos dizer, mas não podeis agora suportar. Quando vier o Espírito da Verdade, ele vos conduzirá à verdade plena, pois não falará de si mesmo, mas dirá tudo o que tiver ouvido e vos anunciará as coisas futuras. Ele me glorificará porque receberá do que é meu e vos anunciará. Tudo o que o Pai tem é meu. Por isso vos disse: ele receberá do que é meu e vos anunciará. João 16,12-5

As Sagradas Escrituras constituem o testemunho escrito da Palavra divina, o memorial canônico que corrobora o acontecimento da Revelação. Por conseguinte, a Palavra de Deus precede e excede a Bíblia. É por esse motivo que a nossa fé não tem no centro unicamente um livro, mas uma história de salvação e sobretudo uma pessoa, Jesus Cristo, Palavra de Deus que se fez carne. Para compreender a Palavra de maneira adequada é necessária a presença constante do Espírito Santo, que "ensina toda a verdade".

ORAÇÃO

Durante este tempo pascal, no qual a Igreja nos convida a dar graças a Deus pela misericórdia e nova vida que recebemos de Cristo ressuscitado, rezo a fim de que experimenteis o júbilo que provém da gratidão pelas numerosas dádivas do Senhor, e procureis servi-lo no menor dos seus irmãos e irmãs.

23 DE MAIO

e fato, quem vos der a beber um copo d'água por serdes de Cristo, em verdade vos digo que não perderá sua recompensa. Se alguém escandalizar um destes pequeninos que creem, melhor seria que lhe prendessem ao pescoço a mó que os jumentos movem e o atirassem no mar. MARCOS 9,41-2

Ide ao encontro de quem quer que pergunte a razão da vossa esperança: acolhei a sua cultura, transmiti-lhe respeitosamente a memória da fé e a companhia da Igreja e em seguida os sinais da fraternidade, da gratidão e da solidariedade, que antecipam nos dias do homem os reflexos do Domingo que não conhece ocaso.

ORAÇÃO

Maria, Mãe do silêncio, da beleza, da ternura.

Mãe do silêncio, que conservas o mistério de Deus, liberta-nos da idolatria do presente, à qual se condena quem esquece. Purifica os olhos dos pastores com o colírio da memória: voltaremos ao vigor das origens, para uma Igreja orante e penitente.

Mãe da beleza, que floresce da fidelidade ao trabalho cotidiano, desperta-nos da inércia da indolência, da mesquinhez e do derrotismo. Reveste os pastores daquela compaixão que unifica e integra: descobriremos a alegria de uma Igreja serva, humilde e fraterna.

Mãe da ternura, que cobre de paciência e de misericórdia, intercede junto do teu Filho para que sejam ágeis as nossas mãos, os nossos pés e os nossos corações: edificaremos a Igreja com a verdade na caridade. Mãe, seremos o Povo de Deus que peregrina rumo ao Reino. Amém!

24 DE MAIO

 como óleo fino sobre a cabeça, descendo pela barba, a barba de Aarão, descendo sobre a gola de suas vestes. S͟a͟l͟m͟o͟s 133,2

Este óleo derramado, que escorre pela barba de Aarão até à orla das suas vestes, é imagem da unção sacerdotal, que, por intermédio do Ungido, chega até os confins do universo representado nas vestes. As vestes sagradas do Sumo Sacerdote são ricas de simbolismos; um deles é o dos nomes dos filhos de Israel gravados nas pedras de ônix que adornavam as ombreiras do éfode, do qual provém a nossa casula atual [...]. Também no peitoral estavam gravados os nomes das doze tribos de Israel. Isso significa que o sacerdote celebra, levando sobre os ombros o povo que lhe está confiado e tendo os seus nomes gravados no coração [...]

O óleo precioso, que unge a cabeça de Aarão, não se limita a perfumá-lo, mas se espalha e atinge "as periferias". O Senhor dirá claramente que a sua unção é para os pobres, os presos, os doentes e quantos estão tristes e abandonados. A unção, amados irmãos, não é para nos perfumar a nós mesmos, e menos ainda para que a conservemos num frasco, pois o óleo tornar-se-ia rançoso... E o coração, amargo.

ORAÇÃO

Deus, que te fez participante do sumo sacerdócio de Cristo, derrame sobre ti o bálsamo da unção espiritual, e te faça abundar em frutos de bênção.

25 DE MAIO

SOLENIDADE DA ASCENSÃO DO SENHOR

ito isto, foi elevado à vista deles, e uma nuvem o ocultou a seus olhos. Estando a olhar atentamente para o céu, enquanto ele se ia, dois homens vestidos de branco encontraram-se junto deles e lhes disseram: "Homens da Galileia, por que estais aí a olhar para o céu? Este Jesus, que foi arrebatado dentre vós para o céu, assim virá, do mesmo modo como o vistes partir para o céu". ATOS DOS APÓSTOLOS 1,9-11

A Ascensão não indica a ausência de Jesus, mas nos diz que Ele está vivo no meio de nós de modo novo; já não se encontra num lugar específico do mundo, como era antes; está no senhorio de Deus, presente em cada espaço e tempo, próximo de cada um de nós. Na vida, nunca estamos sozinhos: temos esse advogado que nos espera e nos defende. O Senhor crucificado e ressuscitado nos orienta; conosco existem muitos irmãos e irmãs que, na sua vida de família e de trabalho, nos seus problemas e dificuldades, nas suas alegrias e esperanças, vivem todos os dias a fé e conosco anunciam ao mundo o senhorio do amor de Deus, em Jesus Cristo ressuscitado que subiu ao Céu, nosso advogado.

ORAÇÃO

Ouvi, Senhor, as nossas súplicas e fazei que os nossos corações se voltem para Aquele que, neste dia, subiu ao Céu e entrou na Vossa glória, de onde constantemente nos atrai. Ele que é Deus convosco, na unidade do Espírito Santo.

26 DE MAIO

alomão respondeu: "Tu demonstraste uma grande benevolência para com teu servo Davi, meu pai, porque ele caminhou diante de ti na fidelidade, justiça e retidão de coração para contigo; tu lhe guardaste esta grande benevolência, e lhe deste um filho que está sentado hoje em seu trono. Agora, pois, Senhor meu Deus, constituíste rei a teu servo em lugar de meu pai Davi, mas eu não passo de um jovem, que não sabe comandar. Teu servo se encontra no meio do teu povo que escolheste, povo tão numeroso que não se pode contar nem calcular. Dá, pois, a teu servo um coração que escuta para governar teu povo e para discernir entre o bem e o mal, pois quem poderia governar teu povo, que é tão numeroso?". 1 Reis 3,6-9

O futuro será melhor ou pior? Não disponho de uma esfera de cristal, como os magos, para ver o futuro. Mas quero te dizer isto: sabes onde está o futuro? No teu coração, na tua mente e nas tuas mãos. Se te sentires bem, se pensares bem e se com as tuas mãos fizeres progredir este pensamento positivo e este sentimento bom, o futuro será melhor. O futuro é dos jovens. Mas atenção, jovens com duas qualidades: jovens com asas e jovens com raízes. Jovens com asas para voar, para sonhar e para criar, e com raízes para receber dos mais idosos a sabedoria que nos dão. Por isso, se tiverdes asas e raízes, o futuro estará nas vossas mãos. Tem a coragem de ter asas, de sonhar coisas boas, de sonhar um mundo melhor, de protestar contra as guerras. E, por outro lado, de respeitar a sabedoria que recebeste de quem é mais velho do que tu, dos teus pais, dos teus avós, dos anciãos do teu país. O futuro está nas vossas mãos. Aproveitai para melhorá-lo.

ORAÇÃO

Senhor, Deus de Israel! Não existe nenhum Deus semelhante a Ti lá em cima nos céus, nem cá embaixo sobre a terra; a Ti, que és fiel à Aliança e conservas a benevolência para com teus servos, quando caminham de todo coração diante de Ti.

27 DE MAIO

aria permaneceu com ela mais ou menos três meses e voltou para casa. Quanto a Isabel, completou-se o tempo para o parto, e ela deu à luz um filho. Os vizinhos e os parentes ouviram dizer que Deus a cumulara com sua misericórdia e com ela se alegraram. No oitavo dia, foram circuncidar o menino. Queriam dar-lhe o nome de seu pai, Zacarias, mas a mãe, tomando a palavra, disse: "Não, ele vai se chamar João". Replicaram-lhe: "Em tua parentela não há ninguém que tenha este nome!". Por meio de sinais, perguntavam ao pai como queria que se chamasse. Pedindo uma tabuinha, ele escreveu "Seu nome é João", e todos ficaram admirados. E a boca imediatamente se lhe abriu, a língua desatou-se e ele falava, bendizendo a Deus. Lucas 1,56-64

Podemos pensar que, permanecendo na casa de Isabel, a Virgem Maria terá ouvido a sua parente e o marido Zacarias rezarem com as palavras do Salmo 70. A sabedoria dos dois enriqueceu a sua jovem alma; não eram peritos em maternidade e paternidade, porque também para eles era a primeira gravidez, mas eram peritos na fé, em Deus, naquela esperança que vem Dele: é disso que o mundo tem necessidade, em todos os tempos.

ORAÇÃO

Sois Vós, ó meu Deus, a minha esperança. Senhor, desde a juventude Vós sois a minha confiança... Na minha velhice não me rejeiteis, ao declinar das minhas forças não me abandoneis...

28 DE MAIO

á diversidade de dons, mas o Espírito é o mesmo; diversidade de ministérios, mas o Senhor é o mesmo; diversos modos de ação, mas é o mesmo Deus que realiza tudo em todos. Cada um recebe o dom de manifestar o Espírito para a utilidade de todos. 1 CORÍNTIOS 12,4-7

"Menos desigualdades, mais diferenças" é um título que evidencia a riqueza plural das pessoas como expressão dos talentos pessoais e se distancia da homologação que mortifica e, paradoxalmente, aumenta as desigualdades. Gostaria de traduzir o título numa imagem: a esfera e o poliedro. A esfera pode representar a homologação, como uma espécie de globalização: é lisa, sem lapidações, igual em todas as partes. O poliedro tem uma forma semelhante à esfera, mas é composto de muitas faces. Gosto de imaginar a humanidade como um poliedro, no qual as múltiplices formas, exprimindo-se, constituem os elementos que compõem, na pluralidade, a única família humana. Esta é a verdadeira globalização. A outra globalização — a da esfera — é uma homologação.

ORAÇÃO

Vinde, Espírito Santo, enchei os corações dos Vossos fiéis e acendei neles o fogo do Vosso amor. Enviai o Vosso Espírito e tudo será criado, e renovareis a face da terra.

29 DE MAIO

inha alma engrandece o Senhor [...] porque olhou para a humilhação da sua serva [...]; e sua misericórdia perdura de geração em geração. LUCAS 1,46.48.50

Maria possui a memória de Deus. No cântico de Maria, está presente também a memória da sua história pessoal, a história de Deus com Ela, a sua própria experiência de fé. E o mesmo se passa com cada um de nós, com cada cristão: a fé contém justamente a memória da história de Deus conosco, a memória do encontro com Deus que toma a iniciativa, que cria e salva, que nos transforma; a fé é memória da sua Palavra que inflama o coração, das suas ações salvíficas pelas quais nos dá vida, purifica, cuida de nós e alimenta. O catequista é um cristão que põe esta memória a serviço do anúncio; não para dar na vista, nem para falar de si, mas para falar de Deus, do seu amor, da sua fidelidade. Falar e transmitir tudo aquilo que Deus revelou, isto é, a doutrina na sua totalidade, sem cortes nem acréscimos.

ORAÇÃO

A minha alma glorifica o Senhor e o meu espírito se alegra em Deus, meu Salvador. Porque pôs os olhos na humildade da sua serva: de hoje em diante me chamarão Bem-Aventurada todas as gerações. O Todo-Poderoso fez em mim maravilhas: santo é o seu nome. A sua misericórdia se estende de geração em geração sobre aqueles que o temem.

30 DE MAIO

ereis traídos até por vosso pai e mãe, irmãos, parentes, amigos e farão morrer pessoas do vosso meio e sereis odiados de todos por causa de meu nome. Mas nem um só cabelo de vossa cabeça se perderá. É pela perseverança que mantereis vossas vidas! Lucas 21,16-9

Quanta esperança há nestas palavras! Elas são um hino à esperança e à paciência, ao saber esperar os frutos seguros da salvação, confiando no sentido profundo da vida e da história: as provações e as dificuldades fazem parte de um desígnio maior; o Senhor, dono da história, leva tudo ao seu cumprimento. Não obstante as desordens e desventuras que angustiam o mundo, o desígnio de bondade e de misericórdia de Deus há de se realizar! E esta é a nossa esperança: ir em frente assim, por este caminho, no desígnio de Deus que se realizará. Esta é a nossa esperança! Esta mensagem de Jesus faz meditar sobre o nosso presente e nos incute a força para enfrentá-lo com coragem e esperança, em companhia de Nossa Senhora, que caminha sempre ao nosso lado.

ORAÇÃO

Sois vós, Senhor, a minha esperança, a minha confiança desde a juventude. Desde o nascimento Vós me sustentais, desde o seio materno sois o meu protetor. Em Vós está sempre a minha esperança.

31 DE MAIO

FESTA DA VISITAÇÃO DE NOSSA SENHORA

aqueles dias, Maria [...] entrou na casa de Zacarias e saudou Isabel. Ora, quando Isabel ouviu a saudação de Maria, a criança lhe estremeceu no ventre e Isabel ficou repleta do Espírito Santo. Com um grande grito, exclamou: "Bendita és tu entre as mulheres e bendito é o fruto de teu ventre! Donde me vem que a mãe do meu Senhor me visite? Pois, quando a tua saudação chegou aos meus ouvidos, a criança estremeceu de alegria em meu ventre. Feliz aquela que creu, pois o que lhe foi dito da parte do Senhor será cumprido!". LUCAS 1,39-45

O agir de Maria é uma consequência da sua obediência às palavras do Anjo, mas unida à caridade: visita Isabel para lhe ser útil; e, nesse gesto de amor, leva consigo Jesus, seu bem mais precioso. Às vezes, também nos limitamos à escuta sobre aquilo que deveríamos fazer, e talvez compreendamos claramente a decisão que devemos tomar, mas não realizamos a passagem para a ação. E sobretudo não nos movemos "depressa" rumo aos outros para lhes prestar a nossa ajuda; para levar também nós, a exemplo de Maria, nosso bem mais precioso, Jesus e o seu Evangelho, com a palavra e sobretudo com o testemunho concreto do nosso agir.

ORAÇÃO

Ó Deus todo-poderoso, que inspirastes à Virgem Maria sua visita a Isabel, levando no seio o Vosso Filho, fazei-nos dóceis ao Espírito Santo, para cantar com ela Vosso louvor.

1º DE JUNHO

odos os que são conduzidos pelo Espírito de Deus são filhos de Deus. Com efeito, não recebestes um espírito de escravos, para recair no temor, mas recebestes um espírito de filhos adotivos, pelo qual clamamos: Abba! Pai! O próprio Espírito se une ao nosso espírito para testemunhar que somos filhos de Deus. E, se somos filhos, somos também herdeiros; herdeiros de Deus e coerdeiros de Cristo, pois sofremos com ele para também com ele sermos glorificados. ROMANOS 8,14-7

Nós, que temos a alegria de saber que não somos órfãos, que temos um Pai, podemos permanecer indiferentes a esta cidade que nos pede, talvez também inconscientemente, uma esperança para olhar para o futuro com maior confiança e serenidade? Nós não podemos ser indiferentes. Mas como podemos fazer isso? Como podemos ir em frente e oferecer esperança? Ir pelas estradas dizendo: "Eu tenho esperança"? Não! Com o vosso testemunho, com o vosso sorriso, dizei: "Eu creio que tenho um Pai". O anúncio do Evangelho é este: dizer com a minha palavra, com o meu testemunho: "Eu tenho um Pai. Não somos órfãos. Temos um Pai", e devemos partilhar esta filiação com o Pai e com todos os outros.

ORAÇÃO

Senhor, eu creio, adoro, espero e amo. Peço-te perdão pelos que não creem, não esperam, não adoram e não Te amam.

2 DE JUNHO

 om efeito, eu vos asseguro que, se a vossa justiça não exceder a dos escribas e a dos fariseus, não entrareis no Reino dos Céus. MATEUS 5,20

Quando se diz que uma pessoa tem língua de serpente, o que significa? Que as suas palavras matam! Portanto, não só não se deve atentar contra a vida do próximo, mas nem sequer fazer cair sobre ele o veneno da ira e da calúnia. Nem sequer falar mal dele. Chegamos às indiscrições: também os mexericos podem matar, porque matam a reputação das pessoas! É tão feio falar mal! No início pode parecer uma coisa agradável, até divertida. Mas, no final, enche o nosso coração de amargura e nos envenena. Digo-vos a verdade, estou certo de que se cada um de nós se propusesse a evitar os mexericos, tornar-se-ia santo!

ORAÇÃO

Ó Deus, que prometestes permanecer nos corações sinceros e retos, dai-nos, por Vossa graça, viver de tal modo, que possais habitar em nós. Por nosso Senhor Jesus Cristo, Vosso Filho, na unidade do Espírito Santo.

3 DE JUNHO

esceu então com eles para Nazaré e era-lhes submisso. Sua mãe, porém, conservava a lembrança de todos esses fatos em seu coração. E Jesus crescia em sabedoria, em estatura e em graça, diante de Deus e diante dos homens. Lucas 2,51-2

Na Adoração do Santíssimo Sacramento, Maria nos diz: "Olha para o meu Filho Jesus, mantém o olhar fixo nele, escuta-o, fala com Ele. Ele te olha com amor. Não tenhas medo! Ele ensinar-te-á a segui-lo para dares testemunho dele nas grandes e pequenas ações da tua vida, nas relações familiares, no teu trabalho, nos momentos de festa; ensinar-te-á a saíres de ti mesmo, de ti mesma, para olhares para os outros com amor, como Aquele que te amou e te ama, não com palavras, mas com obras".

ORAÇÃO

Ó Maria, fazei-nos sentir o teu olhar, Mãe, guiai-nos para o teu Filho, fazei que não sejamos cristãos "de vitrina", mas saibamos "meter mãos à obra" para construir, com o teu Filho, Jesus, o seu Reino de amor, de alegria e de paz.

4 DE JUNHO

endo-se completado o dia de Pentecostes, estavam todos reunidos no mesmo lugar. De repente, veio do céu um ruído como o agitar-se de um vendaval impetuoso, que encheu toda a casa onde se encontravam. Apareceram-lhes, então, línguas como de fogo, que se repartiam e que pousaram sobre cada um deles. A<small>TOS DOS</small> A<small>PÓSTOLOS</small> 2,1-3

Diziam os teólogos antigos: a alma é uma espécie de barco a vela; o Espírito Santo é o vento que sopra na vela, impelindo-a para a frente; os impulsos e incentivos do vento são os dons do Espírito. Sem o seu incentivo, sem a sua graça, não vamos para a frente. O Espírito Santo nos faz entrar no mistério do Deus vivo e nos salva do perigo de uma Igreja gnóstica e narcisista, fechada no seu recinto; impele-nos a abrir as portas e sair para anunciar e testemunhar a vida boa do Evangelho, para comunicar a alegria da fé, do encontro com Cristo. O Espírito Santo é a alma da *missão*.

ORAÇÃO

A liturgia de hoje é uma grande súplica, que a Igreja com Jesus eleva ao Pai, para que renove a efusão do Espírito Santo. Cada um de nós, cada grupo, cada movimento, na harmonia da Igreja, se dirija ao Pai pedindo este dom. Também hoje, como no dia do seu nascimento, a Igreja invoca juntamente com Maria: "Vinde, Espírito Santo, enchei os corações dos Vossos fiéis e acendei neles o fogo do Vosso amor"!

5 DE JUNHO

ão sei como é que viestes a aparecer no meu seio, nem fui eu que vos dei o espírito e a vida, nem também fui eu que dispus organicamente os elementos de cada um de vós. Por conseguinte, é o Criador do mundo que formou o homem em seu nascimento e deu origem a todas as coisas, quem vos retribuirá, na sua misericórdia, o espírito e a vida, uma vez que agora fazeis pouco caso de vós mesmos, por amor às suas leis. 2 Macabeus 7,22-3

O modelo [...] é a Virgem Maria. Uma simples jovem de aldeia, que tem no coração toda a esperança de Deus! No seu seio, a esperança de Deus assumiu a carne, fez-se homem, fez-se história: Jesus Cristo. Deixemo-nos guiar por Ela, que é mãe, é mãe e sabe nos guiar. Deixemo-nos orientar por Ela neste tempo de espera e de vigilância laboriosa.

ORAÇÃO

A minha alma engrandece ao Senhor e se alegrou o meu espírito em Deus, meu Salvador; pois ele viu a pequenez de sua serva, desde agora as gerações hão de me chamar de bendita. O Poderoso fez por mim maravilhas e santo é o Seu nome!

6 DE JUNHO

espondeu-lhe Jesus: *"Em verdade, em verdade, te digo: quem não nascer da água e do Espírito não pode entrar no Reino de Deus. O que nasceu da carne é carne, o que nasceu do Espírito é espírito. Não te admires de eu te haver dito: deveis nascer do alto. O vento sopra onde quer e ouves o seu ruído, mas não sabes de onde vem nem para onde vai. Assim acontece com todo aquele que nasceu do Espírito".* João 3,5-8

Com inteligência humilde e aberta, "procurai e encontrai Deus em todas as coisas", como escrevia santo Inácio. Deus age na vida de cada homem e na cultura: o Espírito sopra onde quer. Procurai descobrir o que Deus realizou e como continuará a sua obra.

ORAÇÃO

Nós te pedimos, Senhor, que inflames nossos corações com o Espírito de Teu amor, para que pensemos e trabalhemos segundo a Tua vontade e possamos te amar nos irmãos com sinceridade de coração. Por Cristo, nosso Senhor.

7 DE JUNHO

inguém acende uma lâmpada para a cobrir com um recipiente, nem para colocá-la debaixo da cama; ao contrário, coloca-a num candelabro, para que aqueles que entram vejam a luz. Pois nada há de oculto que não se torne manifesto, e nada em segredo que não seja conhecido e venha à luz do dia. Cuidai, portanto, do modo como ouvis! Lucas 8,16-7

Se quisermos nos comunicar de forma livre, franca e fecunda com os outros, devemos ter bem claro aquilo que somos, aquilo que Deus fez por nós e aquilo que Ele exige de nós. Para que nossa comunicação não seja um monólogo, devemos abrir a mente e o coração para aceitar indivíduos e culturas. Sem medo! Mas nem sempre se revela fácil essa tarefa de nos apropriar da nossa identidade e de a exprimir, pois, uma vez que somos pecadores, sempre nos sentiremos tentados pelo espírito do mundo. Muitas vezes, somos impelidos para areias movediças: as areias movediças da confusão e do desespero. É uma tentação que, no mundo atual, atinge também as comunidades cristãs, levando as pessoas a se esquecerem de que, "subjacentes a todas as transformações, há muitas coisas que não mudam, cujo último fundamento é Cristo, o mesmo ontem, hoje e para sempre".

ORAÇÃO

Brilhe a Vossa luz diante dos homens, para que vejam as Vossas boas obras e glorifiquem o Vosso Pai que está nos Céus.

8 DE JUNHO

is que uma mulher cananeia, daquela região, veio gritando: "Senhor, filho de Davi, tem compaixão de mim: a minha filha está horrivelmente endemoninhada". Ele, porém, nada lhe respondeu. Então os seus discípulos se chegaram a ele e pediram-lhe: "Despede-a, porque vem gritando atrás de nós". Jesus respondeu: "Eu não fui enviado senão às ovelhas perdidas da casa de Israel". Mas ela, aproximando-se, prostrou-se diante dele e pôs-se a rogar: "Senhor, socorre-me!". [...] Diante disso, Jesus lhe disse: "Mulher, grande é a tua fé! Seja feito como queres!". E a partir daquele momento sua filha ficou curada. Mateus 15,22-8

Muitas vezes, na vossa vida cristã, sereis tentados a afastar o estrangeiro, o necessitado, o pobre e quem tem o coração despedaçado. São sobretudo pessoas como essas que repetem o grito da mulher do Evangelho — "Senhor, ajuda-me!" — de quem está à procura de amor, aceitação e amizade com Cristo. Muitas vezes, é um grito que brota dos nossos próprios corações. Devemos ser como Cristo, que responde a cada pedido de ajuda com amor, misericórdia e compaixão.

ORAÇÃO

Senhor, nosso Deus, que escutastes as súplicas da mulher cananeia, atendei a oração do Vosso povo e concedei a todos aqueles por quem pedimos a graça de Vos conhecerem e amarem.

9 DE JUNHO

São José de Anchieta

Como são belos, sobre os montes, os pés do mensageiro que anuncia a paz, do que proclama boas-novas e anuncia a salvação, do que diz a Sião: "O teu Deus reina". [...] Regozijai-vos, juntas lançai gritos de alegria, ó ruínas de Jerusalém! Porque o Senhor consolou o seu povo, ele redimiu Jerusalém. Isaías 52,7-9

Também são José de Anchieta soube comunicar o que ele mesmo experimentara com o Senhor, aquilo que tinha visto e ouvido dele. Ele, juntamente com Nóbrega, é o primeiro jesuíta que Inácio envia para a América.

Era tão grande a alegria que ele sentia, o seu júbilo, que fundou uma nação: lançou os fundamentos culturais de uma nação em Jesus Cristo. Sentiu sobre si mesmo o olhar de Jesus Cristo e deixou-se encher de alegria: esta foi e é a sua santidade. Ele não teve medo da alegria. São José de Anchieta escreveu um maravilhoso hino à Virgem Maria comparando-a ao mensageiro que proclama a paz, que anuncia a alegria da Boa-Nova. Que Ela, que não teve medo da alegria, nos acompanhe no nosso peregrinar, convidando todos a se levantarem, a renunciarem às paralisias para entrarem juntos na paz e na alegria que nos promete Jesus, Senhor Ressuscitado.

ORAÇÃO

Derramai, Senhor, sobre nós a Vossa graça, a fim de que, a exemplo do bem-aventurado José de Anchieta, apóstolo do Brasil, sirvamos fielmente ao Evangelho, tornando-nos tudo para todos, e nos esforcemos em ganhar para Vós nossos irmãos no amor de Cristo.

10 DE JUNHO

nunciar o evangelho não é título de glória pra mim; é, antes, uma necessidade que se me impõe. Ai de mim, se não anunciar o evangelho! 1 Coríntios 9,16

Todos nós experimentamos a nossa pobreza, a nossa debilidade, quando se trata de levar ao mundo o tesouro precioso do Evangelho, mas devemos repetir continuamente as palavras de são Paulo: "Nós temos este tesouro em vasos de barro, para que transpareça claramente que este poder extraordinário provém de Deus, e não de nós". É isto que nos deve animar sempre: saber que a força da evangelização provém de Deus, que pertence a Ele. Nós somos chamados a nos abrir cada vez mais ao sopro do Espírito Santo, a oferecer toda a nossa disponibilidade para sermos instrumentos da misericórdia de Deus, da sua ternura, do seu amor por cada homem e por cada mulher, principalmente pelos pobres, pelos excluídos, pelos distantes. E para cada cristão, para a Igreja inteira, não se trata de uma missão facultativa, mas essencial, como dizia são Paulo. A salvação de Deus é para todos!

ORAÇÃO

Deus, fonte de todo bem, atendei ao nosso apelo e fazei-nos, por Vossa inspiração, pensar o que é certo e realizá-lo com Vossa ajuda. Por nosso Senhor Jesus Cristo, Vosso Filho, na unidade do Espírito Santo.

11 DE JUNHO

 isto reconhecerão todos que sois meus discípulos, se tiverdes amor uns pelos outros. JOÃO 13,35

O Espírito Santo, dom de Jesus Ressuscitado, comunica-nos a vida divina e nos faz entrar deste modo no dinamismo da Trindade, que é de amor, comunhão, serviço recíproco e partilha. Uma pessoa que ama os outros pela própria alegria de amar é reflexo da Trindade. Uma família na qual todos se amam e se ajudam uns aos outros é um reflexo da Trindade. Uma paróquia na qual os fiéis se amam e partilham os bens espirituais e materiais é um reflexo da Trindade. O verdadeiro amor não tem limites, mas sabe limitar-se, para ir ao encontro do outro, para respeitar a liberdade do outro. Todos os domingos vamos à missa, celebramos a Eucaristia juntos, e a Eucaristia é como a "sarça ardente" na qual humildemente a Trindade habita e se comunica.

ORAÇÃO

Deus, Pai de misericórdia, que destes a estes Vossos filhos a graça de reconhecerem que os amais, enviai-nos do Céu o Vosso Espírito, para que seja nosso defensor e nosso guia. Por Cristo, nosso Senhor.

12 DE JUNHO

ois tu és um povo consagrado ao Senhor teu Deus; foi a ti que o Senhor teu Deus escolheu para que pertenças a ele como seu povo próprio, dentre todos os povos que existem sobre a face da terra. Se o Senhor se afeiçoou a vós e vos escolheu, não é por serdes o mais numeroso de todos os povos — pelo contrário: sois o menor dentre os povos! — e sim por amor a vós. DEUTERONÔMIO 7,6-8

O amor fiel de Deus pelo seu povo manifestou-se e se realizou plenamente em *Jesus Cristo* que, para honrar a aliança de Deus com o seu povo, se fez nosso escravo, abandonando sua glória. No seu amor, não se rendeu diante da nossa ingratidão nem sequer perante a rejeição. É quanto nos recorda são Paulo: "Se formos infiéis... Ele — Jesus — continua fiel, porque não pode renegar-se a si mesmo". Jesus permanece fiel, nunca atraiçoa: mesmo quando erramos, Ele espera por nós, para nos perdoar. Este amor, esta lealdade do Senhor manifesta *a humildade do Seu coração:* Jesus não veio para conquistar os homens como os reis e os poderosos deste mundo, mas sim para oferecer amor com mansidão e humildade.

ORAÇÃO

Bendize ao Senhor, ó minha alma, e tudo o que há em mim ao Seu nome santo! Bendize ao Senhor, ó minha alma, e não esqueças nenhum dos Seus benefícios. É Ele quem perdoa tua culpa toda e cura todos os teus males. É Ele quem redime tua vida da cova e te coroa de amor e compaixão.

13 DE JUNHO

arco dos poderosos é quebrado, os debilitados são cingidos de força. Os que viviam na fartura se empregam por comida, e os que tinham fome não precisam trabalhar. A mulher estéril dá à luz sete vezes, e a mãe de muitos filhos se exaure. [...] É o Senhor quem empobrece e enriquece, quem humilha e quem exalta. Levanta do pó o fraco e do monturo o indigente, para os fazer assentarem-se com os nobres e colocá-los num lugar de honra, porque ao Senhor pertencem os fundamentos da terra, e sobre eles colocou o mundo. Ele guarda o passo dos que lhe são fiéis, mas os ímpios desaparecem nas trevas (porque não é pela força que o homem triunfa). 1 Samuel 2,4-9

Na vida é difícil tomar decisões, e muitas vezes tendemos a adiar, a deixar que outras pessoas decidam por nós, ou seguimos a moda do momento; às vezes sabemos o que devemos fazer, mas não temos coragem, ou nos parece difícil demais porque significa ir contra a corrente. Na Anunciação, na Visitação e nas bodas de Caná, Maria vai contra a corrente; medita, procura compreender a realidade e decide confiar-se totalmente a Deus. Embora esteja grávida, decide ir visitar sua parente idosa, decide confiar-se ao Filho com insistência para salvar a alegria das bodas.

ORAÇÃO

Ó Deus, que preparastes morada digna do Espírito Santo no Imaculado Coração de Maria, concedei que por sua intercessão nos tornemos um templo da vossa glória.

14 DE JUNHO

e um membro sofre, todos os membros compartilham o seu sofrimento; se um membro é honrado, todos os membros compartilham a sua alegria. 1 Coríntios 12,26

Trata-se de uma lei da vida cristã, e neste sentido podemos dizer que existe também um ecumenismo do sofrimento: assim como o sangue dos mártires foi semente de força e de fertilidade para a Igreja, do mesmo modo a partilha dos padecimentos cotidianos pode se tornar instrumento eficaz de unidade. E isso é verdade, de certa forma, também no âmbito mais vasto da sociedade e das relações entre cristãos e não cristãos: com efeito, do sofrimento comum podem germinar, com a ajuda de Deus, o perdão, a reconciliação e a paz.

ORAÇÃO

Caros irmãos e irmãs, como o profeta Ezequiel e como o apóstolo Paulo, invoquemos também nós o Espírito Santo, para que a sua graça e a abundância dos Seus dons nos ajudem a viver verdadeiramente como corpo de Cristo, unidos como família, mas uma família que é o corpo de Cristo, e como sinal visível e belo do amor de Cristo.

15 DE JUNHO

u sou o pão da vida. Vossos pais no deserto comeram o maná e morreram. Este pão é o que desce do céu para que não pereça quem dele comer. Eu sou o pão vivo descido do céu. Quem comer deste pão viverá eternamente. O pão que eu darei é a minha carne para a vida do mundo". João 6,48-51

Além da fome física, o homem sente outro tipo de fome, que não pode ser saciada com o alimento comum. Trata-se da fome de vida, fome de amor, de eternidade. E o sinal do maná — como toda a experiência do Êxodo — continha em si também esta dimensão: era figura de um alimento que satisfaz essa fome profunda que o homem sente. Jesus nos concede este alimento: Ele mesmo é o pão vivo que dá vida ao mundo. O seu Corpo é o verdadeiro alimento, sob a forma do pão; o seu Sangue é a verdadeira bebida, sob a forma do vinho. Não se trata de um simples alimento com o qual saciar os nossos corpos, como no caso do maná; o Corpo de Cristo é o pão dos últimos tempos, capaz de dar vida eterna, porque a substância deste pão é o Amor.

ORAÇÃO

Senhor Jesus Cristo, neste admirável sacramento, nos deixastes o memorial da Vossa Paixão. Dai-nos venerar com tão grande amor o mistério do Vosso Corpo e do Vosso Sangue, que possamos colher continuamente os frutos da Vossa redenção.

16 DE JUNHO

im, naturalmente vãos foram todos os homens que ignoraram a Deus e que, partindo dos bens visíveis, não foram capazes de conhecer Aquele que é, nem, considerando as obras, de reconhecer o Artífice. Mas foi o fogo, ou o vento, ou o ar sutil, ou a abóbada estrelada, ou a água impetuosa, ou os luzeiros do céu que eles consideraram como deuses, regentes do mundo! [...] E se os assombrou sua força e atividade, calculem quanto mais poderoso é Aquele que as fez, pois a grandeza e a beleza das criaturas fazem, por analogia, contemplar seu Autor. SABEDORIA 13,1-5

Desde o primeiro batizado, todos somos Igreja, e todos devemos andar pelo caminho de despojamento que Jesus percorreu. Tornou-se servo, servidor; quis ser humilhado até à Cruz. E, se nós quisermos ser cristãos, não há outro percurso. Mas não podemos fazer um cristianismo um pouco mais humano — dizem — sem Cruz, sem Jesus, sem despojamento? O cristão não pode conviver com o espírito do mundo, que leva à vaidade, à prepotência, ao orgulho. E isso é um ídolo, não é Deus! A idolatria é o maior pecado!

ORAÇÃO

Que o Senhor dê a todos nós a coragem de nos despojarmos do espírito do mundo, que é a lepra, é o câncer da sociedade! É o câncer da revelação de Deus! O espírito do mundo é o inimigo de Jesus! Peço ao Senhor que conceda a todos nós esta graça de nos despojarmos.

17 DE JUNHO

 eixo-vos a paz, a minha paz vos dou; não vo-la dou como o mundo dá. Não se perturbe nem se intimide vosso coração. Vós ouvistes o que vos disse: Vou e retorno a vós. Se me amásseis, ficaríeis alegres por eu ir para o Pai, porque o Pai é maior do que eu. João 14,27-8

Não se trata de uma saudação, nem sequer de simples bons votos: é uma dádiva, aliás, o dom precioso que Cristo oferece aos seus discípulos, depois de ter passado através da morte e da mansão dos mortos. Ele concede a paz, como tinha prometido. Essa paz é o fruto da vitória do amor de Deus sobre o mal, é o fruto do perdão. E é a paz verdadeira, a paz profunda, que deriva da experiência da misericórdia de Deus.

ORAÇÃO

Senhor, que abençoastes a nossa terra, fazendo descer do Céu a justiça da salvação, que germinou da terra no seio da Virgem Maria, concedei à Vossa Igreja os frutos da misericórdia e da fidelidade no abraço da paz e da justiça.

18 DE JUNHO

 Reino dos Céus é semelhante a um tesouro escondido no campo; um homem o acha e torna a esconder e, na sua alegria, vai, vende tudo o que possui e compra aquele campo. O Reino dos Céus é ainda semelhante a um negociante que anda em busca de pérolas finas. Ao achar uma pérola de grande valor, vai, vende tudo o que possui e a compra. MATEUS 13,44-6

As duas parábolas sobre as quais queremos refletir nos fazem compreender que o reino de Deus se faz presente na própria pessoa de Jesus. É Ele o tesouro escondido, é Ele a pérola de grande valor. Compreende-se a alegria do agricultor e do comerciante: acharam! É a alegria de cada um de nós quando descobrimos a proximidade e a presença de Jesus na nossa vida. Uma presença que transforma a existência, abrindo-nos às exigências dos irmãos; uma presença que convida a acolher qualquer outra presença, também a do estrangeiro e do imigrante. É uma presença acolhedora, é uma presença jubilosa, uma presença fecunda: assim é o reino de Deus dentro de nós.

ORAÇÃO

Vosso amor seja um consolo para mim, conforme a Vosso servo prometestes. Venha a mim o Vosso amor e viverei, porque tenho em Vossa lei o meu prazer!

19 DE JUNHO

 esperança, com efeito, é para nós qual âncora da alma, segura e firme, penetrando para além do véu, onde Jesus entrou por nós, como precursor, feito sumo sacerdote para a eternidade, segundo a ordem de Melquisedec. HEBREUS 6,19

Maria é a cheia de graça, porque "acreditou no cumprimento daquilo que o Senhor lhe dissera". Nela, todas as promessas divinas se demonstraram verdadeiras. Entronizada na glória, mostra-nos que a nossa esperança é real e que, já desde agora, esta esperança se estende, "como uma âncora segura e firme para as nossas vidas", até onde Cristo está sentado na glória.

ORAÇÃO

Ave, Maria, cheia de graça, o Senhor é convosco. Bendita sois Vós entre as mulheres e bendito é o fruto do Vosso ventre, Jesus. Santa Maria, Mãe de Deus, rogai por nós pecadores, agora e na hora de nossa morte. Amém.

20 DE JUNHO

les erravam pelo deserto solitário, sem achar caminho para uma cidade habitada; estavam famintos e sedentos, a vida já os abandonava. E gritaram ao Senhor na sua aflição: ele os livrou de suas angústias e os encaminhou pelo caminho certo, para irem a uma cidade habitada. Celebrem ao Senhor por seu amor, por suas maravilhas pelos filhos de Adão: ele saciou a garganta sedenta e encheu de bens a garganta faminta. SALMOS 107,4-9

Jesus é mais necessário do que nunca para o homem contemporâneo, para o mundo de hoje, porque nos "desertos" da cidade secular Ele nos fala de Deus, revelando-nos o seu rosto.

ORAÇÃO

Senhor, nosso Deus, que tivestes compaixão das multidões e lhes mandastes o Vosso Filho muito amado, dai-nos a graça de ouvir a Sua voz, para Vos servirmos, adorarmos e bendizermos. Por Cristo, nosso Senhor.

21 DE JUNHO

ois, se perdoardes aos homens os seus delitos, também o vosso Pai celeste vos perdoará; mas, se não perdoardes aos homens, o vosso Pai também não perdoará os vossos delitos.
MATEUS 6,14-5

"Perdoai-nos as nossas ofensas assim como nós perdoamos a quem nos tem ofendido". Nestas palavras do pai-nosso está contido um projeto de vida, baseado na misericórdia. A misericórdia, a indulgência, a remissão dos pecados, não são só devoção, algo íntimo, um paliativo espiritual, uma espécie de óleo que nos ajuda a sermos mais suaves, melhores, não! É *a profecia de um mundo novo*: misericórdia é profecia de um mundo novo, no qual os bens da terra e do trabalho serão distribuídos igualmente e ninguém será privado do necessário, porque a solidariedade e a partilha são a consequência concreta da fraternidade.

ORAÇÃO

Pai Nosso que estais nos céus, santificado seja o Vosso nome. Venha a nós o Vosso Reino. Seja feita a Vossa vontade, assim na terra como no céu. O pão nosso de cada dia nos dai hoje. Perdoai as nossas ofensas, assim como nós perdoamos a quem nos tem ofendido. Não nos deixeis cair em tentação, mas livrai-nos do mal. Amém.

22 DE JUNHO

ilatos perguntou: *"Que farei de Jesus, que chamam de Cristo?". Todos responderam: "Seja crucificado!". Tornou a dizer-lhes: "Mas que mal ele fez?". Eles, porém, gritavam com mais veemência: "Seja crucificado!". Vendo Pilatos que nada conseguia, mas, ao contrário, a desordem aumentava, pegou água e, lavando as mãos na presença da multidão, disse: "Estou inocente desse sangue. A responsabilidade é vossa".* MATEUS 27,22-4

Para o cristão, é uma obrigação envolver-se na política. Nós, cristãos, não podemos "brincar de Pilatos", lavar as mãos. Devemos nos envolver na política, pois a política é uma das formas mais altas da caridade, porque busca o bem comum. E os leigos cristãos devem trabalhar na política. Não é fácil; a política está muito suja; e me faço a pergunta: "Mas por que está suja?". Não será porque os cristãos se envolveram na política sem espírito evangélico? Trabalhar para o bem comum é um dever do cristão! E, muitas vezes, a opção de trabalho é a política. Há outras estradas — professor, por exemplo. Mas a atividade política em prol do bem comum é uma das estradas. Isso é claro.

ORAÇÃO

Ó Deus, que coroastes no martírio a profissão da verdadeira fé, concedei que fortificados pela intercessão de são João Fisher e são Tomás More, confirmemos com o testemunho da nossa vida a fé que professamos com os lábios.

23 DE JUNHO

avia alguns gregos, entre os que tinham subido para adorar, durante a festa. Estes aproximaram-se de Filipe, que era de Betsaida da Galileia e lhe pediram: "Senhor, queremos ver Jesus!". João 12,20-1

A fé, para mim, nasceu do encontro com Jesus: um encontro pessoal, que tocou o meu coração e deu uma direção e um sentido novo à minha existência; mas, ao mesmo tempo, um encontro que se tornou possível pela comunidade de fé em que vivi e graças à qual encontrei o acesso ao entendimento da Sagrada Escritura, à vida nova que flui de Jesus, como jorros de água, através dos sacramentos, à fraternidade com todos e ao serviço dos pobres, verdadeira imagem do Senhor. Sem a Igreja — creia-me! —, eu não teria podido encontrar Jesus, embora ciente de que este dom imenso da fé está guardado em frágeis vasos de barro que é a nossa humanidade.

ORAÇÃO

Ó Deus, unidade suprema e amor verdadeiro, concede a Teus filhos um só coração e um só espírito, para que vivam em concórdia e para que a Igreja, baseada na verdade, possa manter-se em unidade perfeita. Por Cristo, nosso Senhor.

24 DE JUNHO

São João Batista

oão lhes respondeu: *"Eu batizo com água. No meio de vós, está alguém que não conheceis, aquele que vem depois de mim, do qual não sou digno de desatar a correia da sandália".* [...] *No dia seguinte, ele vê Jesus aproximar-se dele e diz: "Eis o Cordeiro de Deus, que tira o pecado do mundo. Dele é que eu disse: Depois de mim, vem um homem que passou adiante de mim, porque existia antes de mim".* João 1,26-30

E Cristo disse "Eu sou a verdade" — por conseguinte, quem serve à verdade serve a Cristo. Uma dessas pessoas que deu a vida pela verdade foi João Batista. João foi escolhido por Deus para preparar o caminho diante de Jesus, e indicou-o ao povo de Israel como o Messias, o Cordeiro de Deus que tira o pecado do mundo. João consagrou-se totalmente a Deus e ao seu enviado, Jesus. Mas, no final, o que aconteceu? Morreu pela causa da verdade, quando denunciou o adultério do rei Herodes com Herodíades. A vós, jovens, digo: não tenhais medo de ir contra a corrente, quando nos querem roubar a esperança, quando nos propõem estes valores estragados.

ORAÇÃO

Ó Deus, que suscitastes são João Batista, a fim de preparar para o Senhor um povo perfeito, concedei à Vossa Igreja as alegrias espirituais e dirigi os nossos passos no caminho da salvação e da paz.

25 DE JUNHO

as Pedro reergueu-o, dizendo: "Levanta-te, pois eu também sou apenas um homem". E, falando amigavelmente com ele, entrou. Encontrando muitos ali reunidos, assim lhes falou: "Bem sabeis que é ilícito a um judeu relacionar-se com um estrangeiro ou mesmo dirigir-se à sua casa. Mas Deus acaba de mostrar-me que a nenhum homem se deve chamar de profano ou impuro. Por isso vim sem hesitar, logo que chamado". ATOS DOS APÓSTOLOS 10,26-9

A crise atual não é apenas econômica; não é uma crise cultural. É uma crise do homem! E o que pode ser destruído é o homem! Mas o homem é a imagem de Deus, então a crise é profunda! Não podemos nos preocupar só com nós mesmos, fecharmo-nos na solidão, no desânimo, numa sensação de impotência ante os problemas. Não se fechem, por favor! Isto é um perigo: fecharmo-nos na paróquia, com os amigos, no movimento, com aqueles que pensam as mesmas coisas que eu... Sabeis o que sucede? Quando a Igreja se fecha, fica doente. Imaginai um quarto fechado durante um ano; quando lá entras, cheira a mofo. Com a Igreja também é assim. A Igreja deve sair de si mesma. Para onde? Para as periferias existenciais, sejam elas quais forem... Mas sair.

ORAÇÃO

A Maria, modelo de uma evangelização humilde e jubilosa, elevemos a nossa oração, para que a Igreja se torne uma casa para muitos, uma mãe para todos os povos e possibilite o nascimento de um mundo novo.

26 DE JUNHO

esus, *aproximando-se deles, falou: "Toda a autoridade sobre o céu e sobre a terra me foi entregue. Ide, portanto, e fazei que todas as nações se tornem discípulos, batizando-as em nome do Pai, do Filho e do Espírito Santo e ensinando-as a observar tudo quanto vos ordenei. E eis que eu estou convosco todos os dias, até a consumação dos séculos!".* MATEUS 28,18-20

Vós podereis me dizer: "Mas a Igreja é formada por pecadores, como vemos todos os dias". E isto é verdade: somos uma Igreja de pecadores; e somos chamados a nos deixar transformar, renovar e santificar por Deus. Na história, houve a tentação de alguns que afirmavam: "A Igreja é só a Igreja dos puros, daqueles que são totalmente coerentes, e os outros devem ser afastados". Isso é uma heresia! A Igreja, que é santa, não rejeita os pecadores; não afasta nenhum de nós; chama e acolhe a todos, está aberta também aos distantes, chama todos a deixarem-se abraçar pela misericórdia, pela ternura e pelo perdão do Pai, que oferece a todos a possibilidade de encontrá-Lo, de caminhar rumo à santidade.

ORAÇÃO

Povos todos do universo, batei palmas, gritai a Deus aclamações de alegria! Porque sublime é o Senhor, o Deus altíssimo, o soberano que domina toda a terra. Por entre aclamações, Deus se elevou, o Senhor subiu ao toque da trombeta.

27 DE JUNHO

as vós sois uma raça eleita, um sacerdócio real, uma nação santa, o povo de sua particular propriedade, a fim de que proclameis as excelências daquele que vos chamou das trevas para a sua luz maravilhosa, vós que outrora não éreis povo, mas agora sois o Povo de Deus, que não tínheis alcançado misericórdia, mas agora alcançastes misericórdia.* 1 PEDRO 2,9-10

Antes de tudo, nós somos um povo que serve a Deus através da oração e da adoração, no anúncio do Evangelho e no testemunho da caridade. E o ícone da Igreja é sempre a Virgem Maria, a "serva do Senhor". Imediatamente depois de ter recebido o anúncio do Anjo e de ter concebido Jesus, Maria parte depressa para ir ajudar a idosa Isabel, mostrando que o caminho privilegiado para servir a Deus é o serviço aos irmãos em necessidade. Na escola da Mãe, a Igreja aprende a se tornar cada dia "serva do Senhor", a estar pronta para partir ao encontro das situações de maior necessidade, a prestar atenção aos pequeninos, aos excluídos. Mas todos nós somos chamados a viver o serviço da caridade nas realidades comuns, em família, na paróquia, no trabalho, com os vizinhos... É a caridade de todos os dias, a caridade ordinária.

ORAÇÃO

Senhor, vinde em nosso auxílio com a Vossa graça, para pegarmos na nossa Cruz todos os dias, Vos descobrirmos na pessoa dos mais pobres, e Vos amarmos acima de todas as coisas. Por Cristo, nosso Senhor.

28 DE JUNHO

gora, pois, temei o Senhor e servi-o com integridade e com sinceridade; lançai fora os deuses aos quais serviram os vossos pais do outro lado do Rio e no Egito, e servi ao Senhor. Porém, se não vos parece bem servir ao Senhor, escolhei hoje a quem quereis servir: se aos deuses aos quais serviram vossos pais do outro lado do Rio, ou aos deuses dos amorreus em cuja terra agora habitais. Quanto a mim e à minha casa, serviremos ao Senhor. Josué 24,14-5

Reprovo esta cultura do provisório, que nos fustiga a todos, porque não nos faz bem: porque uma escolha definitiva hoje é muito difícil. Na minha juventude era mais fácil, porque a cultura favorecia uma escolha definitiva quer para a vida matrimonial, quer para a vida consagrada ou sacerdotal. Mas nesta época não é fácil uma opção definitiva. Somos vítimas desta cultura do provisório. Gostaria de que pensásseis nisto: como posso libertar-me eu, homem ou mulher, dessa cultura do provisório? Devemos aprender a fechar a porta da nossa cela interior, a partir de dentro.

ORAÇÃO

Eu irei ao altar de Deus, a Deus que é a minha alegria. Ao som da cítara Vos louvarei, Senhor, meu Deus.

29 DE JUNHO

SOLENIDADE DE SÃO PEDRO E SÃO PAULO

endo que a mim fora confiado o evangelho dos incircuncisos como a Pedro o dos circuncisos — pois aquele que estava operando em Pedro para a missão dos circuncisos operou também em mim em favor dos gentios — e conhecendo a *graça a mim concedida, Tiago, Cefas e João, os notáveis tidos como colunas, estenderam-nos a mão, a mim e a Barnabé, em sinal de comunhão: nós pregaríamos aos gentios e eles para a Circuncisão.* Gálatas 2,7-9

São Pedro e são Paulo, tão diferentes entre si no plano humano, foram escolhidos pelo Senhor Jesus e responderam ao chamamento oferecendo sua vida inteira. Em ambos, a graça de Cristo realizou grandes coisas, transformou-os. Simão negara Jesus no momento dramático da Paixão; Saulo perseguira duramente os cristãos. Mas ambos acolheram o amor de Deus, deixando-se transformar pela sua misericórdia; assim, tornaram-se amigos e apóstolos de Cristo. Por isso, eles continuam a falar à Igreja e nos indicam, até hoje, o caminho da salvação. Deus é sempre capaz de nos transformar, como transformou Pedro e Paulo; de nos transformar no coração e de nos perdoar tudo, transformando assim a nossa escuridão do pecado num alvorecer de luz.

ORAÇÃO

Ó Deus, que hoje nos concedeis a alegria de festejar são Pedro e são Paulo, concedei à Vossa Igreja seguir em tudo os ensinamentos desses apóstolos que nos deram as primícias da fé.

30 DE JUNHO

ste é o meu mandamento: *amai-vos uns aos outros como eu vos amei. Ninguém tem maior amor do que aquele que dá a vida por seus amigos. Vós sois meus amigos, se praticais o que vos mando. Já não vos chamo servos, porque o servo não sabe o que seu senhor faz; mas eu vos chamo amigos, porque tudo o que ouvi de meu Pai eu vos dei a conhecer. Não fostes vós que me escolhestes, mas fui eu que vos escolhi e vos designei para irdes e produzirdes fruto e para que o vosso fruto permaneça, a fim de que tudo o que pedirdes ao Pai em meu nome ele vos dê. Isto vos mando: amai-vos uns aos outros.* JOÃO 15,12-7

Igreja é o povo que serve ao Senhor, experimentando a sua libertação que Ele lhe concede. É sempre o Senhor quem oferece a verdadeira liberdade. Antes de tudo, a liberdade do pecado, do egoísmo em todas as suas formas: a liberdade de se entregar e de fazê-lo com alegria, como a Virgem de Nazaré, que é livre de si mesma, não se fecha na sua condição, mas pensa em quem naquele momento está em maior necessidade. É livre na liberdade de Deus, que se realiza no amor. Esta é a liberdade que Deus nos concedeu, e nós não podemos perdê-la: a liberdade de adorar a Deus e de servi-Lo, inclusive nos nossos irmãos.

ORAÇÃO

Ó Deus, pela vossa graça, nos fizestes filhos da luz. Concedei que não sejamos envolvidos pelas trevas do erro, mas brilhe em nossas vidas a luz da Vossa verdade.

1º DE JULHO

ntão o Senhor estendeu sua mão e tocou-me a boca. E o Senhor me disse: Eis que ponho as minhas palavras em tua boca. Vê! Eu te constituo, neste dia, sobre as nações e sobre os reinos, para arrancar e para destruir, para exterminar e para demolir, para construir e para plantar. Foi-me dirigida a palavra do Senhor nos seguintes termos: "O que estás vendo, Jeremias?". Eu respondi: "Vejo um ramo de amendoeira". Então o Senhor me disse: "Viste bem, porque eu estou vigiando sobre a minha palavra para realizá-la". JEREMIAS 1,9-12

Tu vais pecar, e Ele está à tua espera para te perdoar. Esta é a experiência que os Profetas de Israel descreviam, ao dizer que o Senhor é como a flor da amendoeira, a primeira flor da Primavera. Antes da chegada das outras flores, ela aparece. O Senhor espera por nós. Quando o procuramos, deparamos com esta realidade: é Ele que está à nossa espera, para nos acolher, para nos dar o seu amor. E isso infunde no teu coração uma maravilha tal que nem acreditas, e assim vai crescendo a fé... Alguém poderá dizer: "Não, eu prefiro estudar a fé nos livros". É importante estudá-la, mas isso não basta! O mais importante é o encontro com Jesus, é isto que te dá a fé, porque é só Ele quem a dá.

ORAÇÃO

Ouvi-nos, Senhor, por Vossa graça e bondade; pela Vossa imensa compaixão, voltai-Vos para nós.

2 DE JULHO

hegando Jesus ao território de Cesareia de Filipe, perguntou aos discípulos: "Quem dizem os homens ser o Filho do Homem?". Disseram: "Uns afirmam que é João Batista, outros que é Elias, outros, ainda, que é Jeremias ou um dos profetas". Então lhes perguntou: "E vós, quem dizeis que eu sou?". Simão Pedro, respondendo, disse: "Tu és o Cristo, o filho do Deus vivo". Jesus respondeu-lhe: "Bem-aventurado és tu, Simão, filho de Jonas, porque não foi carne ou sangue que te revelaram isso, e sim o meu Pai que está nos céus. MATEUS 16,13-7*

Também nos nossos dias muitas pessoas pensam que Jesus é um grande profeta, um mestre de sabedoria, um modelo de justiça... E ainda hoje Jesus pergunta aos seus discípulos, ou seja, a todos nós: "Mas vós, quem dizeis que Eu sou?". O que responderemos? Pensemos nisto.

ORAÇÃO

Rezemos a Deus Pai, por intercessão da Virgem Maria; oremos a fim de que Ele nos conceda a graça de responder, com um coração sincero: "Tu és Cristo, o Filho de Deus vivo". Esta é uma confissão de fé, este é "o credo".

3 DE JULHO

uitos *de seus discípulos, ouvindo-o, disseram: "Essa palavra é dura! Quem pode escutá-la?". Compreendendo que seus discípulos murmuravam por causa disso, Jesus lhes disse: "Isto vos escandaliza? E quando virdes o Filho do Homem subir aonde estava antes? [...]". Então, disse Jesus aos Doze: "Não quereis também vós partir?". Simão Pedro respondeu-lhe: "Senhor, a quem iremos? Tens palavras de vida eterna e nós cremos e reconhecemos que tu és o Santo de Deus".* João 6, 60-2.67-6

Diante da incompreensão de muitos ouvintes de Jesus, que gostariam de se aproveitar egoisticamente dele, são Pedro faz-se porta-voz dos seguidores fiéis. Os discípulos não se limitam à satisfação mundana. Sem dúvida, também Pedro conhece a fome; durante muito tempo não tinha encontrado o alimento que pudesse saciá-lo. Depois, entrou em relação com o Homem de Nazaré e seguiu-o. E agora conhece o seu Mestre não só por ter ouvido falar dele. Nos relacionamentos cotidianos com Ele desenvolveu-se uma confiança incondicional. Essa é a fé em Jesus; e não sem razão Pedro espera do Senhor a almejada vida em abundância.

ORAÇÃO

Senhor Deus, que unis os corações dos fiéis num único desejo, fazei que o Vosso povo ame o que mandais e espere o que prometeis, para que, no meio da instabilidade deste mundo, fixemos os nossos corações onde se encontram as verdadeiras alegrias.

4 DE JULHO

 eliz o homem que não vai ao conselho dos ímpios, não para no caminho dos pecadores, nem se assenta na roda dos zombadores. Pelo contrário: seu prazer está na lei do Senhor, e medita sua lei, dia e noite. Ele é como árvore plantada junto d'água corrente: dá fruto no tempo devido e suas folhas nunca murcham; tudo o que ele faz é bem-sucedido. SALMOS 1,1-3

Tudo passa através do coração humano: se eu me deixar alcançar pela graça de Cristo ressuscitado, se lhe permitir que transforme aquele meu aspecto que não é bom, que pode me fazer mal, a mim e ao próximo, permitirei que a vitória de Cristo se consolide na minha vida, ampliando a sua ação benéfica. Este é o poder da graça, e sem ela nada podemos! Com a graça do Batismo e da Comunhão eucarística posso tornar-me instrumento da misericórdia de Deus. Expressar na vida o sacramento que recebemos: eis em que consiste o nosso compromisso cotidiano, e diria que também a nossa alegria diária!

ORAÇÃO

Ó Pai, que fazeis crescer a vossa Igreja, concedendo-lhe sempre novos filhos, permiti que os Vossos fiéis manifestem na própria vida o sacramento que eles receberam na fé.

5 DE JULHO

nquanto comiam, Jesus tomou um pão e, tendo-o abençoado, partiu-o e, distribuindo-o aos discípulos, disse: "Tomai e comei, isto é o meu corpo". Depois, tomou um cálice e, dando graças, deu-lho dizendo: "Bebei dele todos, pois isto é o meu sangue, o sangue da Aliança, que é derramado por muitos para remissão dos pecados". MATEUS 26,26-8

Por vezes, alguém pergunta: "Por que temos de ir à igreja, já que quem participa sempre na Santa Missa é pecador como os outros?". Na realidade, quem celebra a Eucaristia não o faz porque se considera ou quer parecer melhor do que os outros, mas sim porque se reconhece sempre necessitado de ser acolhido e regenerado pela misericórdia de Deus. Se não nos sentirmos pecadores necessitados da misericórdia de Deus, melhor seria não ir à missa! Vamos à missa porque queremos receber o perdão de Deus, participar na redenção de Jesus e no seu perdão. Nunca devemos esquecer que a Última Ceia de Jesus teve lugar "na noite em que Ele foi entregue". Naquele pão e naquele vinho que oferecemos e ao redor dos quais nos congregamos, renova-se a dádiva do corpo e do sangue de Cristo, para a remissão dos nossos pecados.

ORAÇÃO

Irmãos, bendizei o Senhor, que em sua bondade nos convida para a mesa do Corpo de Cristo.

6 DE JULHO

uanto a mim, não aconteça gloriar-me senão na cruz de nosso Senhor Jesus Cristo, por quem o mundo está crucificado para mim e eu para o mundo. De resto, nem a circuncisão é alguma coisa, nem a incircuncisão, mas a nova criatura. E a todos os que pautam sua conduta por esta norma, paz e misericórdia sobre eles e sobre o Israel de Deus. Doravante ninguém mais me moleste. Pois eu trago em meu corpo as marcas de Jesus. Irmãos, que a graça de nosso Senhor Jesus Cristo esteja com vosso espírito! Amém. GÁLATAS 6,14-18

Eu digo sempre o que afirmava são Francisco de Assis: Cristo nos convidou a anunciar o Evangelho também com a palavra. A frase é assim: "Anunciai o Evangelho sempre. E, se for necessário, com as palavras". O que significa isso? Anunciar o Evangelho com a autenticidade de vida, com a coerência de vida.

ORAÇÃO

Defendei-me, Senhor: Vós sois o meu refúgio. Digo ao Senhor: "Vós sois o meu Deus". Senhor, porção da minha herança e do meu cálice, está nas Vossas mãos o meu destino.

7 DE JULHO

u, porém, vos digo a vós que me escutais: *amai os vossos inimigos, fazei o bem aos que vos odeiam, bendizei os que vos amaldiçoam, orai por aqueles que vos difamam. A quem te ferir numa face, oferece a outra; a quem te arrebatar a capa, não recuses a túnica.* Lucas 6,27-9

Não se pode medir o amor de Deus: é sem medida! Tornemo-nos então capazes de amar também quem não nos ama: e isto não é fácil. Amar quem não nos ama... Não é fácil! Porque, se sabemos que uma pessoa não gosta de nós, também nós somos levados a não gostar dela. Mas não deve ser assim! Devemos amar também quem não nos ama! Opor-nos ao mal com o bem, perdoar, partilhar, acolher. Graças a Jesus e ao seu Espírito, também a nossa vida se torna "pão partido" pelos nossos irmãos. E vivendo assim descobrimos a verdadeira alegria! A alegria de fazer-se dom, para retribuir o grande dom que recebemos primeiro, sem merecimento nosso. Isto é bom: a nossa vida se faz dom! Isto significa imitar Jesus.

ORAÇÃO

Sondai-me, Senhor, e vede o meu coração, observai a intimidade dos meus pensamentos. Vede que não ande pelo mau caminho, conduzi-me pelo caminho da eternidade.

8 DE JULHO

ste pobre gritou e o Senhor ouviu, salvando-o de suas angústias todas. O anjo do Senhor acampa ao redor dos que o temem, e os liberta. Salmos 34,7-8

É isto que faz o Espírito Santo nos nossos corações: leva-nos a nos sentirmos como crianças no colo do nosso pai. Então, nesse sentido, compreendemos bem que o temor de Deus assume em nós a forma da docilidade, do reconhecimento e do louvor, enchendo de esperança o nosso coração. Com efeito, muitas vezes não conseguimos entender o desígnio de Deus e nos damos conta de que não somos capazes de assegurar sozinhos a nossa felicidade e a vida eterna. Mas é justamente na experiência dos nossos limites e da nossa pobreza que o Espírito nos conforta e nos leva a sentir que a única coisa importante é nos deixarmos conduzir por Jesus para os braços do seu Pai.

ORAÇÃO

Peçamos ao Senhor a graça de unir a nossa voz à dos pobres, para acolher o dom do temor de Deus e poder reconhecer-nos, juntamente com eles, revestidos de misericórdia e de amor a Deus, que é o nosso Pai, o nosso Pai. Assim seja!

9 DE JULHO

le, porém, respondeu a seu pai: *"Há tantos anos que eu te sirvo e jamais transgredi um só dos teus mandamentos, e nunca me deste um cabrito para festejar com meus amigos. Contudo, veio esse teu filho, que devorou teus bens com prostitutas, e para ele matas o novilho cevado!". Mas o pai lhe disse: "Filho, tu estás sempre comigo, e tudo o que é meu é teu. Mas era preciso que festejássemos e nos alegrássemos, pois esse teu irmão estava morto e tornou a viver; ele estava perdido e foi reencontrado!".* Lucas 15,29-32

O pai avista-o ao longe, tinha esperado por ele todos os dias, todos os momentos: sempre esteve no seu coração como filho, apesar de tê-lo deixado e de ter dilapidado todo o patrimônio; com paciência, amor, esperança e misericórdia, o Pai não tinha cessado um instante sequer de pensar nele, e logo que o vê, ainda longe, corre ao seu encontro e o abraça com ternura, sem uma palavra de censura: voltou! Esta é a alegria do pai; naquele abraço ao filho está toda esta alegria! Deus sempre espera por nós, não se cansa. Jesus nos mostra a paciência misericordiosa de Deus, para sempre reencontrarmos confiança, esperança!

ORAÇÃO

Abri meus lábios, ó Senhor, para cantar, e minha boca anunciará Vosso louvor! Meu sacrifício é minha alma penitente, não desprezeis um coração arrependido!

10 DE JULHO

o que lhes responderá o rei: "Em verdade vos digo: cada vez que o fizestes a um desses meus irmãos mais pequeninos, a mim o fizestes". MATEUS 25,40

A Virgem Santa fez da sua existência uma dádiva incessante e inestimável a Deus, porque amava o Senhor. Maria é um exemplo e um estímulo para aqueles que vivem nesta Casa, e para todos nós, a viver a caridade em relação ao próximo, não devido a uma espécie de dever social, mas a partir do amor de Deus, da caridade de Deus. E também — como ouvimos a Madre dizer — Maria é aquela que nos leva a Jesus e nos ensina como ir até Ele; e a Mãe de Jesus é a nossa e forma uma família conosco e com Jesus. Para nós, cristãos, o amor ao próximo nasce do amor de Deus e constitui a sua expressão mais límpida.

ORAÇÃO

Senhor, que fizestes da Virgem Santa Maria a mulher forte, sempre ao lado do seu Filho, concedei-nos também a nós a graça de colaborarmos generosamente na obra da redenção da humanidade. Por Cristo, nosso Senhor.

11 DE JULHO

ele responderá com estas palavras: "Em verdade vos digo: todas as vezes que o deixastes de fazer a um desses pequeninos, foi a mim que o deixastes de fazer". E irão estes para o castigo eterno, enquanto os justos irão para a vida eterna. MATEUS 25,45-6

A imagem utilizada pelo evangelista é a do pastor que separa as ovelhas dos cabritos. À direita são postos aqueles que agiram segundo a vontade de Deus, socorrendo o próximo faminto, estrangeiro, nu, doente e prisioneiro, […] e à esquerda estão os que não socorreram o próximo. Isso nos diz que nós seremos julgados por Deus segundo a caridade, segundo o modo como o tivermos amado nos nossos irmãos, especialmente os mais frágeis e necessitados.

A fé é, antes de tudo, um dom que recebemos. Mas, para que dê fruto, a graça de Deus exige sempre a nossa abertura a Ele, a nossa resposta livre e concreta. Cristo vem nos trazer a misericórdia de Deus que salva. É-nos pedido que confiemos n'Ele, correspondendo ao dom do seu amor com uma vida boa, feita de gestos animados pela fé e pelo amor.

ORAÇÃO

Alimentados pelo pão da imortalidade, nós Vos pedimos, ó Deus, que, gloriando-nos de obedecer na terra aos mandamentos de Cristo, rei do universo, possamos viver com Ele eternamente no reino dos Céus. Por Cristo, nosso Senhor.

12 DE JULHO

esus retirou-se com os seus discípulos a caminho do mar, e uma grande multidão que vinha da Galileia o seguiu. E da Judeia, de Jerusalém, da Transjordânia. Dos arredores de Tiro e de Sidônia, uma grande multidão, ao saber de tudo o que fazia, foi até Ele. E Ele disse a seus discípulos que deixassem um pequeno barco à sua disposição, para que o povo não o apertasse. Pois havia curado muita gente. E todos os que sofriam de alguma enfermidade lançavam-se sobre Ele para tocá-lo. MARCOS 3,7-10

A todos aqueles que estão no sofrimento digo com vigor: nunca percais a esperança! A Igreja está ao vosso lado, acompanha-vos e ampara-vos!

ORAÇÃO

Ó Deus, que mostrais a luz da verdade aos que erram para retomarem o bom caminho, dai a todos os que professam a fé rejeitar o que não convém ao cristão e abraçar tudo o que é digno desse nome. Por nosso Senhor Jesus Cristo, Vosso Filho, na unidade do Espírito Santo.

13 DE JULHO

i então um céu novo e uma nova terra — pois o primeiro céu e a primeira terra se foram, e o mar já não existe.
APOCALIPSE 21,1

A novidade de Deus não é como as inovações do mundo, que são todas provisórias, passam e procuram-se outras sem cessar. A novidade que Deus dá à nossa vida é definitiva; e não apenas no futuro quando estivermos com Ele, mas já hoje: Deus está a fazer novas todas as coisas, o Espírito Santo transforma-nos verdadeiramente e, através de nós, quer transformar também o mundo onde vivemos. Abramos a porta ao Espírito, façamo-nos guiar por Ele, deixemos que a ação contínua de Deus nos torne homens e mulheres novos, animados pelo amor de Deus, que o Espírito Santo nos dá. Como seria belo se cada um de vós pudesse, ao fim do dia, dizer: "Hoje na escola, em casa, no trabalho, guiado por Deus, realizei um gesto de amor por um colega meu, pelos meus pais, por um idoso". Como seria belo!

ORAÇÃO

Ó Deus, que amais e restituís a inocência, orientai para Vós os nossos corações, para que jamais se afastem da luz da verdade os que tirastes das trevas da desgraça. Por nosso Senhor Jesus Cristo, Vosso Filho, na unidade do Espírito Santo.

14 DE JULHO

Vinde *a mim todos os que estais cansados sob o peso do vosso fardo e eu vos darei descanso. Tomai sobre vós o meu jugo e aprendei de mim, porque sou manso e humilde de coração, e encontrareis descanso para vossas almas, pois o meu jugo é suave e o meu fardo é leve.* Mateus 11,28-30

O "jugo" do Senhor consiste em carregar o peso dos outros com amor fraterno. Quando recebemos o alívio e a consolação de Cristo, por nossa vez somos chamados a tornar-nos alívio e consolação para os irmãos, com atitude mansa e humilde, à imitação do Mestre. A mansidão e a humildade do coração nos ajudam não apenas a carregar o fardo dos outros, mas também a não pesar sobre eles com os nossos pontos de vista pessoais, os nossos juízos, as nossas críticas ou a nossa indiferença.

ORAÇÃO

Invoquemos Maria Santíssima, que acolhe sob o seu manto todas as pessoas cansadas e abatidas a fim de que, através de uma fé iluminada e testemunhada na própria vida, possamos servir de alívio para quantos têm necessidade de ajuda, ternura e esperança.

15 DE JULHO

"*Vou-me embora, procurar o meu pai e dizer-lhe: 'Pai, pequei contra o Céu e contra ti; já não sou digno de ser chamado teu filho. Trata-me como um dos teus empregados'." Partiu, então, e foi ao encontro de seu pai. Ele estava ainda ao longe, quando seu pai viu-o, encheu-se de compaixão, correu e lançou-se-lhe ao pescoço, cobrindo-o de beijos. [...] O pai disse aos seus servos: "Ide depressa, trazei a melhor túnica e revesti-o com ela, ponde-lhe um anel no dedo e sandálias nos pés. Trazei o novilho cevado e matai-o; comamos e festejemos, pois este meu filho estava morto e tornou a viver; estava perdido e foi reencontrado!".* Lucas 15,18-23

A contrição é o pórtico do arrependimento, que leva ao Coração de Deus, que nos acolhe e nos oferece mais uma oportunidade, contanto que nos abramos à verdade da penitência e nos deixemos transformar pela sua misericórdia. A Sagrada Escritura fala-nos dela quando descreve a atitude do Bom Pastor, que deixa as noventa e nove ovelhas e vai à procura daquela que está perdida, ou a do Pai bom, que acolhe o filho mais jovem sem recriminações e com o perdão.

ORAÇÃO

Nós pecamos com nossos pais, nós nos desviamos, tornamo-nos ímpios; nossos pais no Egito não compreenderam as tuas maravilhas. Não se lembraram do teu grande amor e se rebelaram contra o Altíssimo, junto ao Mar dos Juncos. Ele os salvou por causa do seu nome, para lhes mostrar a sua proeza.

16 DE JULHO

Nossa Senhora do Monte Carmelo

cab convocou todos os filhos de Israel e reuniu os profetas no monte Carmelo. Elias, aproximando-se de todo o povo, disse: "Até quando claudicareis das duas pernas? Se o Senhor é Deus, segui-o; se é Baal, segui-o". E o povo não lhe pôde dar resposta. 1 REIS 18,20-1

Hoje, talvez mais do que no passado, é fácil deixar-se distrair pelas preocupações e pelos problemas deste mundo e fascinar por falsos ídolos. O nosso mundo está despedaçado de muitos modos, e agora, mais do que nunca, é o momento de redescobrir o caminho interior do amor através da oração e oferecer sabedoria ao povo de hoje no testemunho da contemplação, na pregação e na missão. E, juntamente com a contemplação, a austeridade de vida, que não é um aspecto secundário da vossa vida e do vosso testemunho. É uma tentação muito forte também para vós a de cair na mundanidade espiritual. O espírito do mundo é inimigo da vida de oração: nunca vos esqueçais disto! Exorto-vos a uma vida mais austera e penitente, segundo a vossa tradição mais autêntica, uma vida afastada de qualquer mundanidade, distante dos critérios do mundo.

ORAÇÃO

Venha, Ó Deus, em nosso auxílio a gloriosa intercessão de Nossa Senhora do Carmo, para que possamos, sob sua proteção, subir ao monte que é Cristo.

17 DE JULHO

lhai as aves do céu: não semeiam, nem colhem, nem ajuntam em celeiros. E, no entanto, vosso Pai celeste as alimenta. Ora, não valeis vós mais do que elas? Quem dentre vós, com as suas preocupações, pode acrescentar um só côvado à duração da sua vida? E com a roupa, por que andais preocupados? Aprendei dos lírios do campo, como crescem, e não trabalham e nem fiam. E, no entanto, eu vos asseguro que nem Salomão, em toda sua glória, se vestiu como um deles. MATEUS 6,26-9

Se cada um de nós não acumular riquezas só para si mas as puser a serviço dos outros, neste caso a Providência de Deus torna-se visível neste gesto de solidariedade. Se ao contrário cada um acumular só para si, o que lhe acontecerá quando for chamado por Deus? Não poderá levar as riquezas consigo, porque — sabeis — o sudário não tem bolsos! É melhor partilhar, porque nós só levamos para o Céu aquilo que partilhamos com os outros. O caminho que Jesus indica pode parecer pouco realista em relação à mentalidade comum e aos problemas da crise econômica; mas, se pensarmos bem, reconduz-nos à justa escala de valores.

ORAÇÃO

Deus clemente e compassivo, que velais com cuidado pelos seres humanos e conheceis aquilo que lhes falta, preparai os seus corações para Vos acolherem a Vós mesmos. Por Cristo, nosso Senhor.

18 DE JULHO

ejubila, filha de Sião, solta gritos de alegria, Israel! Alegra-te e exulta de todo coração, filha de Jerusalém! O Senhor revogou a tua sentença, eliminou o teu inimigo, o Senhor, o rei de Israel, está no meio de ti, não verás mais a desgraça. [...] Ele exulta de alegria por tua causa, renovar-te-á por seu amor, ele se regozija por tua causa com gritos de alegria, como nos dias de festa. SOFONIAS 3,14-8

A fé de Maria é o cumprimento da fé de Israel, pois nela está concentrado justamente todo o caminho daquele povo que esperava a redenção, e neste sentido Ela é o modelo da fé da Igreja, que tem como base Cristo, encarnação do amor infinito de Deus. Maria viveu esta fé na simplicidade dos numerosos trabalhos e preocupações de mãe, como cuidar da comida, da roupa, dos afazeres de casa... O "sim" de Maria, já perfeito desde o início, cresceu até à hora da Cruz. Ali a sua maternidade dilatou-se, abarcando a vida de cada um de nós para nos orientar rumo ao seu Filho. Maria viveu sempre imersa no mistério do Deus que se fez homem, como sua primeira e perfeita discípula, meditando à luz do Espírito Santo para compreender e pôr em prática toda a vontade de Deus.

ORAÇÃO

Peçamos ao Senhor que nos conceda a sua graça, a sua força, a fim de que na nossa vida e na existência de cada comunidade eclesial se reflita o modelo de Maria, Mãe da Igreja. Assim seja!

19 DE JULHO

Quanto a mim, não aconteça gloriar-me senão na cruz de Nosso Senhor Jesus Cristo, por quem o mundo está crucificado para mim e eu para o mundo. GÁLATAS 6,14

De onde começa o caminho de Francisco para Cristo? Começa do olhar de Jesus na Cruz. Deixar-se olhar por Ele no momento em que dá a vida por nós e nos atrai para Ele. Francisco fez esta experiência, de um modo particular, na pequena igreja de são Damião, rezando diante do crucifixo, que poderei também eu venerar hoje. Naquele crucifixo, Jesus não se apresenta morto, mas vivo! O sangue escorre das feridas das mãos, dos pés e do peito, mas aquele sangue exprime vida. Jesus não tem os olhos fechados, mas abertos, bem abertos: um olhar que fala ao coração. E o Crucifixo não nos fala de derrota, de fracasso; paradoxalmente nos fala de uma morte que é vida, que gera vida, porque nos fala de amor, porque é o Amor de Deus encarnado, e o Amor não morre, antes derrota o mal e a morte. Quem se deixa olhar por Jesus crucificado fica recriado, torna-se uma "nova criatura". E daqui tudo começa: é a experiência da Graça que transforma, de sermos amados sem mérito algum, até sendo pecadores.

ORAÇÃO

Voltamo-nos para ti, Francisco, e te pedimos: ensina-nos a permanecer diante do Crucifixo, a deixar-nos olhar por Ele, a deixar-nos perdoar, recriar pelo seu amor.

20 DE JULHO

artiu então o oficial do templo com seus subalternos e trouxe os apóstolos, mas sem violência, porque temiam ser apedrejados pelo povo. [...] O sumo sacerdote os interpelou: "Expressamente vos ordenamos que não ensinásseis nesse nome. No entanto, enchestes Jerusalém com a vossa doutrina, querendo fazer recair sobre nós o sangue desse homem!". Atos dos Apóstolos 5,26-8

Onde os discípulos encontravam a força para este seu testemunho? De onde lhes sobrevinham a alegria e a coragem do anúncio, não obstante os obstáculos e as violências? Como conseguiram, hostilizados pelas autoridades, encher Jerusalém com o seu ensinamento? É claro que só a presença do Senhor ressuscitado entre eles e a ação do Espírito Santo podem explicar esse acontecimento. Sua fé se baseava numa experiência tão forte e pessoal de Cristo morto e ressuscitado, que não tinham medo de nada e de ninguém e chegavam a ver as perseguições como um motivo de honra, que lhes permitia seguir os passos de Jesus, testemunhando com a própria vida.

ORAÇÃO

Oremos de maneira particular pelos cristãos que padecem perseguições; nesta época há muitos cristãos que sofrem perseguições, numerosos, em tantos países: rezemos por eles, com amor, com o nosso coração. Que eles sintam a presença viva e confortadora do Senhor ressuscitado.

21 DE JULHO

onra teu pai e tua mãe, para que se prolonguem os teus dias na terra que o Senhor, teu Deus, te dá. ÊXODO 20,12

Não há futuro para o povo sem esse encontro entre as gerações, sem que os filhos recebam com reconhecimento o testemunho da vida das mãos dos próprios pais. E no contexto desse reconhecimento por aqueles que te transmitiram a vida encontra-se também o reconhecimento pelo Pai, que está nos Céus.

ORAÇÃO

Ó Deus eterno e todo-poderoso, que nos concedeis no Vosso imenso amor de Pai mais do que merecemos e pedimos, derramai sobre nós a Vossa misericórdia, perdoando o que nos pesa na consciência e dando-nos mais do que ousamos pedir. Por nosso Senhor Jesus Cristo, Vosso Filho, na unidade do Espírito Santo.

22 DE JULHO

Santa Maria Madalena

ra, tendo ressuscitado na madrugada do primeiro dia da semana, Ele apareceu primeiro a Maria Madalena, de quem havia expulsado sete demônios. Ela foi anunciá-lo àqueles que tinham estado em companhia dele e que estavam aflitos e choravam. Eles, ouvindo que Ele estava vivo e que fora visto por ela, não creram. Marcos 16,9-11

Nas profissões de fé do Novo Testamento, como testemunhas da Ressurreição, são recordados apenas homens, os apóstolos, mas não as mulheres. Segundo a lei judaica daquela época, as mulheres e as crianças não podiam dar um testemunho confiável. Nos Evangelhos, ao contrário, as mulheres desempenham um papel fundamental: as primeiras testemunhas são elas. Isto diz que Deus não escolhe segundo os critérios humanos: as primeiras testemunhas do nascimento de Jesus são os pastores, pessoas simples e humildes; as primeiras testemunhas da Ressurreição são as mulheres. Esta é de certa forma a missão das mães e mulheres: dar testemunho aos filhos e aos netos de que Jesus está vivo, é o Vivente, ressuscitou.

ORAÇÃO

Ó Deus, o Vosso Filho confiou à Maria Madalena o primeiro anúncio da alegria pascal; dai-nos, por suas preces e a seu exemplo, anunciar também que Cristo vive e contemplá-lo na glória de seu reino.

23 DE JULHO

rocurai *o Senhor enquanto pode ser achado, invocai-o enquanto está perto. Abandone o ímpio o seu caminho, e o homem mau os seus pensamentos, e volte para o Senhor, pois terá compaixão dele, e para o nosso Deus, porque é rico em perdão.* Isaías 55,6-7

Não nos cansemos de procurar o Senhor — de nos deixar buscar por Ele —, de cuidar da nossa relação com Ele no silêncio e na escuta em oração. Mantenhamos fixo o nosso olhar sobre Ele, centro do tempo e da história; reservemos espaço à sua presença em nós; Ele é o princípio e o fundamento que cobre de misericórdia as nossas debilidades e tudo transfigura e renova; Ele é aquilo que de mais precioso somos chamados a oferecer à nossa gente, caso contrário acabaremos por deixá-lo à mercê de uma sociedade da indiferença, senão mesmo do desespero.

ORAÇÃO

Vinde ao nosso encontro, Senhor Jesus, e habitai no interior do nosso coração para cantarmos a bondade da Vossa lei e a justiça da Vossa salvação. Vós que sois Deus com o Pai na unidade do Espírito Santo.

24 DE JULHO

s judeus pedem sinais, e os gregos andam em busca de sabedoria; nós, porém, anunciamos Cristo crucificado, que para os judeus é escândalo, para os gentios é loucura.
1 Coríntios 1,22-3

Nunca desanimem, não percam a confiança, não deixem que se apague a esperança. A realidade pode mudar, o homem pode mudar. Procurem ser vocês os primeiros a praticarem o bem, a não se acostumarem ao mal, mas a vencê-lo com o bem. A Igreja está ao lado de vocês, trazendo-lhes o bem precioso da fé, de Jesus Cristo, que veio "para que todos tenham vida, e vida em abundância".

ORAÇÃO

Senhor, Tu deixaste no meio de nós tua Mãe para que nos acompanhasse. Que Ela cuide de nós e nos proteja o nosso caminho, o nosso coração, a nossa fé. Que nos faça discípulos como Ela o foi, e missionários como Ela o foi também. Que nos ensine a sair pelas estradas. Que nos ensine a sair de nós mesmos.

Benzemos esta imagem, Senhor, que vai percorrer o país. Que Ela, com a sua mansidão, a sua paz, nos indique o caminho.

Senhor, Tu és um escândalo! Tu és um escândalo: o escândalo da Cruz. Uma Cruz que é humildade, mansidão; uma Cruz que nos fala da proximidade de Deus. Benzemos também esta imagem da Cruz que percorrerá o país.

Muito obrigado! Vemo-nos nestes dias. Que Deus lhes abençoe. Rezem por mim. Não se esqueçam!

25 DE JULHO

eixa-me ver tua face, deixa-me ouvir tua voz, pois tua face é tão formosa e tão doce a tua voz! Cântico 2,14

O amor de Deus tem um nome e um rosto: Jesus Cristo, Jesus. O amor de Deus manifesta-se em Jesus. Pois nós não podemos amar o ar... Amamos o ar? Amamos o todo? Não, não se pode, nós amamos as pessoas, e a pessoa que amamos é Jesus, o dom do Pai entre nós. Trata-se de um amor que confere valor e beleza a todo o resto; um amor que dá força à família, ao trabalho, ao estudo, à amizade, à arte e a cada obra humana. E dá sentido também às experiências negativas, porque esse amor nos permite ir além dessas experiências, ir mais além, sem permanecermos prisioneiros do mal, mas nos impele além, abrindo-nos sempre à esperança.

ORAÇÃO

Assim como a corça suspira pelas águas correntes, suspira igualmente minh'alma por Vós, ó meu Deus! Minha alma tem sede de Deus e deseja o Deus vivo. Quando terei a alegria de ver a face de Deus?

26 DE JULHO

ortanto, que o pecado não impere mais em vosso corpo mortal, sujeitando-vos às suas paixões; nem entregueis vossos membros, como armas de injustiça, ao pecado; pelo contrário, oferecei-vos a Deus como vivos provindos dos mortos e oferecei vossos membros como armas de justiça a serviço de Deus. E o pecado não vos dominará, porque não estais debaixo da Lei, mas sob a graça. ROMANOS 6,12-4

O apóstolo Paulo terminava este trecho da sua carta aos nossos antepassados com as seguintes palavras: "Já não estais sob a Lei, mas sob a graça". E esta é a nossa vida: caminhar sob a graça, porque o Senhor nos amou, nos salvou, nos perdoou. Nós estamos caminhando sob a graça de Deus, que veio entre nós em Jesus Cristo, que nos salvou. Mas o que significa "viver sob a graça"? É a nossa alegria, é a nossa liberdade. Nós somos livres. Por quê? Porque vivemos sob a graça. Já não somos escravos da Lei: somos livres porque Jesus Cristo nos libertou, nos deu a liberdade, aquela liberdade plena de filhos de Deus, que vivemos sob a graça. Isso é um tesouro.

ORAÇÃO

Deus, protetor dos que em Vós esperam, sem Vós nada tem valor, nada é santo. Multiplicai sobre nós a Vossa misericórdia, para que, conduzidos por Vós, usemos de tal modo os bens temporais que possamos aderir desde já aos bens eternos. Por nosso Senhor Jesus Cristo, Vosso Filho, que é Deus convosco, na unidade do Espírito Santo.

27 DE JULHO

Senhor lhe apareceu no Carvalho de Mambré, quando ele estava sentado na entrada da tenda, no maior calor do dia. Tendo levantado os olhos, eis que viu três homens de pé, perto dele; logo que os viu, correu da entrada da tenda ao seu encontro e se prostrou por terra. E disse: "Meu senhor, eu te peço, se encontrei graça a teus olhos, não passes junto de teu servo sem te deteres. Traga-se um pouco de água e vos lavareis os pés, e vos estendereis sob a árvore. Trarei um pedaço de pão e vos reconfortareis o coração antes de irdes mais longe; foi para isso que passastes junto de vosso servo!". Eles responderam: "Faze, pois, como disseste". GÊNESIS 18,1-5

Somente a beleza de Deus pode atrair. O caminho de Deus é o encanto que atrai. Deus faz-se levar para casa. Ele desperta no homem o desejo de guardá-lo em sua própria vida, na própria casa, em seu coração. A nossa missão de Igreja missionária nasce dessa fascinação divina, dessa maravilha do encontro. Penso nos pescadores que chamam seus vizinhos para verem o mistério da Virgem. Sem a simplicidade do seu comportamento, a nossa missão estaria fadada ao fracasso.

ORAÇÃO

É Deus quem me ajuda, é o Senhor quem defende a minha vida. Senhor, de todo o coração hei de Vos oferecer o sacrifício e dar graças ao Vosso nome, porque Sois bom.

28 DE JULHO

voz do meu amado! Vejam: vem correndo pelos montes, saltitando nas colinas! Como um gamo é meu amado... Um filhote de gazela. Ei-lo postando-se atrás da nossa parede, espiando pelas grades, espreitando da janela. Fala o meu amado, e me diz: "Levanta-te, minha amada, formosa minha, vem a mim!". CÂNTICO 2,8-10

Escuta de Deus que nos fala e escuta também da realidade cotidiana, atenção às pessoas, aos acontecimentos, porque o Senhor está à porta da nossa vida e bate de muitos modos, lançando sinais ao longo do nosso caminho; dá-nos a capacidade de vê-los. Maria é a Mãe da escuta, da escuta atenta de Deus e da escuta igualmente atenta dos acontecimentos da vida.

ORAÇÃO

Senhor nosso Deus, concedei-nos sempre saúde de alma e corpo e fazei que, pela intercessão da Virgem Maria, libertos das tristezas presentes, gozemos as alegrias eternas. Por nosso Senhor Jesus Cristo, Vosso Filho, na unidade do Espírito Santo.

29 DE JULHO

Senhor te abençoe e te guarde! O Senhor faça resplandecer o seu rosto sobre ti e te seja benigno! O Senhor mostre para ti a sua face e te conceda a paz! NÚMEROS 6,24-6

A bênção que Deus sugerira a Moisés, para que a ensinasse a Aarão e seus filhos, são palavras que dão força, coragem e esperança; não uma esperança ilusória, assente em frágeis promessas humanas, nem uma esperança ingênua que imagina melhor o futuro simplesmente porque é futuro. Essa esperança tem a sua razão de ser justamente na bênção de Deus; uma bênção que contém os votos maiores, os votos da Igreja para cada um de nós, repletos da proteção amorosa do Senhor, da sua ajuda providente. Os votos contidos nesta bênção realizaram-se plenamente numa mulher, Maria, enquanto destinada a tornar-se a Mãe de Deus, e realizaram-se nela antes de toda a criatura. Mãe de Deus: este é o título principal e essencial de Nossa Senhora. Trata-se duma qualidade, duma função que a fé do povo cristão, na sua terna e genuína devoção à Mãe celeste, desde sempre lhe reconheceu.

ORAÇÃO

Santa Maria, Mãe de Deus, rogai por nós, pecadores, agora e na hora de nossa morte.

30 DE JULHO

odos os que tinham abraçado a fé reuniam-se e punham tudo em comum: vendiam suas propriedades e bens, e dividiam-nos entre todos, segundo as necessidades de cada um. Dia após dia, unânimes, mostravam-se assíduos no templo e partiam o pão pelas casas, tomando o alimento com alegria e simplicidade de coração. Louvavam a Deus e gozavam da simpatia de todo o povo. E o Senhor acrescentava cada dia ao seu número os que seriam salvos. Atos dos Apóstolos 2,44-7

Ainda hoje alguns dizem: "Cristo sim, a Igreja não". Como aqueles que dizem: "Creio em Deus, mas não nos sacerdotes". É a Igreja que nos traz Cristo e que nos leva a Deus; a Igreja é a grande família dos filhos de Deus. Sem dúvida, ela também tem aspectos humanos; naqueles que a compõem, pastores e fiéis, existem defeitos, imperfeições e pecados; e é bom saber que, quando nos damos conta que somos pecadores, encontramos a misericórdia de Deus, que perdoa sempre. Não esqueçais: Deus perdoa sempre e nos recebe no seu amor de perdão e de misericórdia. Alguns dizem que o pecado é uma ofensa a Deus, mas é também uma oportunidade de humilhação, para nos darmos conta de que existe algo melhor: a misericórdia de Deus.

ORAÇÃO

Peçamos ao Senhor, de modo totalmente especial neste Ano da Fé [2013], que as nossas comunidades, a Igreja inteira, sejam famílias cada vez mais autênticas que vivem e transmitem o entusiasmo de Deus.

31 DE JULHO

Santo Inácio de Loyola
(fundador da Companhia de Jesus)

a quarta vigília da noite, ele dirigiu-se a eles, caminhando sobre o mar. Os discípulos, porém, vendo que caminhava sobre o mar, ficaram atemorizados e diziam: "É um fantasma!". E gritaram de medo. Mas Jesus lhes disse logo: "Tende confiança, sou eu, não tenhais medo". Pedro, interpelando-o, disse: "Senhor, se és tu, manda que eu vá ao teu encontro sobre as águas". E Jesus respondeu: "Vem". Descendo do barco, Pedro caminhou sobre as águas e foi ao encontro de Jesus. Mas, sentindo o vento, ficou com medo e, começando a afundar, gritou: "Senhor, salva-me!". Jesus estendeu a mão prontamente e o segurou, repreendendo-o: "Homem fraco na fé, por que duvidaste?". MATEUS 14,25-31

Seguindo aquilo que nos ensina santo Inácio, devemos buscar a magnanimidade, esta virtude dos grandes e dos pequenos que nos faz fitar sempre o horizonte! Isso significa ter grandeza de coração, espírito e de ideais; desejar realizar maravilhas para responder àquilo que Deus nos pede e, por isso, realizar bem as atividades de cada dia, todos os trabalhos cotidianos, os compromissos, os encontros com as pessoas; cumprir as pequenas tarefas de cada dia com um coração grande, aberto a Deus e ao próximo.

ORAÇÃO

Ó Deus, que suscitastes em Vossa Igreja santo Inácio de Loyola para propagar a maior glória do Vosso nome, fazei que, auxiliados por ele, imitemos seu combate na terra, para partilharmos no Céu sua vitória.

1º DE AGOSTO

as vossas orações não useis de vãs repetições, como os gentios, porque imaginam que é pelo palavreado excessivo que serão ouvidos. Não sejais como eles, porque o vosso Pai sabe do que tendes necessidade antes de lho pedirdes. Portanto, orai desta maneira: Pai nosso que estás nos céus, santificado seja o teu Nome, venha o teu Reino, seja feita a tua Vontade na terra, como no céu. O pão nosso de cada dia dá-nos hoje. E perdoa-nos as nossas dívidas como também nós perdoamos aos nossos devedores. E não nos exponhas à tentação mas livra-nos do Maligno. MATEUS 6,7-13

Viver o Batismo até ao fundo significa também *não se habituar com as situações de degradação e de miséria* que encontramos, quando caminhamos pelas ruas das nossas cidades e dos nossos povoados. Habituamo-nos com a violência, como se ela fosse uma notícia diária normal; acostumamo-nos com os irmãos e as irmãs que dormem ao relento. Habituamo-nos com os refugiados em busca de liberdade e de dignidade, que não são acolhidos como deveriam. Acostumamo-nos com uma sociedade que pretende viver sem Deus, na qual os pais já não ensinam aos seus filhos a rezar, nem sequer a fazer o Sinal da Cruz. Esta dependência de comportamentos não cristãos, cômodos, narcotiza o nosso coração!

ORAÇÃO

Ouvi, Senhor, a voz da minha súplica. Vós Sois o meu refúgio: não me abandoneis, meu Deus, meu Salvador.

2 DE AGOSTO

videntemente, sois uma carta de Cristo, entregue ao nosso ministério, escrita não com tinta, mas com o Espírito de Deus vivo, não em tábuas de pedra, mas em tábuas de carne, nos corações! Tal é a certeza que temos, graças a Cristo, diante de Deus. [...] Foi ele quem nos tornou aptos para sermos ministros de uma Aliança nova, não da letra, e sim do Espírito, pois a letra mata, mas o Espírito comunica a vida. 2 Coríntios 3,3-6

Os Dez Mandamentos indicam um caminho de liberdade, que encontra a sua plenitude na lei do Espírito, inscrita não em tábuas de pedra, mas no coração! Não devemos ver os Dez Mandamentos como uma censura, e sim considerá-los como indicações para a liberdade, porque nos ensinam a evitar a escravidão à qual os numerosos ídolos que nós mesmos construímos nos reduzem. Eles nos ensinam a nos abrir a uma dimensão mais ampla do que a material; a viver o respeito pelas pessoas, vencendo a avidez de poder, de posse e de dinheiro; a preservar a Criação inteira e a alimentar o nosso planeta com ideais elevados, nobres, espirituais.

ORAÇÃO

A Virgem Maria nos ajude a sermos dóceis ao Espírito Santo, para que saibamos estimar-nos reciprocamente e convergir cada vez mais profundamente na fé e na caridade, mantendo o coração aberto às necessidades dos irmãos.

3 DE AGOSTO

ão se perturbe o vosso coração! Credes em Deus, crede também em mim. Na casa de meu Pai há muitas moradas. Se não fosse assim, eu vos teria dito, pois vou preparar-vos um lugar, e quando eu me for e vos tiver preparado um lugar, virei novamente e vos levarei comigo, a fim de que, onde eu estiver, estejais vós também. E para onde vou, conheceis o caminho. Tomé lhe diz: "Senhor, não sabemos para onde vais. Como podemos conhecer o caminho?". Diz-lhe Jesus: "Eu sou o Caminho, a Verdade e a Vida. Ninguém vem ao Pai a não ser por mim". João 14,1-6

A mãe Igreja ensina a sermos próximos de quem está abandonado e morre sozinho. Assim fez a beata Teresa pelas estradas de Calcutá; assim fizeram tantos cristãos que não têm medo de apertar a mão a quem está para deixar este mundo. E também aqui a misericórdia doa a paz a quem parte e a quem fica, fazendo-nos sentir que Deus é maior do que a morte, e que permanecendo Nele também a última separação é um "adeus"… Tinha compreendido bem isso a beata Teresa! Diziam-lhe: "Madre, isso é perder tempo!". Encontrava pessoas moribundas pela estrada, pessoas às quais os ratos de rua começavam a comer o corpo, e ela as levava para casa para que morressem limpas, tranquilas, acariciadas, em paz. Ela lhes dava o "adeus", a todas elas…

ORAÇÃO

Bendigamos ao Senhor, que, pela Ressurreição de seu Filho, nos fez renascer para uma esperança viva.

4 DE AGOSTO

, *dizendo tais coisas, Jesus caminhava à frente, subindo para Jerusalém.* Lucas 19,28

Isto é uma coisa que impressiona nos Evangelhos: Jesus caminha muito e instrui os seus discípulos ao longo do caminho. Jesus não veio para ensinar uma filosofia, uma ideologia... Mas um "caminho", uma estrada que se deve percorrer com Ele; e aprende-se a estrada percorrendo-a, caminhando. Sim, queridos irmãos, esta é a nossa alegria: caminhar com Jesus. E isso não é fácil, não é cômodo, porque a estrada que Jesus escolhe é o caminho da Cruz. Enquanto estão a caminho, fala aos seus discípulos do que lhe acontecerá em Jerusalém: preanuncia a sua Paixão, Morte e Ressurreição. E eles ficam "surpreendidos" e "cheios de medo". Mas nós, ao contrário dos discípulos de então, sabemos que Jesus venceu e não deveríamos ter medo da Cruz; pelo contrário, é na Cruz que está a nossa esperança.

ORAÇÃO

Serás profeta do Altíssimo, ó menino, pois irás andando à frente do Senhor para aplainar e preparar os seus caminhos, anunciando ao seu povo a salvação, que está na remissão de seus pecados, pela bondade e compaixão de nosso Deus, que sobre nós fará brilhar o Sol nascente, para iluminar a quantos jazem entre as trevas e na sombra da morte estão sentados e para dirigir os nossos passos, guiando-os no caminho da paz.

5 DE AGOSTO

Aproximando-se do povoado para onde iam, Jesus simulou que ia mais adiante. Eles, porém, insistiram, dizendo: "Permanece conosco, pois cai a tarde e o dia já declina". [...] E, uma vez à mesa com eles, tomou o pão, abençoou-o, depois partiu-o e distribuiu-o a eles. Então seus olhos se abriram e o reconheceram; ele, porém, ficou invisível diante deles. E disseram um ao outro: "Não ardia o nosso coração quando ele nos falava pelo caminho, quando nos explicava as Escrituras?". Lucas 24,28-32

No âmbito da sociedade, há somente uma coisa que a Igreja pede com particular clareza: a liberdade de anunciar o Evangelho de modo integral, mesmo quando ele está em contraste com o mundo, defendendo o tesouro de que é somente guardiã e os valores dos quais não pode livremente dispor, mas que recebeu e deve ser-lhes fiel. A Igreja tem o direito e o dever de manter acesa a chama da liberdade e da unidade do homem.

ORAÇÃO

Que a Virgem Imaculada Aparecida seja a estrela que ilumina o caminho e o compromisso de vocês levarem Cristo, como Ela o fez, a cada homem e cada mulher de seu imenso país. Será Ele, como fez com os dois discípulos extraviados e desiludidos de Emaús, a aquecer o coração e a dar nova e segura esperança.

6 DE AGOSTO
FESTA DA TRANSFIGURAÇÃO DO SENHOR

Seis dias depois, Jesus tomou Pedro, Tiago e seu irmão João, e os levou para um lugar à parte, sobre uma alta montanha. E ali foi transfigurado diante deles. O seu rosto resplandeceu como o sol e as suas vestes tornaram-se alvas como a luz. [...] Uma nuvem luminosa os cobriu com a sua sombra e uma voz, que saía da nuvem, disse: "Este é o meu Filho amado, em quem *me comprazo, ouvi-o!". Os discípulos, ouvindo a voz, muito assustados, caíram com o rosto no chão. Jesus chegou perto deles e, tocando-os, disse: "Levantai-vos e não tenhais medo". Erguendo os olhos, não viram ninguém: Jesus estava sozinho.* MATEUS 17,1-8

Na oração, "subimos ao monte" num espaço de silêncio, nos reencontramos conosco e ouvimos melhor a voz do Senhor. Mas não podemos permanecer ali! O encontro com Deus na oração nos estimula a "descer do monte", para a planície, onde tantos irmãos estão sobrecarregados por doenças, injustiças, pobreza material e espiritual. Somos chamados a levar a esses irmãos os frutos da experiência com Deus, e partilhar a graça recebida. A Palavra de Cristo só cresce em nós quando a oferecemos aos outros! É esta a vida cristã.

ORAÇÃO

E dirijamo-nos agora à nossa Mãe Maria, e nos recomendemos à sua guia para prosseguir com fé e generosidade aprendendo a "subir" um pouco mais com a oração e a ouvir Jesus, e a "descer" com a caridade fraterna, anunciando Jesus.

7 DE AGOSTO

 e novo, Jesus lhes falava: "Eu sou a luz do mundo. Quem me segue não andará nas trevas, mas terá a luz da vida".
João 8,12

Francisco, filho de um comerciante rico de Assis: o encontro com Jesus levou-o a despojar-se de uma vida cômoda e despreocupada, para desposar a "Senhora Pobreza" e viver como verdadeiro filho do Pai que está nos céus. Esta escolha, feita por são Francisco, constituía uma maneira radical de imitar a Cristo, de se revestir d'Aquele que, sendo rico, Se fez pobre para nos enriquecer por meio da sua pobreza. Em toda a vida de Francisco, o amor pelos pobres e a imitação de Cristo pobre são dois elementos indivisivelmente unidos, as duas faces de uma mesma moeda. De que são Francisco nos dá testemunho, hoje? Que nos diz ele, não com as palavras — isso é fácil —, mas com a vida? A primeira coisa que nos diz, a realidade fundamental de que nos dá testemunho, é esta: ser cristão é uma relação vital com a pessoa de Jesus, é revestir-se d'Ele, é assimilação a Ele.

ORAÇÃO

Senhor, meu coração não se eleva, nem meus olhos se alteiam; não ando atrás de grandezas, nem de maravilhas que me ultrapassam. Não! Fiz calar e repousar meus desejos, como criança desmamada no colo de sua mãe, como criança desmamada estão em mim meus desejos. Israel, põe tua esperança no Senhor, desde agora e para sempre!

8 DE AGOSTO

um o Espírito dá a mensagem de sabedoria, a outro, a palavra de ciência segundo o mesmo Espírito; a outro o mesmo Espírito dá a fé; a outro ainda o único e mesmo Espírito concede o dom das curas; a outro, o poder de fazer milagres; a outro, a profecia; a outro, o discernimento dos espíritos; a outro, o dom de falar em línguas, a outro ainda, o dom de as interpretar. Mas é o único e mesmo Espírito que isso tudo realiza, distribuindo a cada um os seus dons, conforme lhe apraz. 1 Coríntios 12,8-11

A Igreja, na multiplicidade e na riqueza dos seus componentes e das suas atividades, não encontra a sua segurança nos instrumentos humanos. A Igreja é de Deus, tem confiança na sua presença e na sua ação, enquanto leva ao mundo o poder de Deus, que é o do amor.

ORAÇÃO

Senhor, que aos famintos saciai de bens celestes, lembrai-Vos de Vossa misericórdia e concedei à nossa pobreza tornar-se rica de Vossos dons. Por nosso Senhor Jesus Cristo, Vosso Filho, na unidade do Espírito Santo.

9 DE AGOSTO

lias teve medo; levantou-se e partiu para salvar a vida. […] Quanto a ele, fez pelo deserto a caminhada de um dia e foi sentar-se debaixo de um junípero. Pediu a morte, dizendo: "Agora basta, Senhor! Retira-me a vida, pois não sou melhor que meus pais". Deitou-se e dormiu debaixo do junípero. Mas eis que um Anjo o tocou e disse-lhe: "Levanta-te e come". Abriu os olhos e eis que, à sua cabeceira, havia um pão cozido sobre pedras quentes e um jarro de água. Comeu, bebeu e depois tornou a deitar-se. Mas o Anjo do Senhor veio pela segunda vez, tocou-o e disse: "Levanta-te e come, pois do contrário o caminho te será longo demais". 1 Reis 19,3-7

Caminhar é uma arte, porque, se caminhamos sempre acelerados, cansamo-nos e não podemos chegar ao fim do caminho. Mas, se paramos e não caminhamos, também não chegamos ao fim. Para caminhar é preciso fixar o horizonte, pensando *aonde* quero ir, mas é também suportar o cansaço do caminho. E, muitas vezes, o caminho é difícil. Não tenhais medo dos fracassos e das quedas. Na arte de caminhar, o que importa não é tanto não cair, e sim não "permanecer caído": levantar-se depressa e continuar a caminhar.

ORAÇÃO

Lembrai-Vos, Senhor, da Vossa aliança, não esqueçais para sempre a vida dos Vossos fiéis. Levantai-Vos, Senhor, defendei a Vossa causa, escutai a voz daqueles que Vos procuram.

10 DE AGOSTO

Que o Senhor te abençoe de Sião, e verás a prosperidade de Jerusalém todos os dias de tua vida; e verás os filhos de teus filhos. Paz sobre Israel! Salmos 128,5-6

A velhice é um tempo de graça, no qual o Senhor nos renova a sua chamada: chama-nos a guardar e transmitir a fé; a rezar, especialmente a interceder; chama-nos a sermos solidários com os necessitados... Aos avós, que receberam a bênção de ver os filhos dos filhos, está confiada uma grande tarefa: transmitir a experiência da vida, a história da família e da comunidade; partilhar, com simplicidade, uma sabedoria e a própria fé, que é a herança mais preciosa! Felizes aquelas famílias que têm perto os avós! Nos países onde houve a cruel perseguição religiosa — penso, por exemplo, na Albânia —, foram os avós que levaram as crianças para ser batizadas às escondidas, foram os avós que lhes deram a fé. Valentes! Foram valentes na perseguição e salvaram a fé naqueles países! Um povo que não guarda os avós e não os trata bem é um povo que não tem futuro! Porque perde a memória e se separa das próprias raízes.

ORAÇÃO

O justo brota como a palmeira, cresce como um cedro no Líbano. Plantados na casa do Senhor, brotam nos átrios do nosso Deus. Eles dão fruto mesmo na velhice, são cheios de seiva e verdejantes, para anunciar que o Senhor é reto: meu rochedo, nele não há injustiça.

11 DE AGOSTO

ós sois o sal da terra. Ora, se o sal se tornar insosso, com que o salgaremos? Para nada mais serve, senão para ser lançado fora e pisado pelos homens. Vós sois a luz do mundo. Não se pode esconder uma cidade situada sobre um monte. Nem se acende uma lâmpada e se coloca debaixo do alqueire, mas no candelabro, e assim ela brilha para todos os que estão na casa. Brilhe do mesmo modo a vossa luz diante dos homens, para que, vendo as vossas boas obras, eles glorifiquem vosso Pai que está nos céus. MATEUS 5,13-6

A Igreja não é um movimento político, nem uma estrutura bem organizada. Não somos uma ONG e, quando a Igreja se torna uma ONG, não passa de uma organização vazia. Nesse ponto, sede sagazes, porque o diabo nos engana; há o perigo do eficientismo. Uma coisa é pregar Jesus, outra é a eficácia, sermos eficientes. Fundamentalmente, o valor da Igreja é viver o Evangelho e dar testemunho da nossa fé. A Igreja é sal da terra, é luz do mundo; é chamada a tornar presente na sociedade o fermento do Reino de Deus; e o faz, antes de mais nada, por meio do seu testemunho: o testemunho do amor fraterno, da solidariedade, da partilha.

ORAÇÃO

Senhor, nosso Deus e nosso Pai, que no corpo do Vosso Filho feito homem construístes o templo da vossa glória, transformai a nossa oração comum em fonte de bênção para a humanidade.

12 DE AGOSTO

ois que o seu divino poder nos deu todas as condições necessárias para a vida e para a piedade, mediante o conhecimento daquele que nos chamou pela sua própria glória e virtude. [...] Por isto mesmo, aplicai toda a diligência em juntar à vossa fé a virtude, à virtude o conhecimento, ao conhecimento o autodomínio, ao autodomínio a perseverança, à perseverança a piedade, à piedade o amor fraternal e ao amor fraternal a caridade. 2 PEDRO 1,3-7

A piedade, um dos dons do Espírito Santo, muitas vezes é mal entendido ou considerado de modo superficial. É necessário esclarecer que esse dom não corresponde à compaixão por alguém, à piedade pelo próximo, mas indica o nosso pertencimento a Deus e o nosso vínculo profundo com Ele, um elo que dá sentido a toda a nossa vida e que nos mantém firmes, em comunhão com Ele, até nos momentos mais difíceis e atormentados. Trata-se de *uma relação vivida com o coração:* é a nossa amizade com Deus que nos foi concedida por Jesus, que transforma nossa vida e nos enche de entusiasmo e alegria.

ORAÇÃO

Peçamos ao Senhor que a dádiva do seu Espírito possa vencer o nosso temor, as nossas incertezas e até o nosso espírito irrequieto, impaciente, e possa nos tornar testemunhas jubilosas de Deus e do seu amor, adorando o Senhor na verdade e também no serviço ao próximo com mansidão e com o sorriso que o Espírito Santo sempre nos proporciona, na alegria.

13 DE AGOSTO

om efeito, eu mesmo recebi do Senhor o que vos transmiti: na noite em que foi entregue, o Senhor Jesus tomou o pão e, depois de dar graças, partiu-o e disse: "Isto é o meu corpo, que é para vós; fazei isto em memória de mim". Do mesmo modo, após a ceia, também tomou o cálice, dizendo: "Este cálice é a nova Aliança em meu sangue; todas as vezes que dele beberdes, fazei-o em memória de mim". Todas as vezes, pois, que comeis desse pão e bebeis desse cálice, anunciais a morte do Senhor até que ele venha. 1 Coríntios 11,23-6

Que a Santa Missa não seja para nós uma rotina superficial! Bebamos cada vez mais na sua profundidade! É ela que nos insere na imensa obra de salvação de Cristo, que apura a nossa vista espiritual para vislumbrarmos o seu amor: a sua "profecia em curso" com a qual, no Cenáculo, deu início ao sacrifício de si mesmo na Cruz; a sua vitória irrevogável sobre o pecado e a morte, que nós anunciamos com orgulho e de maneira jubilosa.

ORAÇÃO

Canta, minha língua, este mistério do corpo glorioso e do sangue precioso que, do fruto de um ventre generoso, o Rei das nações derramou, como preço da redenção do mundo.

14 DE AGOSTO

as Jesus lhes disse: *"Não é preciso que vão embora. Dai-lhes vós mesmos de comer".* Ao que os discípulos responderam: *"Só temos aqui cinco pães e dois peixes".* Disse Jesus: *"Trazei-os aqui".* E, tendo mandado que as multidões se acomodassem na grama, tomou os cinco pães e os dois peixes, elevou os olhos ao céu e abençoou. Em seguida, partindo os pães, deu-os aos discípulos, e os discípulos às multidões. Todos comeram e ficaram saciados, e ainda recolheram doze cestos cheios dos pedaços que sobraram. Ora, os que comeram eram cerca de cinco mil homens, sem contar mulheres e crianças. MATEUS 14,16-21

A atitude de Jesus é claramente diferente, pois é ditada pela sua união com o Pai e pela compaixão em relação às pessoas, por aquela piedade de Jesus para com todos nós: Jesus sente os nossos problemas, sente as nossas fraquezas, sente as nossas necessidades. Diante daqueles cinco pães, Jesus pensa: eis a providência! Desse pouco, Deus pode encontrar o necessário para todos. Jesus confia totalmente no Pai celeste, sabe que a Ele tudo é possível. E os pães e os peixes já não acabam, não acabam! Todos comeram e sobejou: é o sinal de Jesus, pão de Deus para a humanidade.

ORAÇÃO

Todos os olhos, ó Senhor, em Vós esperam, e Vós lhes dais no tempo certo o alimento; Vós abris a Vossa mão prodigamente e saciais todo ser vivo com fartura.

15 DE AGOSTO
ASSUNÇÃO DE NOSSA SENHORA

m sinal grandioso apareceu no céu: uma Mulher vestida com o sol, tendo a lua sob os pés e sobre a cabeça uma coroa de doze estrelas; estava grávida e gritava, entre as dores do parto, atormentada para dar à luz. Apareceu então outro sinal no céu: um grande Dragão, cor de fogo, com sete cabeças e dez chifres [...]; sua cauda arrastava um terço das estrelas do céu, lançando-as para a terra. O Dragão colocou-se diante da Mulher que estava para dar à luz, a fim de lhe devorar o filho, tão logo nascesse. APOCALIPSE 12,1-4

A figura da mulher que representa a Igreja, por um lado gloriosa e triunfante, ainda se encontra em dificuldade. De fato, assim é a Igreja: se no Céu já está associada com a glória do Senhor, na história enfrenta constantemente as provações e desafios que supõe o conflito entre Deus e o maligno. E, nesta luta que os discípulos devem enfrentar — todos nós, discípulos de Jesus, devemos enfrentá-la —, Maria não os deixa sozinhos. Sempre caminha conosco. Ela compartilha esta dupla condição: entrou definitivamente na glória do Céu, mas isso não significa que esteja separada de nós; na verdade, Maria nos acompanha, sustenta os cristãos no combate contra as forças do mal.

ORAÇÃO

Deus eterno e todo-poderoso, que elevastes à glória do Céu em corpo e alma a imaculada Virgem Maria, Mãe de Vosso Filho, dai-nos viver atentos às coisas do alto a fim de participarmos de sua glória.

16 DE AGOSTO

"*Agora, pois, Senhor, considera suas ameaças e concede a teus servos que anunciem com toda a intrepidez tua palavra, enquanto estendes a mão para que se realizem curas, sinais e prodígios, pelo nome do teu santo servo Jesus." Tendo eles assim orado, tremeu o lugar onde se achavam reunidos. E todos ficaram repletos do Espírito Santo, continuando a anunciar com intrepidez a palavra de Deus.* Atos dos Apóstolos 6,29-31

A Igreja tem as suas raízes no ensinamento dos apóstolos, testemunhas autênticas de Cristo, mas olha para o futuro, tem a consciência firme de ser enviada — enviada por Jesus — de ser missionária, levando o nome de Jesus com a oração, o anúncio e o testemunho. Uma Igreja que se fecha em si mesma e no passado, uma Igreja que só considera as pequenas regras de hábitos e de atitudes é uma Igreja que atraiçoa a sua própria identidade; uma Igreja fechada atraiçoa a identidade que lhe é própria! Então, voltemos a descobrir hoje toda a beleza e responsabilidade de ser Igreja apostólica! E recordai-vos: Igreja apostólica porque rezamos — a primeira tarefa — e porque anunciamos o Evangelho com a nossa vida e com as nossas palavras.

ORAÇÃO

Comigo engrandecei ao Senhor Deus, exaltemos todos juntos o Seu nome! Todas as vezes que O busquei, Ele me ouviu e de todos os temores me livrou. Contemplai a Sua face e alegrai-vos, e vosso rosto não se cubra de vergonha!

17 DE AGOSTO

uando acabou de falar, disse a Simão: "Faze-te ao largo; lançai vossas redes para a pesca". Simão respondeu: "Mestre, trabalhamos a noite inteira sem nada apanhar; mas, porque mandas, lançarei as redes". Fizeram isso e apanharam tamanha quantidade de peixes que suas redes se rompiam. Fizeram então sinais aos sócios do outro barco para virem em seu auxílio. Eles vieram e encheram os dois barcos, a ponto de quase afundarem. LUCAS 5,4-7

Não venho aqui para vos vender uma ilusão. Eu venho aqui para dizer: há uma pessoa que te pode levar em frente: confia nela! É Jesus! Confia em Jesus. E Jesus não é uma ilusão! O Senhor está sempre conosco. Vem às margens do mar da nossa vida, torna-se próximo das nossas falências, da nossa fragilidade e dos nossos pecados para transformá-los. Nunca deixeis de vos pôr em jogo, como bons desportivos — alguns de vós sabem-no bem por experiência — que sabem enfrentar a fadiga do treino para alcançar resultados! As dificuldades não vos devem assustar, mas estimular-vos a ir além. Senti como que dirigidas a vós as palavras de Jesus: fazei-vos ao largo e lançai as redes.

ORAÇÃO

Velai, ó Deus, sobre a Vossa família com incansável amor; e, como só confiamos na Vossa graça, guardai-nos sob a Vossa proteção. Por nosso Senhor Jesus Cristo, Vosso Filho, na unidade do Espírito Santo.

18 DE AGOSTO

 ssas coisas vos tenho dito estando entre vós. Mas o Paráclito, o Espírito Santo que o Pai enviará em meu nome, vos ensinará tudo e vos recordará tudo o que eu vos disse. João 14,25-26

A Santíssima Trindade não é o produto de raciocínios humanos; é o rosto com o qual o próprio Deus se revelou, não do alto de uma cátedra, mas caminhando com a humanidade. Foi precisamente Jesus quem nos revelou o Pai e nos prometeu o Espírito Santo. Deus caminhou com o seu povo na história do povo de Israel e Jesus caminhou sempre conosco e nos prometeu o Espírito Santo, que é fogo, que nos ensina tudo o que sabemos, que dentro de nós nos guia, nos dá boas ideias e inspirações. Hoje louvemos a Deus não por um mistério particular, mas por Ele próprio, "pela sua glória imensa", como diz o hino litúrgico. Louvemos e agradeçamos a Ele, porque é Amor e porque nos chama a entrar no abraço da sua comunhão, que é a vida eterna.

ORAÇÃO

Confiemos o nosso louvor às mãos da Virgem Maria. Ela, a mais humilde das criaturas, graças a Cristo já chegou à meta da peregrinação terrena: já está na glória da Trindade. Por isso Maria, nossa Mãe, Nossa Senhora, resplandece para nós como sinal de esperança certa. É a Mãe da esperança. É a Mãe que também nos conforta, a Mãe da consolação e a Mãe que nos acompanha no caminho.

19 DE AGOSTO

o terceiro dia houve um casamento em Caná da Galileia e a mãe de Jesus estava lá. Jesus foi convidado para o casamento e seus discípulos também. Ora, não havia mais vinho, pois o vinho do casamento tinha se acabado. Então a mãe de Jesus lhe disse: "Eles não têm mais vinho". Respondeu-lhe Jesus: "Que queres de mim, mulher? Minha hora ainda não chegou". Sua mãe disse aos serventes: "Fazei tudo o que ele vos disser". João 2,1-5

Com a sua Paixão, Morte e Ressurreição, Jesus Cristo nos traz a salvação, infunde-nos a graça e a alegria de sermos filhos de Deus, de lhe chamar verdadeiramente com o nome de Pai. Maria é mãe, e uma mãe preocupa-se sobretudo com a saúde dos seus filhos, sabe cuidar dela sempre com amor grande e terno. Nossa Senhora preserva a nossa saúde. O que significa isto, que Nossa Senhora preserva a nossa saúde? Penso principalmente em três aspectos: ajuda-nos a crescer, ajuda-nos a enfrentar a vida, ajuda-nos a sermos livres.

ORAÇÃO

Mãe do Evangelho vivente, manancial de alegria para os pequeninos, rogai por nós. Amém. Aleluia!

20 DE AGOSTO

 único a conduzi-lo foi o Senhor, nenhum deus estrangeiro o acompanhou. Fê-lo cavalgar sobre as alturas da terra e alimentou-o com produtos do campo; fê-lo sugar mel de um rochedo e óleo de uma dura pedreira. DEUTERONÓMIO 32,12-3

A paciência de Deus deve encontrar em nós a coragem de regressar a Ele, qualquer que seja o pecado na nossa vida. Jesus convida Tomé a meter a mão nas chagas das mãos e dos pés e na ferida do peito. Também nós podemos tocá-lo realmente; isto acontece todas as vezes que recebemos, com fé, os sacramentos. É justamente nas chagas de Jesus que vivemos seguros, nelas se manifesta o amor imenso do seu coração. Tomé compreendera-o. O importante é a coragem de se entregar à misericórdia de Jesus, confiar na sua paciência, refugiar-se sempre nas feridas do seu amor.

ORAÇÃO

Lembrai-vos, ó puríssima Virgem Maria, que nunca se ouviu dizer que algum daqueles que tenha recorrido à Vossa proteção, implorado a Vossa assistência e reclamado o Vosso socorro, fosse por Vós desamparado. Animado eu, pois, de igual confiança, a Vós, Virgem entre todas singular, como a Mãe recorro, de Vós me valho, e, gemendo sob o peso dos meus pecados, me prostro aos Vossos pés. Não desprezeis as minhas súplicas, ó Mãe do Filho de Deus humanado, mas dignai-Vos de ouvi-las propícias e de me alcançar o que Vos rogo.

21 DE AGOSTO

mados, não vos alarmeis com o incêndio que lavra entre vós, para a vossa provação, como se algo de estranho vos estivesse acontecendo; antes, na medida em que participais dos sofrimentos de Cristo, alegrai-vos, para que também na revelação da sua glória possais ter uma alegria transbordante. Bem-aventurados sois, se sofreis injúrias por causa do nome de Cristo, porque o Espírito de glória, o Espírito de Deus repousa sobre vós. 1 Pedro 4,12-4

A Igreja resplandece com o testemunho de muitos irmãos que não hesitaram em oferecer a própria vida para permanecer fiéis ao Senhor e ao Evangelho. Todos nós conhecemos pessoas que viveram situações difíceis, muitas dores. Mas pensemos naqueles homens e mulheres que enfrentam uma vida difícil, lutam para sustentar a família, educar os filhos: fazem tudo isso porque há o espírito de fortaleza que os ajuda. Quantos homens e mulheres — nós não conhecemos os seus nomes — honram o nosso povo, a nossa Igreja, porque são fortes: fortes ao levar em frente a própria vida, a própria família, o seu trabalho, a sua fé. Estes irmãos e irmãs são santos, santos no dia a dia, escondidos no meio de nós!

ORAÇÃO

Agradecemos ao Senhor por estes cristãos que têm uma santidade escondida: é o Espírito Santo que têm dentro que os leva em frente!

22 DE AGOSTO

 Senhor falou a Moisés e disse: Fala a toda a comunidade dos filhos de Israel. Tu lhes dirás: Sede santos, porque eu, o Senhor vosso Deus, sou santo. LEVÍTICO 19,1-2

Na grande assembleia dos santos, Deus quis reservar o primeiro lugar à Mãe de Jesus. Maria está no âmago da comunhão dos santos, como guardiã singular do liame da Igreja universal com Cristo, do vínculo da família. Ela é a Mãe, é a nossa Mãe, a nossa Mãe! Para quantos desejam seguir Jesus no caminho do Evangelho, Ela é a guia segura, porque é a primeira discípula. Ela é a Mãe cheia de desvelos, à qual confiar todas as aspirações e dificuldades.

ORAÇÃO

Oremos juntos à Rainha de todos os Santos, a fim de que nos ajude a responder com generosidade e fidelidade a Deus, que nos chama a sermos santos como Ele mesmo é Santo.

23 DE AGOSTO

eus *plantou um jardim em Éden, no oriente, e aí colocou o homem que modelara. Deus fez crescer do solo toda espécie de árvores formosas de ver e boas de comer, e a árvore da vida no meio do jardim, e a árvore do conhecimento do bem e do mal. [...] Deus tomou o homem e o colocou no jardim de Éden para o cultivar e o guardar.* Gênesis 2,8-15

Cultivar e conservar a Criação é uma indicação de Deus, dada não só no início da história, mas a cada um de nós; faz parte do seu desígnio; significa fazer com que o mundo se desenvolva com responsabilidade e se torne um lugar habitável para todos. Bento XVI recordou várias vezes que esta tarefa que nos foi confiada por Deus Criador requer a compreensão do ritmo e da lógica da Criação. Nós, ao contrário, somos frequentemente levados pela soberba do domínio, da posse, da manipulação e da exploração. Estamos perdendo a atitude do encanto, da contemplação, da escuta da Criação. Por que acontece isso? Porque pensamos e vivemos de modo horizontal; afastamo-nos de Deus e não lemos os seus sinais.

ORAÇÃO

Montes e colinas, bendizei o Senhor! Plantas da terra, bendizei o Senhor! Mares e rios, bendizei o Senhor! Fontes e nascentes, bendizei o Senhor! Baleias e peixes, bendizei o Senhor! Pássaros do céu, bendizei o Senhor! Feras e rebanhos, bendizei o Senhor! Filhos dos homens, bendizei o Senhor!

24 DE AGOSTO

a casa de meu Pai há muitas moradas. Se não fosse assim, eu vos teria dito, pois vou preparar-vos um lugar, e, quando eu me for e vos tiver preparado um lugar, virei novamente e vos levarei comigo, a fim de que, onde eu estiver, estejais vós também. João 14,2-3

Uma pessoa tende a morrer como viveu. Se a minha vida foi um caminho com o Senhor, um caminho de confiança na sua misericórdia incomensurável, estarei preparado para aceitar o momento derradeiro da minha existência terrena como o definitivo abandono confidente nas suas mãos acolhedoras, à espera de contemplar o seu rosto. Esta é a coisa mais bonita que nos pode acontecer: ver o Senhor como Ele é, belo, repleto de luz, cheio de amor e de ternura. Nós vamos até aquele ponto: ver o Senhor! E para isso existe um caminho seguro: preparar-se bem para a morte, permanecendo próximo de Jesus; mediante a oração, os sacramentos e também na prática da caridade.

ORAÇÃO

É nosso dever e salvação dar-Vos graças, sempre em todo o lugar, Senhor, Pai Santo, Deus eterno e todo-poderoso, por Cristo, senhor nosso. Nele brilhou para nós a esperança da feliz Ressurreição. E, aos que a certeza da morte entristece, a promessa da imortalidade consola.

25 DE AGOSTO

 ra, vós sois o corpo de Cristo e sois os seus membros, cada um por sua parte. 1 Coríntios 12,27

Pensamos que a encarnação de Jesus é um fato apenas do passado, que não nos toca pessoalmente? Crer em Jesus significa oferecer-lhe a nossa carne, com a humildade e a coragem de Maria, para que Ele possa continuar a habitar no meio dos homens; significa oferecer-lhe as nossas mãos, para acariciar os pequeninos e os pobres; os nossos pés, para ir ao encontro dos irmãos; os nossos braços, para sustentar quem é fraco e trabalhar na vinha do Senhor; a nossa mente, para pensar e fazer projetos à luz do Evangelho; e sobretudo o nosso coração, para amar e tomar decisões de acordo com a vontade de Deus. Tudo isso acontece graças à ação do Espírito Santo. E, assim, somos os instrumentos de Deus para que Jesus possa atuar no mundo por meio de nós.

ORAÇÃO

Senhor, fazei-me um instrumento da Vossa paz.

26 DE AGOSTO

epois tomou uma criança, colocou-a no meio deles e, pegando-a nos braços, disse-lhes: "Aquele que receber uma destas crianças por causa do meu nome, a mim recebe; e aquele que me recebe, não [recebe] a mim, mas sim àquele que me enviou". MARCOS 9,36-7

Esta fé que opera na caridade move as montanhas da indiferença, da incredulidade e da apatia e abre os corações e as mãos para fazer o bem e irradiá-lo. Através de gestos humildes e simples, de serviço aos pequeninos, passa a Boa-Nova de Jesus que ressuscitou e vive entre nós. O bem é prêmio em si mesmo, aproximando-nos de Deus, Sumo Bem. Faz-nos pensar como Ele, faz-nos ver a realidade da nossa vida à luz do Seu desígnio de amor para cada um de nós, faz-nos saborear as pequenas alegrias de cada dia e nos ampara nas dificuldades e nas provações. O bem paga infinitamente mais do que o dinheiro, que, pelo contrário, desilude porque fomos criados para acolher o amor de Deus e dá-lo, por nossa vez, aos outros, e não para medir tudo em termos de dinheiro ou de poder, que é o perigo que nos mata a todos.

ORAÇÃO

Não é o vigor do cavalo que lhe agrada, nem a força do homem. Agradam ao Senhor aqueles que o temem e confiam na sua bondade.

27 DE AGOSTO

uanto a vós, não permitais que vos chamem "Rabi", pois um só é o vosso Mestre e todos vós sois irmãos. A ninguém na terra chameis "Pai", pois um só é o vosso Pai, o celeste. Nem permitais que vos chamem "Guias", pois um só é o vosso guia, Cristo. Antes, o maior dentre vós será aquele que vos serve. Aquele que se exaltar será humilhado, e aquele que se humilhar será exaltado. MATEUS 23,8-12

Gostaria de dizer a quantos se sentem indiferentes a Deus, à fé, a quantos estão distantes de Deus ou a quem o abandonou, também a nós, com as nossas "distâncias" e os nossos "abandonos" de Deus, talvez pequenos, mas há muitos na vida cotidiana: olha no fundo do teu coração, olha no íntimo de ti mesmo e te interroga: tens um coração que aspira a algo de grande ou um coração entorpecido pelas coisas? O teu coração conservou a inquietação da procura, ou permitiste que ele fosse sufocado pelos bens, que no fim o atrofiam? Deus espera por ti, procura-te: o que respondes? Apercebeste desta situação da tua alma, ou ainda dormes? Acreditas que Deus te espera, ou para ti esta verdade são somente "palavras"?

ORAÇÃO

De Vós mesmo nos provém essa atração, que Vos louvar, ó Senhor, nos dê prazer, pois Senhor Vós nos fizestes para Vós e inquieto está o nosso coração, enquanto não repousa em Vós, Senhor.

28 DE AGOSTO

da parte de Jesus Cristo, a Testemunha fiel, o Primogênito dos mortos, o Príncipe dos reis da terra. Àquele que nos ama e que nos lavou de nossos pecados com seu sangue e fez de nós uma Realeza e Sacerdotes para Deus, seu Pai, a ele pertencem a glória e o domínio pelos séculos dos séculos. Amém. Eis que ele vem com as nuvens, e todos os olhos o verão, até mesmo os que o transpassaram, e todas as tribos da terra baterão no peito por causa dele. APOCALIPSE 1,5-8

Toda a projeção para o futuro ou para o passado não é do espírito bom. Deus é real e se manifesta no "hoje". A sua presença, no passado, nos é oferecida como "memória" da grande obra da salvação realizada quer em seu povo quer em cada um de nós; no futuro, se nos oferece como "promessa" e esperança. No passado, Deus esteve presente e deixou sua marca: a memória nos ajuda a encontrá-Lo; no futuro, é apenas promessa… O "hoje" é o que mais se parece com a eternidade; mais ainda: o "hoje" é uma centelha de eternidade. No "hoje" se joga a vida eterna.

ORAÇÃO

Ó Deus, que ungistes o Vosso Filho único com o Espírito Santo, e O fizestes Cristo e Senhor, concedei que, participando da Sua consagração, sejamos testemunhas da redenção que Ele nos trouxe. Por nosso Senhor Jesus Cristo, Vosso Filho, na unidade do Espírito Santo.

29 DE AGOSTO

as a todos que o receberam deu o poder de se tornarem filhos de Deus: aos que creem em seu nome, ele, que não foi gerado nem do sangue, nem de uma vontade da carne, nem de uma vontade do homem, mas de Deus. João 1,12-3

Não nos tornamos cristãos sozinhos e só com as nossas forças — a fé é uma dádiva, um dom de Deus que nos é concedido na Igreja e através da Igreja. E a Igreja doa-nos a vida de fé no batismo: este é o momento no qual nos faz nascer como filhos de Deus, o instante em que nos concede a vida de Deus, que como mãe nos gera. O nosso pertencimento à Igreja não é uma formalidade, não consiste em preencher um papel que nos dão, mas é um gesto interior e vital; não se pertence à Igreja como se pertence a uma sociedade, a um partido ou a uma organização qualquer. O vínculo é vital, como aquele que temos com a nossa mãe, porque, como afirma santo Agostinho, "a Igreja é realmente mãe dos cristãos".

ORAÇÃO

Deus eterno e todo-poderoso, que estabelecestes o princípio e a plenitude de toda a religião na encarnação do Vosso Filho, concedei que sejamos contados entre os discípulos daquele que é toda a salvação da humanidade. Por nosso Senhor Jesus Cristo, Vosso Filho, na unidade do Espírito Santo.

30 DE AGOSTO

om efeito, não está mergulhada em trevas a terra que está em apertura? Como no tempo passado Ele menosprezou a terra de Zabulon e a terra de Neftali, assim no tempo vindouro cobrirá de glória o caminho do mar, o Além do Jordão, o distrito das nações. Isaías 8,23

A missão de Jesus não começa em Jerusalém, ou seja, no centro religioso, social e político, mas numa zona periférica, uma região desprezada pelos judeus, ocupada por diversas populações estrangeiras. É uma terra de fronteira, uma zona de trânsito na qual se encontram pessoas de diferentes raças, culturas e religiões. A Galileia torna-se assim o lugar simbólico, devido à abertura a todos os povos. Sob este ponto de vista, a Galileia assemelha-se ao mundo de hoje: copresença de diversas culturas, necessidade de confronto e necessidade de encontro. Também nós estamos imersos todos os dias numa "Galileia dos povos", e neste tipo de contexto podemos nos assustar e ceder à tentação de construir recintos para estarmos mais seguros, mais protegidos. Mas Jesus nos ensina que a Boa-Nova, que Ele traz, não está reservada a uma parte da humanidade, deve ser comunicada a todos.

ORAÇÃO

Ao Senhor eu peço apenas uma coisa, e é só isto que eu desejo: habitar no santuário do Senhor por toda a minha vida; saborear a suavidade do Senhor e contemplá-lo no Seu templo.

31 DE AGOSTO

 s atletas se abstêm de tudo; eles, para ganhar uma coroa perecível; nós, porém, para ganhar uma coroa imperecível.
1 Coríntios 9,25

É importante, queridos jovens, que o esporte permaneça um jogo, por fazer bem ao corpo e ao espírito. E, justamente porque tendes espírito esportivo, convido-vos não só a jogar, como já fazeis, mas a algo mais: a pôr-vos em jogo na vida como no esporte. Pôr-vos em jogo na busca do bem, na Igreja e na sociedade, sem medo, com coragem e entusiasmo. Pôr-vos em jogo com os outros e com Deus; não se contentar com um "empate" medíocre, dar o melhor de si mesmos. Não se contentar com essas vidas "mediocremente empatadas": não, não! Ir em frente, procurando sempre a vitória!

ORAÇÃO

Ó Deus, Pai de bondade, que nos redimistes e adotastes como filhos e filhas, concedei aos que creem em Cristo a verdadeira liberdade e a herança eterna. Por nosso Senhor Jesus Cristo, Vosso Filho, na unidade do Espírito Santo.

1º DE SETEMBRO

oma um rolo e escreve nele todas as palavras que te dirigi a respeito de Israel, Judá e todas as nações, desde o dia em que comecei a falar-te, no tempo de Josias, até hoje. JEREMIAS 36,2

A interpretação das Sagradas Escrituras não pode ser unicamente um esforço científico individual, mas deve ser sempre confrontada, inserida e corroborada pela tradição viva da Igreja. Esta norma é decisiva para esclarecer a relação correta e recíproca entre a exegese e o Magistério da Igreja. Os textos inspirados por Deus foram confiados à comunidade dos fiéis, à Igreja de Cristo, para alimentar a fé e orientar a vida de caridade. O respeito por esta natureza profunda das Escrituras condiciona a própria validade e a eficácia da hermenêutica bíblica. Isto comporta a insuficiência de qualquer interpretação subjetiva ou simplesmente limitada a uma análise incapaz de abranger em si aquele sentido global que, ao longo dos séculos, constituiu a tradição de todo o Povo de Deus.

ORAÇÃO

A Virgem Maria, modelo de docilidade e obediência à Palavra de Deus, vos ensine a acolher plenamente a riqueza inesgotável da Sagrada Escritura não apenas através da investigação intelectual, mas na oração e em toda a vossa vida de crentes.

2 DE SETEMBRO

ois homens subiram ao templo para orar; um era fariseu e o outro publicano. O fariseu, de pé, orava interiormente deste modo: "Ó Deus, eu te dou graças porque não sou como o resto dos homens, ladrões, injustos, adúlteros, nem como este publicano; jejuo duas vezes por semana, pago o dízimo de todos os meus rendimentos". O publicano, mantendo-se à distância, não ousava sequer levantar os olhos para o céu, mas batia no peito dizendo: "Meu Deus, tem piedade de mim, pecador!". Eu vos digo que este último desceu para casa justificado, o outro não. Pois todo o que se exalta será humilhado, e quem se humilha será exaltado. Lucas 18,10-4

Rezais algumas vezes em família? Muitos me perguntam como se faz. Porque parece que a oração é uma coisa pessoal; além disso, nunca se encontra um momento oportuno, tranquilo, em família... Sim, isso é verdade, mas é também questão de humildade, de reconhecer que precisamos de Deus, como o publicano! É preciso simplicidade para rezar em família! Rezar juntos o pai-nosso, ao redor da mesa, é fácil. E rezar juntos o terço, em família, é muito belo; dá tanta força! E também rezar um pelo outro: o marido pela esposa; a esposa pelo marido; os dois pelos filhos; os filhos pelos pais, pelos avós... Isso é rezar em família, e a oração fortalece a família.

ORAÇÃO

Bendirei o Senhor Deus em todo o tempo, Seu louvor estará sempre em minha boca. Minha alma se glorifica no Senhor; que ouçam os humildes e se alegrem!

3 DE SETEMBRO

ejubila, filha de Sião, solta gritos de alegria, Israel! Alegra-te e exulta de todo coração, filha de Jerusalém! O Senhor revogou a tua sentença, eliminou o teu inimigo, o Senhor, o rei de Israel, está no meio de ti, não verás mais a desgraça. SOFONIAS 3,14-5

Maria nos ensina, com a sua existência, o que significa ser discípulo missionário. Quando o anjo Gabriel anunciou a Maria que se tornaria a Mãe de Jesus, Ela — mesmo sem compreender todo o significado daquele chamado — confiou em Deus e respondeu: "Eis aqui a serva do Senhor, faça-se em mim segundo a tua palavra". Mas o que fez Maria logo em seguida? Após ter recebido a graça de ser a Mãe do Verbo encarnado, não guardou para si aquele presente; sentiu-se responsável e partiu, saiu da sua casa e foi, apressadamente, visitar a sua parente Isabel que precisava de ajuda; cumpriu um gesto de amor, de caridade e de serviço concreto, levando Jesus que trazia no ventre. Eis aqui, queridos amigos o nosso modelo. Aquela que recebeu o dom mais precioso de Deus, como primeiro gesto de resposta, põe-se a caminho para servir e levar Jesus.

ORAÇÃO

Peçamos a Nossa Senhora que também nos ajude a transmitir a alegria de Cristo aos nossos familiares, aos nossos companheiros, aos nossos amigos, a todas as pessoas. Sair com coragem e generosidade, para que cada homem e cada mulher possa encontrar o Senhor.

4 DE SETEMBRO

Eu lhes dei a glória que me deste para que sejam um, como nós somos um: Eu neles e tu em mim, para que sejam perfeitos na unidade e para que o mundo reconheça que me enviaste e os amaste como amaste a mim. Pai, aqueles que me deste quero que, onde eu estou, também eles estejam comigo, para que contemplem minha glória, que me deste, porque me amaste antes da fundação do mundo. João 17,22-4

Na sua verdade mais profunda, a Igreja é *comunhão com Deus*, familiaridade com Deus, comunhão de amor com Cristo e com o Pai no Espírito Santo, que se prolonga numa comunhão fraterna. Esta relação entre Jesus e o Pai é a "matriz" do vínculo entre nós, cristãos: se estivermos intimamente inseridos nesta "matriz", nesta fornalha ardente de amor, então poderemos nos tornar verdadeiramente um só coração e uma só alma entre nós, porque o amor de Deus dissipa os nossos egoísmos, os nossos preconceitos e as nossas divisões interiores e exteriores. O amor de Deus dissipa também os nossos pecados!

ORAÇÃO

Deus Se compadeça de nós e nos dê a Sua bênção, resplandeça sobre nós a luz do Seu rosto. Na terra se conhecerão os Vossos caminhos e entre os povos a Vossa salvação.

5 DE SETEMBRO

o mesmo modo, também vós, como pedras vivas, constituí-vos em um edifício espiritual, dedicai-vos a um sacerdócio santo, a fim de oferecerdes sacrifícios espirituais aceitáveis a Deus por Jesus Cristo. 1 PEDRO 2,5

Uma vez perguntaram a Madre Teresa de Calcutá o que devia mudar na Igreja; queremos começar, mas por qual parede? Por onde é preciso começar? "Por ti e por mim", respondeu ela. Tinha vigor aquela mulher! Sabia por onde começar. Hoje eu roubo a palavra a Madre Teresa e digo também a você: Começamos? Por onde? Por ti e por mim! Cada um, de novo em silêncio, se interrogue: se devo começar por mim, por onde principio? Cada um abra o seu coração, para que Jesus lhe diga por onde começar. Queridos amigos, não se esqueçam: vocês são o Campo da Fé! Vocês são os atletas de Cristo! Vocês são os construtores de uma Igreja mais bela e de um mundo melhor.

ORAÇÃO

Elevemos o olhar para Nossa Senhora. Ela nos ajuda a seguir Jesus, nos dá o exemplo com o seu "sim" a Deus: "Eis aqui a serva do Senhor, faça-se em mim segundo a tua Palavra". Também nós o dizemos a Deus, juntos, com Maria: faça-se em mim segundo a Tua palavra. Assim seja!

6 DE SETEMBRO

esus respondeu-lhes: "Ide contar a João o que estais ouvindo e vendo: os cegos recuperam a vista, os coxos andam, os leprosos são purificados e os surdos ouvem, os mortos ressuscitam e os pobres são evangelizados. E bem-aventurado aquele que não ficar escandalizado por causa de mim!". MATEUS 11,4-6

A mãe Igreja ensina a estarmos próximos de quem é doente. Quantos santos e santas serviram Jesus deste modo! E quantos homens e mulheres simples põem em prática esta obra de misericórdia num quarto de hospital ou de uma casa de repouso, ou na própria casa, assistindo uma pessoa doente. A mãe Igreja ensina a estar próximo de quem está na prisão. "Mas, Padre, não, este é perigoso, é gente má." Ouvi bem isto: cada um de nós é capaz de fazer o mesmo que fez aquele homem ou aquela mulher que está na prisão. Todos temos a capacidade de pecar e de fazer o mesmo, de errar na vida. A misericórdia supera qualquer muro, qualquer barreira, e te leva a procurar sempre o rosto do homem, da pessoa. E é a misericórdia que muda o coração e a vida, que pode regenerar uma pessoa e permitir que ela se insira de maneira nova na sociedade.

ORAÇÃO

Deus de bondade, que nos fizestes participantes dum mesmo pão e dum mesmo cálice, concedei que, unidos na alegria e no amor de Cristo, demos fruto abundante para a salvação do mundo.

7 DE SETEMBRO

uvistes que foi dito aos antigos: Não matarás; aquele que matar terá de responder no tribunal. Eu, porém, vos digo: todo aquele que se encolerizar contra seu irmão terá de responder no tribunal; aquele que chamar ao seu irmão "Cretino!" estará sujeito ao julgamento do Sinédrio; aquele que lhe chamar "Louco" terá de responder na geena de fogo. Portanto, se estiveres para trazer a tua oferta ao altar e ali te lembrares de que o teu irmão tem alguma coisa contra ti, deixa a tua oferta ali diante do altar e vai primeiro reconciliar-te com o teu irmão; e depois virás apresentar a tua oferta. Mateus 5,21-4

Que cada um olhe dentro da própria consciência e escute a palavra que diz: sai dos teus interesses que atrofiam o teu coração, supera a indiferença para com o outro que torna o teu coração insensível, vence as tuas razões de morte e abre-te ao diálogo, à reconciliação: olha a dor do teu irmão — penso nas crianças: somente nelas... Olha a dor do teu irmão, e não acrescentes mais dor, segura a sua mão, reconstrói a harmonia perdida; e isso não com o confronto, mas com o encontro!

ORAÇÃO

Faze-me entender o caminho de Teus preceitos, e eu meditarei sobre as Tuas maravilhas. Minha alma se desfaz de tristeza, põe-me de pé, conforme Tua palavra. Afasta-me do caminho da mentira, e gratifica-me com Tua lei.

8 DE SETEMBRO

ue a terra bendiga o Senhor: que ela o louve e o exalte para sempre! E vós, montanhas e colinas, bendizei o Senhor: louvai-o e exaltai-o para sempre! [...] E vós, ó filhos dos homens, bendizei o Senhor: louvai-o e exaltai-o para sempre! DEUTERONÔMIO 3,74-82

Muito podemos fazer pelo bem de quem é mais pobre, de quem é frágil e de quem sofre, para favorecer a justiça e construir a paz. Sabemos quanta violência produziu, na história recente, a tentativa de eliminar Deus do horizonte da humanidade. Nisto, sentimos que estão conosco também todos aqueles homens e mulheres que, sem filiação a qualquer tradição religiosa, todavia andam à procura da verdade, da bondade e da beleza de Deus, e que são nossos preciosos aliados nos esforços por defender a dignidade do homem, na construção duma convivência pacífica entre os povos e na guarda cuidadosa da Criação.

ORAÇÃO

Vós criastes todos os seres humanos e pusestes em seu coração o desejo de procurar-Vos para que, tendo-Vos encontrado, só em Vós achassem repouso. Concedei que, entre as dificuldades deste mundo, discernindo os sinais da Vossa bondade e vendo o testemunho das boas obras daqueles que creem em Vós, tenham a alegria de proclamar que Sois o único Deus verdadeiro e Pai de todos os seres humanos.

9 DE SETEMBRO

le cresceu diante dele como um renovo, como raiz que brota de uma terra seca; não tinha beleza nem esplendor que pudesse atrair o nosso olhar, nem formosura capaz de nos deleitar. [...] E, no entanto, eram as nossas enfermidades que ele levava sobre si, as nossas dores que ele carregava. Mas nós o tínhamos como vítima do castigo, ferido por Deus e humilhado. Mas ele foi trespassado por causa das nossas transgressões, esmagado em virtude das nossas iniquidades. O castigo que havia de trazer-nos a paz, caiu sobre ele, sim, por suas feridas fomos curados. Isaías 53,2-5

Nós esperamos que Deus, na sua onipotência, derrote a injustiça, o mal, o pecado e o sofrimento, com uma vitória divina triunfante. Deus nos mostra, ao contrário, uma vitória humilde que, humanamente, parece uma falência. Deus vence na derrota! O Filho de Deus se mostra, na Cruz, como um homem derrotado: padece, é atraiçoado, vilipendiado e finalmente morre. Mas Jesus permite que o mal se desencadeie sobre Ele, e assume-o sobre si para derrotá-lo. A Sua Paixão não é um acidente; a Sua Morte — *aquela* Morte — estava "escrita".

ORAÇÃO

Pensemos muito na dor de Jesus e digamos: isto é para mim. Ainda que eu fosse a única pessoa no mundo, Ele tê-lo-ia feito. Ele o fez por mim. Beijemos o Crucificado e digamos: por mim, obrigado Jesus, por mim!

10 DE SETEMBRO

uvistes que foi dito: "Amarás o teu próximo e odiarás o teu inimigo". Eu, porém, vos digo: Amai os vossos inimigos e orai pelos que vos perseguem. MATEUS 5,43-4

A quem quer segui-lo, Jesus pede para amar a pessoa que não o merece, sem retribuição, a fim de preencher as lacunas de amor que há nos corações, nas relações humanas, nas famílias, nas comunidades e no mundo. Irmãos cardeais, Jesus não veio para nos ensinar as boas maneiras, as cortesias; para isso não era preciso que descesse do Céu e morresse na Cruz. Cristo veio para nos salvar, para nos mostrar o caminho, o *único* caminho de saída das areias movediças do pecado e este caminho de santidade é a misericórdia, aquela que Ele usou e usa, a cada dia, conosco. Ser santo não é um luxo, é necessário para a salvação do mundo. Isso é o que o Senhor nos pede.

ORAÇÃO

À Vossa ajuda, Pai misericordioso, sempre nos torne atentos à voz do Espírito.

11 DE SETEMBRO

nunciar o evangelho não é título de glória para mim; é, antes, uma necessidade que se me impõe. Ai de mim, se eu não anunciar o evangelho! Se eu o fizesse por iniciativa própria, teria direito a um salário; mas, já que o faço por imposição, desempenho um encargo que me foi confiado. 1 Coríntios 9,16-7

O Evangelho é o verdadeiro antídoto contra a miséria espiritual: o cristão é chamado a levar a todo o ambiente o anúncio libertador de que existe o perdão do mal cometido, de que Deus é maior que o nosso pecado e nos ama gratuitamente e sempre, e de que somos feitos para a comunhão e a vida eterna. O Senhor nos convida a sermos jubilosos anunciadores desta mensagem de misericórdia e esperança. É bom experimentar a alegria de difundir esta boa-nova, partilhar o tesouro que nos foi confiado para consolar os corações dilacerados e dar esperança a tantos irmãos e irmãs imersos na escuridão. Trata-se de seguir e imitar Jesus, que foi ao encontro dos pobres e dos pecadores como o pastor à procura da ovelha perdida, e o fez cheio de amor. Unidos a Ele, podemos corajosamente abrir novas vias de evangelização e promoção humana.

ORAÇÃO

Ó Deus, Pai de bondade, que nos redimistes e adotastes como filhos e filhas, concedei aos que creem em Cristo a verdadeira liberdade e a herança eterna. Por nosso Senhor Jesus Cristo, Vosso Filho, na unidade do Espírito Santo.

12 DE SETEMBRO

SANTO NOME DE MARIA SANTÍSSIMA

esceu então com eles para Nazaré e era-lhes submisso. Sua mãe, porém, conservava a lembrança de todos esses fatos em seu coração. E Jesus crescia em sabedoria, em estatura e em graça, diante de Deus e diante dos homens. Lucas 2,51-2

Recordai-vos que a primeira antífona latina é justamente esta: em tempos de turbulência, procurar refúgio sob o manto da Santa Mãe de Deus. É curioso, não é? Vigiar. Há turbulência? Antes de tudo, ir lá e esperar que haja um pouco de calma: com a oração, com a entrega a Nossa Senhora. Algum de vós me dirá: "Mas, padre, neste tempo de tanta modernidade boa, da psiquiatria, da psicologia, nestes momentos de turbulência penso que seria melhor ir ao psiquiatra". Não digo que não, mas antes de tudo ir ter com a Mãe: porque a um sacerdote que se esquece da Mãe, e sobretudo nos momentos de turbulência, falta-lhe algo. É um padre órfão: esqueceu-se da sua mãe! É nos momentos difíceis que a criança procura a mãe, sempre. E nós somos crianças, na vida espiritual, nunca esqueçamos isto!

ORAÇÃO

À Vossa proteção nos acolhemos, Santa Mãe de Deus. Não desprezeis as nossas súplicas em nossas necessidades, mas livrai-nos de todos os perigos, ó Virgem gloriosa e bendita.

13 DE SETEMBRO

ontou-lhes outra parábola: "O Reino dos Céus é semelhante ao fermento que uma mulher tomou e pôs em três medidas de farinha, até que tudo ficasse fermentado". MATEUS 13,33

Ele não tem medo das novidades! Por isso nos surpreende continuamente, abrindo-nos e levando-nos para caminhos inesperados. Ele nos renova, isto é, faz-nos "novos" continuamente. Um cristão que vive o Evangelho é "a novidade de Deus" na Igreja e no mundo. E Deus ama tanto esta "novidade"! "Dar a Deus o que é de Deus" significa abrir-se à sua vontade e dedicar-lhe a nossa vida, cooperando para o Seu reino de misericórdia, amor e paz. Aqui está a nossa verdadeira força, o fermento que faz levedar e o sal que dá sabor a todo o esforço humano contra o pessimismo predominante que o mundo nos propõe. Aqui está a nossa esperança, porque a esperança em Deus não é uma fuga da realidade, não é um álibi: é restituir diligentemente a Deus aquilo que lhe pertence. É por isso que o cristão fixa o olhar na realidade futura, a realidade de Deus, para viver plenamente a existência — com os pés bem fincados na terra — e responder, com coragem, aos inúmeros desafios novos.

ORAÇÃO

Deus vive na sua morada santa, Ele prepara uma casa para o pobre. É a força e o vigor do Seu povo.

14 DE SETEMBRO
TRIUNFO DA SANTA CRUZ

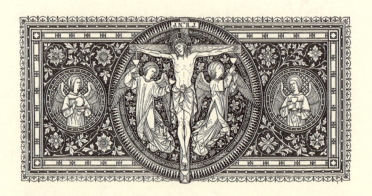

 endo sido, pois, justificados pela fé, estamos em paz com Deus por nosso Senhor Jesus Cristo, por quem tivemos acesso, pela fé, a esta graça, na qual estamos firmes e nos gloriamos na esperança da glória de Deus. E não é só. Nós nos gloriamos também nas tribulações, sabendo que a tribulação produz a perseverança, a perseverança uma virtude comprovada, a virtude comprovada a esperança. E a esperança não decepciona, porque o amor de Deus foi derramado em nossos corações pelo Espírito Santo que nos foi dado. ROMANOS 5,1-5

Esta caridade brota do amor de Deus em Cristo: a Cruz é o seu ápice, sinal resplandecente da misericórdia e da caridade de Deus para com todos, que foi derramada nos nossos corações por meio do Espírito Santo.

ORAÇÃO

Pai de misericórdia, que exaltastes o Vosso Filho na sua Ressurreição, derramai sobre nós a força do Espírito, para que possamos levar todos os dias o peso e a glória da Santa Cruz. Por Cristo, nosso Senhor.

15 DE SETEMBRO

Nossa Senhora das Dores

imeão abençoou-os e disse a Maria, a mãe: "Eis que este menino foi colocado para a queda e para o soerguimento de muitos em Israel, e como um sinal de contradição — e a ti, uma espada transpassará tua alma! — para que se revelem os pensamentos íntimos de muitos corações". Lucas 2,34-5

Aos pés da Cruz, é a mulher da dor e, ao mesmo tempo, da vigilante espera de um mistério, maior que a dor, que está para se cumprir. Tudo parece realmente acabado; poderíamos dizer que toda a esperança se apagou. Também ela, naquele momento, poderia ter exclamado recordando as promessas da Anunciação: "Não se cumpriram, fui enganada". Mas não o disse. Ela, bem-aventurada porque acreditou, desta sua fé vê brotar um futuro novo e aguarda com esperança o amanhã de Deus. Às vezes penso: nós sabemos esperar o amanhã de Deus? Ou queremos o hoje? Pensemos na contemplação, no abraço do filho com a mãe. A única lâmpada acesa no sepulcro de Jesus é a esperança da mãe, que naquele momento é a esperança de toda a humanidade.

ORAÇÃO

Ó Deus, quando o Vosso Filho foi exaltado, quisestes que sua Mãe estivesse de pé junto à Cruz, sofrendo com ele. Dai à Vossa Igreja, unida a Maria na Paixão de Cristo, participar da Ressurreição do Senhor. Que convosco vive e reina, na unidade do Espírito Santo.

16 DE SETEMBRO

e me amais, observareis meus mandamentos, e rogarei ao Pai e ele vos dará outro Paráclito, para que convosco permaneça para sempre, o Espírito da Verdade, que o mundo não pode acolher, porque não o vê nem o conhece. Vós o conheceis, porque permanece convosco. Não vos deixarei órfãos. Eu virei a vós.* João 14,15-8

O sucedido em Jerusalém, há mais de dois mil anos, não é um fato distante de nós, mas um fato que nos alcança e se torna experiência viva em cada um de nós. O Pentecostes do Cenáculo de Jerusalém é o início, um início que se prolonga. O Espírito Santo é o dom por excelência de Cristo ressuscitado aos seus apóstolos, mas Ele quer que chegue a todos. Como ouvimos no Evangelho, Jesus diz: "Eu apelarei ao Pai e Ele vos dará outro Paráclito para que esteja sempre convosco". É o Espírito Paráclito, o "Consolador", que dá a coragem de levar o Evangelho pelas estradas do mundo! O Espírito Santo ergue o nosso olhar para o horizonte e nos impele para as periferias da existência, a fim de anunciar a vida de Jesus Cristo.

ORAÇÃO

Senhor, construtor da Jerusalém Celeste, que fixastes o número das estrelas e chamais cada uma pelo seu nome, sarai os corações contritos, congregai os dispersos e concedei-nos a riqueza de Vossa infinita sabedoria. Por nosso Senhor Jesus Cristo.

17 DE SETEMBRO

om efeito, se amais aos que vos amam, que recompensa tendes? Não fazem também os publicanos a mesma coisa? E se saudais apenas os vossos irmãos, que fazeis demais? Não fazem também os gentios a mesma coisa? Portanto, deveis ser perfeitos como o vosso Pai celeste é perfeito. MATEUS 5,46-8

Esta é a vida dos santos: pessoas que, por amor a Deus, na sua vida não lhe puseram condições; não foram hipócritas; consagraram a própria vida a serviço dos outros; padeceram muitas adversidades, mas sem ódio. Os santos nunca odiaram. O amor é de Deus, mas de quem provém o ódio? O ódio não vem de Deus, mas do diabo! E os santos afastaram-se do diabo; os santos são homens e mulheres que têm alegria no seu coração e que a transmitem aos outros. Ser santo não é um privilégio de poucos, como se alguém tivesse recebido uma grande herança; no Batismo, todos nós recebemos a herança de podermos nos tornar santos. A santidade é uma vocação para todos. Por isso, todos nós somos chamados a caminhar pela vereda da santidade, e esta senda tem um nome, um semblante: o rosto de Jesus Cristo.

ORAÇÃO

Convertei a Vós, Pai eterno, os nossos corações, para que, buscando o único bem necessário e praticando as obras de caridade, nos consagremos inteiramente ao louvor da Vossa glória. Por nosso Senhor Jesus Cristo, Vosso Filho, que é Deus convosco, na unidade do Espírito Santo.

18 DE SETEMBRO

uanto a ti, sê para os fiéis um modelo na palavra, na conduta, na caridade, na fé, na pureza. Esperando a minha chegada, aplica-te à leitura, à exortação, à instrução. Não descuides do dom da graça que há em ti, que te foi conferido mediante profecia, junto com a imposição das mãos do presbitério. [...] Vigia a ti mesmo e a doutrina. Persevera nestas disposições porque, assim fazendo, salvarás a ti mesmo e aos teus ouvintes. 1 Timóteo 4,12-6

Quando não se alimenta o ministério — do bispo, do sacerdote — com a oração, com a escuta da Palavra de Deus e com a celebração cotidiana da Eucaristia, acaba-se inevitavelmente por perder de vista o sentido autêntico do próprio serviço e a alegria que deriva de uma profunda comunhão com Jesus. O bispo que não reza, o prelado que não escuta a Palavra de Deus, que não celebra todos os dias, que não se confessa regularmente e, do mesmo modo, o sacerdote que não age assim a longo prazo perdem a união com Jesus. Por isso, devemos ajudar os bispos e os sacerdotes a rezar, a ouvir a Palavra de Deus, que é pão cotidiano, a celebrar todos os dias a Eucaristia e a se confessar de maneira habitual. Isso é muito importante porque diz respeito precisamente à santificação dos bispos e dos presbíteros.

ORAÇÃO

A Vossa face, Senhor, eu procuro, não escondais de mim o Vosso rosto, nem afasteis com ira o Vosso servo. Vós sois o meu refúgio.

19 DE SETEMBRO

eus disse a Abrão: *"Sai da tua terra, da tua parentela e da casa de teu pai, para a terra que te mostrarei. Eu farei de ti um grande povo, eu te abençoarei, engrandecerei teu nome; sê uma bênção! Abençoarei os que te abençoarem, amaldiçoarei os que te amaldiçoarem. Por ti serão bendidos todos os clãs da terra"*. GÊNESIS 12,1-3

Muitas vezes a criatividade leva-te à Cruz. Mas, quando provém da oração, dá fruto. Quando a criatividade vem do Espírito e nasce na oração, pode te causar problemas. A criatividade que vem da oração tem uma dimensão antropológica de transcendência, porque mediante a oração te abres à transcendência, a Deus. Mas há também a outra transcendência: abrir-se aos outros, ao próximo. É importante a transcendência dupla: rumo a Deus e rumo ao próximo. Sair de si não é uma aventura, é um caminho que Deus indicou aos homens, ao povo desde o primeiro momento quando disse a Abraão: "Sai da tua terra". E, quando eu saio de mim, encontro Deus e os outros.

ORAÇÃO

Feliz é todo aquele que não anda conforme os conselhos dos perversos; que não entra no caminho dos malvados, nem junto aos zombadores vai sentar-se; mas encontra seu prazer na lei de Deus e a medita, dia e noite, sem cessar. Eis que ele é semelhante a uma árvore que à beira da torrente está plantada; ela sempre dá seus frutos a seu tempo, e jamais as suas folhas vão murchar.

20 DE SETEMBRO

ntão, *tomando um cálice, deu graças e disse: "Tomai isto e reparti entre vós; pois eu vos digo que doravante não beberei do fruto da videira, até que venha o Reino de Deus". E tomou um pão, deu graças, partiu e distribuiu-o a eles, dizendo: "Isto é o meu corpo que é dado por vós. Fazei isto em minha memória". E, depois de comer, fez o mesmo com o cálice, dizendo: "Este cálice é a Nova Aliança em meu sangue, que é derramado em favor de vós".* Lucas 22,15-20

Sempre que participamos da Santa Missa e nos alimentamos do Corpo de Cristo, a presença de Jesus e do Espírito Santo age em nós, comunica-nos atitudes interiores que se traduzem em comportamentos segundo o Evangelho: a docilidade à Palavra de Deus, a fraternidade entre nós, a coragem do testemunho cristão, a capacidade de dar esperança aos desencorajados, de acolher os excluídos. A caridade de Cristo, acolhida com o coração aberto, muda-nos, transforma-nos, torna-nos capazes de amar não segundo a medida humana, sempre limitada, mas segundo a medida de Deus. E qual é a medida de Deus? Sem medida!

ORAÇÃO

Jesus, pão de vida eterna, desceu do céu e se fez carne graças à fé de Maria Santíssima. Depois de tê-lo levado consigo com amor inefável, Ela o seguiu fielmente até à Cruz e à Ressurreição. Peçamos a Nossa Senhora que nos ajude a redescobrir a beleza da Eucaristia e a fazer dela o centro da nossa vida.

21 DE SETEMBRO

orquanto todo sumo sacerdote, tirado do meio dos homens, é constituído em favor dos homens em suas relações com Deus. A sua função é oferecer dons e sacrifícios pelos pecados. É capaz de ter compreensão por aqueles que ignoram e erram, porque ele mesmo está cercado de fraqueza. HEBREUS 5,1-2

Para mim, há um dia muito importante: em 21 de setembro de 1953 celebrava-se o Dia do Estudante, e, antes de ir para a festa, passei pela paróquia que frequentava. Encontrei um padre que não conhecia e senti necessidade de me confessar. Foi, para mim, uma experiência de encontro: sentia que alguém me esperava. Depois da confissão, alguma coisa tinha mudado em mim: tinha ouvido uma voz, um chamado, e fiquei convencido de que me tornaria sacerdote.

Na fé, é importante procurar Deus, ir ter com Ele para pedir perdão... Mas, quando chegamos, Ele já está à nossa espera, Ele chega primeiro! Em espanhol, temos uma palavra que explica bem isso: "O Senhor sempre nos *primerea*", é o primeiro, está à nossa espera!

ORAÇÃO

Vós, que me escolhestes para a Ordem Episcopal, guardai o ministério que recebi da Vossa graça, dai-me a santidade de vida para Vos ser agradável e dirigi o coração do povo e do bispo, para que nem ao pastor falte a obediência do rebanho, nem ao rebanho o cuidado do pastor.

22 DE SETEMBRO

 Senhor Deus chamou o homem: "Onde estás?", disse Ele. "Ouvi teu passo no jardim", respondeu o homem, "tive medo porque estou nu, e me escondi." Ele retomou: "E quem te fez saber que estavas nu? Comeste, então, da árvore que te proibi de comer!". Gênesis 3,9-11

"Adão, onde estás?": é a primeira pergunta que Deus faz ao homem depois do pecado. E Adão é um homem desorientado, que perdeu o seu lugar na Criação, porque presume que vai se tornar poderoso, ser Deus. O sonho de ser poderoso, ser grande como Deus — ou melhor, ser Deus — leva a uma cadeia de erros que é cadeia de morte: leva a derramar o sangue do irmão! Muitos de nós — e neste número me incluo também — estamos desorientados, já não estamos atentos ao mundo em que vivemos, não cuidamos nem guardamos aquilo que Deus criou para todos, e já não somos capazes sequer de nos guardar uns com os outros. "Onde está o teu irmão? A voz do seu sangue clama até Mim", diz o Senhor Deus. Esta não é uma pergunta posta a outrem; é uma pergunta posta a mim, a ti, a cada um de nós.

ORAÇÃO

Piedade de nós, Senhor, tende piedade de nós. Levanto os meus olhos para Vós, para Vós que habitais no Céu, como os olhos do servo se fixam nas mãos do seu senhor. Como os olhos da serva se fixam nas mãos da sua senhora, assim os nossos olhos se voltam para o Senhor nosso Deus, até que tenha piedade de nós.

23 DE SETEMBRO

 uem não tem esposa, cuida das coisas do Senhor e do modo de agradar ao Senhor. Quem tem esposa, cuida das coisas do mundo e do modo de agradar à esposa, e fica dividido. Da mesma forma, a mulher não casada e a virgem cuidam das coisas do Senhor, a fim de serem santas de corpo e de espírito. 1 Coríntios 7,32-4

Cada história é única, mas todas começam a partir de um encontro que ilumina profundamente, que sensibiliza o coração e compromete a pessoa inteira: os afetos, o intelecto, os sentidos, tudo. A relação com Deus não se refere unicamente a uma parte de nós mesmos, mas diz respeito a tudo. É um amor tão grande, tão bonito, tão verdadeiro, que merece tudo e merece toda a nossa confiança. E gostaria de vos dizer algo de modo vigoroso, especialmente hoje: a virgindade pelo Reino de Deus não é um "não", mas um "sim"! Sem dúvida, exige a renúncia a um vínculo conjugal e a uma família, mas na base encontra-se o "sim", como resposta ao "sim" total de Cristo a nós, e este "sim" nos torna fecundos.

ORAÇÃO

Olhai, Senhor, para estes Vossos servos, que hoje, professando os conselhos evangélicos perante a Igreja, desejam consagrar-Vos a vida, e concedei-lhes que, pelo seu modo de viver, glorifiquem o Vosso nome e sirvam o mistério da redenção. Por nosso Senhor Jesus Cristo, Vosso Filho, que é Deus convosco, na unidade do Espírito Santo.

24 DE SETEMBRO

ois Deus não enviou o seu Filho ao mundo para julgar o mundo, mas para que o mundo seja salvo por ele. Quem nele crê não é julgado; quem não crê já está julgado, porque não creu no Nome do Filho único de Deus. João 3,17-8

O juízo final já está em curso, começa agora, durante a nossa existência: é pronunciado em cada instante da vida, como resultado do nosso acolhimento, com fé, da salvação presente e concreta em Cristo, ou então da nossa incredulidade, com o consequente fechamento em nós mesmos. Se nos fecharmos ao amor de Jesus, condenamo-nos a nós mesmos. A salvação é abrir-se a Jesus, e Ele nos salva: devemos nos abrir ao amor de Jesus, que é mais forte que todas as outras coisas. O amor de Jesus é grande, misericordioso e tudo perdoa; mas tu deves abrir-te, e abrir-se significa arrepender-se, acusar-se das coisas que não são boas e que fizemos. O Senhor Jesus se entregou e continua a doar-se a nós, para nos cobrir com toda a sua misericórdia e com a graça do Pai.

ORAÇÃO

Justiça e Verdade são as obras de suas mãos, seus preceitos todos merecem confiança: são estáveis para sempre e eternamente, vão se cumprir com verdade e retidão. Ele envia libertação para seu povo, declarando sua aliança para sempre; seu nome é sagrado e terrível. O princípio da sabedoria é temer o Senhor, todos os que o praticam têm bom senso. Seu louvor permanece para sempre.

25 DE SETEMBRO

 inha carne e meu coração podem se consumir; a rocha do meu coração, a minha porção é Deus para sempre! SALMOS 73,26

As palavras do Salmo nos fazem pensar na vida. O salmista expressa jubilosa confiança em Deus. Todos sabemos que, mesmo se a alegria não se expressa da mesma forma em todos os momentos da vida, especialmente naqueles de grande dificuldade, "sempre permanece pelo menos como um feixe de luz que nasce da certeza pessoal de sermos infinitamente amados". A firme certeza de ser amados por Deus está no centro da vossa vocação: ser para os outros um sinal tangível da presença do Reino de Deus, uma antecipação das alegrias eternas do céu. Somente se o nosso testemunho for alegre é que poderemos atrair homens e mulheres para Cristo; e esta alegria é um dom que se alimenta de uma vida de oração, da meditação da Palavra de Deus, da celebração dos sacramentos e da vida comunitária.

ORAÇÃO

Recordai Vossa Aliança! A medida transbordou, porque nos antros desta terra só existe violência! Que não se escondam envergonhados o humilde e o pequeno, mas glorifiquem Vosso nome o infeliz e o indigente!

26 DE SETEMBRO

ião dizia: *"Deus me abandonou; o Senhor se esqueceu de mim". Por acaso uma mulher se esquecerá da sua criancinha de peito? Não se compadecerá ela do filho do seu ventre? Ainda que as mulheres se esquecessem eu não me esqueceria de ti.* Isaías 49,14-5

Há um ditado espanhol que diz: "A água parada é a primeira que se corrompe". Não permaneçais parados. Devemos caminhar, dar um passo por dia, com a ajuda do Senhor. Deus é Pai, é misericórdia, ama-nos sempre. Se o procurarmos, Ele nos acolhe e nos perdoa. Como já disse, não se cansa de perdoar. É o lema desta visita: "Deus não se cansa de perdoar". Ele faz com que nos levantemos e restitui-nos plenamente a nossa dignidade. Deus tem memória, não se esquece. Deus pensa em mim, recorda-se de mim. Estou na memória de Deus.

ORAÇÃO

Só em Deus a minha alma tem repouso, porque Dele é que me vem a salvação! Só Ele é meu rochedo e salvação, a fortaleza onde encontro segurança!

27 DE SETEMBRO

esus lhe respondeu: "Aquele que bebe desta água terá sede novamente; mas, quem beber da água que eu lhe darei, nunca mais terá sede. Pois a água que eu lhe der tornar--se-á nele uma fonte de água jorrando para a vida eterna". Disse-lhe a mulher: "Senhor, dá-me dessa água, para que eu não tenha mais sede, nem tenha de vir mais aqui para tirá-la!". João 4,13-5

Jesus veio para nos dar esta "água-viva" que é o Espírito Santo, para que a nossa vida seja guiada, animada e alimentada por Deus. Quando dizemos que o cristão é um homem espiritual, entendemos precisamente isto: é uma pessoa que pensa e age em conformidade com Deus, segundo o Espírito Santo. Mas me pergunto: e nós, pensamos segundo Deus? Agimos em conformidade com Deus? Ou nos deixamos guiar por muitas outras coisas que não são propriamente Deus? Cada um deve responder a isso no profundo do seu coração.

ORAÇÃO

Os meus olhos estão voltados para o Senhor, porque Ele livra os meus pés da armadilha. Olhai para mim, Senhor, e tende compaixão porque estou só e desamparado.

28 DE SETEMBRO

ensais que vim para estabelecer a paz sobre a terra? Não, eu vos digo, mas a divisão. Lucas 12,51

Deus é misericórdia, Deus é fidelidade, é vida que se doa a todos nós. Por isso, Jesus diz: "vim para trazer a separação"; Jesus não quer dividir os homens entre si, pelo contrário: Jesus é a nossa paz, é a nossa reconciliação! Mas essa paz não é a paz dos sepulcros, não é neutralidade, Jesus não traz a neutralidade, essa paz não é um compromisso a todo custo. Seguir Jesus comporta a renúncia ao mal, ao egoísmo, e a escolha do bem, da verdade e da justiça, mesmo quando isso exige sacrifício e renúncia aos próprios interesses. E isso, sim, divide; como sabemos, divide até os vínculos mais estreitos. Mas atenção: não é Jesus que divide! Ele propõe o critério: viver para si mesmo, ou para Deus e para o próximo; ser servido, ou servir; obedecer ao próprio eu, ou obedecer a Deus. Eis em que sentido Jesus é "sinal de contradição".

ORAÇÃO

Feliz o povo cujo Deus é o Senhor e a nação que o escolheu por sua herança!

29 DE SETEMBRO

Santos Miguel, Gabriel e Rafael, Arcanjos

Houve então uma batalha no Céu: Miguel e seus Anjos guerrearam contra o Dragão. O Dragão batalhou, juntamente com seus Anjos, mas foi derrotado, e não se encontrou mais um lugar para eles no Céu. Foi expulso o grande Dragão, a antiga serpente, o chamado Diabo ou Satanás, sedutor de toda a terra habitada — foi expulso para a terra, e seus Anjos foram expulsos com ele. APOCALIPSE 12,7-9

Miguel — que significa: "Quem é como Deus?" — é o campeão da sua transcendência e do poder de Deus. Miguel luta para restabelecer a justiça divina; defende o Povo de Deus dos inimigos e sobretudo do inimigo por excelência, o diabo. E são Miguel vence, porque nele é Deus que age.

Embora o diabo tente sempre ferir o rosto do Arcanjo e a face do homem, contudo Deus é mais forte; a vitória é sua, e a sua salvação é oferecida a cada homem. No caminho e nas provações da vida não estamos sozinhos, e sim amparados pelos Anjos de Deus que oferecem as suas asas para nos ajudar a superar muitos perigos, para podermos voar alto em relação àquelas realidades que podem pesar sobre a nossa vida ou nos arrastar para baixo.

ORAÇÃO

Ó Deus, que organizais de modo admirável o serviço dos anjos e dos homens, fazei que sejamos protegidos na Terra por aqueles que Vos servem no Céu. Por nosso Senhor Jesus Cristo, Vosso Filho, na unidade do Espírito Santo.

30 DE SETEMBRO

Eu lhes dei a tua palavra, mas o mundo os odiou, porque não são do mundo, como eu não sou do mundo. Não peço que os tires do mundo, mas que os guardes do Maligno. Eles não são do mundo como eu não sou do mundo. Santifica-os na verdade; a tua palavra é verdade. Como tu me enviaste ao mundo, também eu os enviei ao mundo. E, por eles, a mim mesmo me santifico, para que sejam santificados na verdade. João 17,14-9

Hoje, muitas vezes, experimentamos a nossa fé ser posta à prova pelo mundo, que nos pede, de muitíssimas maneiras, para condescender no referente à fé, diluir as exigências radicais do Evangelho e nos conformarmos com o espírito do tempo. Mas os mártires nos chamam a colocar Cristo acima de tudo, considerando todas as demais coisas neste mundo em relação a Ele e ao Seu Reino eterno. Os mártires nos levam a perguntar se há algo pelo qual estamos dispostos a morrer.

ORAÇÃO

Deus eterno e onipotente, vinde em auxílio da nossa fraqueza, com o exemplo dos que deram a vida por Jesus, e fazei que o seu testemunho glorioso aumente o vigor da nossa fé. Por Cristo, nosso Senhor.

1º DE OUTUBRO

Santa Teresinha

essa ocasião, os discípulos aproximaram-se de Jesus e lhe perguntaram: "Quem é o maior no Reino dos Céus?". Ele chamou perto de si uma criança, colocou-a no meio deles e disse: "Em verdade vos digo que, se não vos converterdes e não vos tornardes como as crianças, de modo algum entrareis no Reino dos Céus. Aquele, portanto, que se tornar pequenino como esta criança, esse é o maior no Reino dos Céus. MATEUS 18,1-4

Hoje a Igreja celebra a festa de santa Teresa do Menino Jesus. Esta santa, que faleceu com vinte e quatro anos e amava intensamente a Igreja, desejava ser missionária, mas desejava possuir todos os carismas, e dizia: "Gostaria de fazer isto, isso e aquilo", queria ter todos os carismas. Na oração, sentiu que o seu carisma era o amor! E pronunciou esta linda frase: "No coração da Igreja, serei o amor!". Mas todos nós temos este carisma: a capacidade de amar.

ORAÇÃO

Peçamos hoje a santa Teresa do Menino Jesus esta capacidade de amar intensamente a Igreja, de amá-la muito e de aceitar todos os carismas com o amor de filhos da Igreja, da nossa santa mãe Igreja hierárquica.

2 DE OUTRUBRO

evelação de Jesus Cristo: Deus lha concedeu para que mostrasse aos seus servos as coisas que devem acontecer muito em breve. Ele a manifestou com sinais por meio de seu Anjo, enviado ao seu servo João, o qual atesta tudo quanto viu como sendo a Palavra de Deus e o Testemunho de Jesus Cristo. Feliz o leitor e os ouvintes das palavras desta profecia, se observarem o que nela está escrito, pois o Tempo está próximo. APOCALIPSE 1,1-3

O Senhor Jesus ressuscitará, no último dia, aqueles que tiverem acreditado nele. Jesus veio entre nós e se fez homem, como nós em tudo, exceto no pecado; deste modo, levou-nos consigo no seu caminho de volta para o Pai. Ele, o Verbo encarnado, morto por nós e ressuscitado, concede aos seus discípulos o Espírito Santo como penhor da plena comunhão no seu Reino glorioso, que esperamos vigilantes. Esta expectativa é a fonte e a razão da nossa esperança: uma esperança que, se for cultivada e conservada, tornar-se-á luz para iluminar a nossa história pessoal e também a história comunitária. Recordemos sempre: somos discípulos daquele que veio, que vem cada dia e que há de vir no fim.

ORAÇÃO

Senhor Deus do universo, que estabeleceis com admirável providência as funções dos anjos e dos homens, concedei, propício, que a nossa vida seja protegida na terra por aqueles que eternamente Vos assistem e servem no Céu.

3 DE OUTUBRO

le tinha a condição divina, e não considerou o ser igual a Deus como algo a que se apegar ciosamente. Mas esvaziou-se a si mesmo e assumiu a condição de servo, tomando a semelhança humana. E, achado em figura de homem, humilhou-se e foi obediente até a morte, e morte de cruz! Por isso Deus o sobre-exaltou grandemente e o agraciou com o Nome que é sobre todo o nome, para que, ao nome de Jesus, se dobre todo joelho dos seres celestes, dos terrestres e dos que vivem sob a terra, e, para glória de Deus, o Pai, toda língua confesse: Jesus é o Senhor.* FILIPENSES 2,6-11

Francisco despojou-se de tudo diante do seu pai, do bispo e do povo de Assis. Foi um gesto profético e, também, um ato de oração, um ato de amor e de entrega ao Pai que está nos Céus. Francisco fez a sua escolha de ser pobre; não uma opção sociológica nem ideológica, mas a escolha de ser como Jesus, de imitá-lo e segui-lo até ao fim. Jesus é Deus que se despoja da sua glória. Lemos isto em são Paulo: Cristo Jesus, que era Deus, despojou-se a si mesmo, esvaziou-se a si mesmo, e se fez como nós, e neste humilhar-se chegou até à morte na Cruz. Jesus é Deus, mas nasceu nu, foi colocado numa manjedoura, e morreu nu e crucificado.

ORAÇÃO

Separai, rogo-vos, Senhor, minha mente de todas as coisas que estão sob o céu, Vosso ardente e melífluo amor, para que, por amor, eu morra de Vosso amor.

4 DE OUTUBRO

São Francisco de Assis

or esse tempo, pôs-se Jesus a dizer: "Eu te louvo, ó Pai, Senhor do céu e da terra, porque ocultaste estas coisas aos sábios e doutores e as revelaste aos pequeninos. Sim, Pai, porque assim foi do teu agrado. Tudo me foi entregue por meu Pai, e ninguém conhece o Filho senão o Pai, e ninguém conhece o Pai senão o Filho e aquele a quem o Filho o quiser revelar. MATEUS 11,25-7

Na eleição, tinha ao meu lado o cardeal Cláudio Hummes, o arcebispo emérito de São Paulo, e também prefeito emérito da Congregação para o Clero, um grande amigo. Quando o caso começava a se tornar um pouco "perigoso", ele me animava. E, quando os votos atingiram dois terços, surgiu o habitual aplauso, porque estava eleito o papa. Ele me abraçou, e disse: "Não te esqueças dos pobres!". E aquilo ficou gravado na minha cabeça. Pensei em Francisco de Assis, enquanto continuava o escrutínio até contar todos os votos: Francisco é o homem da paz. E assim surgiu o nome no meu coração: Francisco de Assis. Para mim, é o homem da pobreza, da paz, que ama e preserva a Criação. Ah, como eu queria uma Igreja pobre e para os pobres!

ORAÇÃO

Senhor nosso Deus, que fizestes de são Francisco de Assis, pobre e humilde, uma imagem viva de Jesus Cristo, concedei-nos que, percorrendo os mesmos caminhos, sigamos o Vosso Filho e vivamos unidos a Vós na alegria da caridade.

5 DE OUTUBRO

ou-vos um mandamento novo: que vos ameis uns aos outros. Como eu vos amei, amai-vos também uns aos outros. Nisto reconhecerão todos que sois meus discípulos, se tiverdes amor uns pelos outros. João 13,34-5

Nós, cristãos, não desejemos adorar nada nem ninguém neste mundo, a não ser Jesus Cristo, presente na Sagrada Eucaristia. Talvez nem sempre nos demos conta do que isto deveras significa, das consequências que tem, ou deveria ter, esta nossa profissão de fé. Esta nossa fé na presença real de Jesus Cristo, verdadeiro Deus e verdadeiro Homem, no pão e no vinho consagrados é autêntica se nos comprometermos a *caminhar atrás dele e com Ele*. Adorar e caminhar: um povo que adora é um povo que caminha! Caminhar com Ele e atrás Dele, procurando pôr em prática o *seu* mandamento, que ele deu aos discípulos precisamente na última Ceia: "Como Eu vos tenho amado, assim também vós deveis amar-vos uns aos outros". O povo que adora Deus na Eucaristia é o povo que caminha na caridade. Adorar Deus na Eucaristia, caminhar com Deus na caridade fraternal.

ORAÇÃO

Senhor Jesus Cristo, que alimentais continuamente a Vossa Igreja com o mistério do Vosso Corpo e Sangue, concedei-lhe a graça de encontrar a verdadeira alegria na riqueza infinita dos Vossos dons. Vós que Sois Deus com o Pai, na unidade do Espírito Santo.

6 DE OUTUBRO

Com efeito, o corpo é um e, não obstante, tem muitos membros, mas todos os membros do corpo, apesar de serem muitos, formam um só corpo. Assim também acontece com Cristo pois fomos todos batizados num só Espírito para ser um só corpo, judeus e gregos, escravos e livres, e todos bebemos de um só Espírito. 1 Coríntios 12,12-3

A Igreja não é uma associação assistencial, cultural ou política, mas sim um corpo vivo, que caminha e age na história. E este corpo tem uma cabeça que o guia, alimenta e sustém. Como num corpo que está vivo é importante que passe a linfa vital, assim também devemos permitir que Jesus aja em nós, que a sua Palavra nos oriente, que a sua presença eucarística nos alimente e nos anime, que o seu amor infunda força no nosso amor ao próximo. E isto sempre! Sempre, sempre! Estimados irmãos e irmãs, permaneçamos unidos a Jesus, confiemos Nele, orientemos a nossa vida segundo o seu Evangelho, alimentemo-nos com a oração cotidiana, com a escuta da Palavra de Deus e com a participação nos sacramentos.

ORAÇÃO

Deus todo-poderoso e eterno, dirigi a nossa vida segundo a Vossa vontade, para que mereçamos produzir abundantes frutos de boas obras, em nome de nosso Senhor Jesus Cristo, Vosso Filho, que é Deus convosco, na unidade do Espírito Santo.

7 DE OUTUBRO

Nossa Senhora do Rosário

o sexto mês, o anjo Gabriel foi enviado por Deus a uma cidade da Galileia, chamada Nazaré, a uma virgem desposada com um varão chamado José, da casa de Davi; e o nome da virgem era Maria. Entrando onde ela estava, disse-lhe: "Alegra-te, cheia de graça, o Senhor está contigo!". LUCAS 1,26-8

O Senhor nos fala no íntimo da nossa consciência, através da Sagrada Escritura e na oração. Aprendei a permanecer em silêncio diante dele, a ler e a meditar a Bíblia, em especial os Evangelhos, e a dialogar com Ele todos os dias, para sentir a sua presença de amizade e de amor. Gostaria de ressaltar a beleza de uma oração contemplativa simples, acessível a todos — adultos e crianças, cultos e pouco instruídos —: a recitação do Santo Rosário. Nele, nos dirigimos à Virgem Maria para que nos guie rumo a uma união cada vez mais íntima com o seu Filho, Jesus. Repetindo a ave-maria no Rosário, nós meditamos os Mistérios, os acontecimentos da vida de Cristo, para conhecê-lo e amá-lo cada vez mais.

ORAÇÃO

Ajudai, ó Mãe, a nossa fé. Abri o nosso ouvido à Palavra, para reconhecermos a voz de Deus e a sua chamada. Despertai em nós o desejo de seguir os seus passos, saindo da nossa terra e acolhendo a sua promessa. Ajudai-nos a nos deixar tocar pelo seu amor, para podermos tocá-lo com a fé.

8 DE OUTUBRO

m verdade, em verdade, vos digo: quem não entra pela porta no redil das ovelhas, mas sobe por outro lugar, é ladrão e assaltante; o que entra pela porta é o pastor das ovelhas. A este o porteiro abre: as ovelhas ouvem a sua voz e ele chama as suas ovelhas uma por uma e as conduz para fora. Tendo feito sair todas as que são suas, caminha à frente delas e as ovelhas o seguem, pois conhecem a sua voz. Elas não seguirão um estranho, mas fugirão dele, porque não conhecem a voz dos estranhos. João 10,1-5

Jesus quer estabelecer com os seus amigos uma relação que seja o reflexo da relação que Ele tem com o Pai: uma relação de pertencimento recíproco na confiança plena e na comunhão íntima. Para manifestar essa relação de amizade, Jesus utiliza a imagem do pastor com as suas ovelhas: Ele as chama e elas reconhecem a sua voz, respondem ao seu apelo e o seguem. É uma parábola muito bonita! O mistério da voz é sugestivo: pensemos que desde o ventre da nossa mãe nós aprendemos a reconhecer sua voz e a voz do nosso pai; que o tom de voz revela amor ou desprezo, carinho ou insensibilidade. A voz de Jesus é única! Se aprendemos a distingui-la, Ele nos guia pelo caminho da vida, que ultrapassa até o abismo da morte.

ORAÇÃO

Deus eterno e todo-poderoso, conduzi-nos à comunhão das alegrias celestes, para que o rebanho possa atingir, apesar de sua fraqueza, a fortaleza do pastor.

9 DE OUTUBRO

lguém dentre vós está doente? Mande chamar os presbíteros da Igreja para que orem sobre ele, ungindo-o com óleo em nome do Senhor. A oração da fé salvará o doente, e o Senhor o porá de pé; e, se tiver cometido pecados, estes serão perdoados. Tiago 5,14-5

Gostaria de vos falar hoje do sacramento da unção dos enfermos, que nos permite ver concretamente a compaixão de Deus pelo homem. No passado era chamado "Extrema Unção", porque era entendido como conforto espiritual na iminência da morte. Ao contrário, falar de "Unção dos enfermos" ajuda-nos a alargar o olhar para a experiência da doença e do sofrimento, no horizonte da misericórdia de Deus. O sacerdote vem para ajudar o doente ou o idoso; por isso é tão importante a visita dos sacerdotes aos doentes. É preciso chamar o sacerdote para junto do doente e dizer: "venha, dê-lhe a unção, abençoe-o". É o próprio Jesus que chega para aliviar o doente, para lhe dar força, para lhe dar esperança, para ajudá-lo; também para lhe perdoar os pecados.

ORAÇÃO

Cristo, Redentor do mundo, nós Vos pedimos: curai pela graça do Espírito Santo a fraqueza deste doente, sarai as suas feridas, perdoai os seus pecados, tirai-lhe todas as dores da alma e do corpo e restituí-lhe, por piedade, a plena saúde interior e exterior, para que, restabelecido graças à Vossa misericórdia, retome as anteriores ocupações.

10 DE OUTUBRO

orque o que se pode conhecer de Deus é manifesto entre eles, pois Deus lho revelou. Sua realidade invisível — seu eterno poder e sua divindade — tornou-se inteligível, desde a criação do mundo, através das criaturas, de sorte que não têm desculpa. Pois, tendo conhecido a Deus, não o honraram como Deus nem lhe renderam graças; pelo contrário, eles se perderam em vãos arrazoados, e seu coração insensato ficou nas trevas. ROMANOS 1,19-21

Gostaria de vos encorajar também a compartilhar, com as pessoas dos vossos respectivos países, os conhecimentos adquiridos a propósito do universo. Somente uma pequeníssima parte da população mundial tem acesso a estes conhecimentos, que abrem o coração e a mente às grandes interrogações que a humanidade sempre levanta: de onde viemos? Para onde vamos? Que sentido tem este universo de cem mil milhões de galáxias?…

A busca de respostas a estas perguntas predispõe-nos ao encontro com o Criador, Pai bom, porque "é nele que temos a vida, o movimento e o ser".

ORAÇÃO

Deus todo-poderoso e misericordioso, que "conta o número das estrelas, e chama cada uma por seu nome", vos conceda uma paz copiosa e vos abençoe.

11 DE OUTUBRO

izia ele a todos: Se alguém quer vir após mim, renuncie a si mesmo, tome a sua cruz cada dia e siga-me. Pois aquele que quiser salvar a sua vida vai perdê-la, mas o que perder a sua vida por causa de mim, esse a salvará. Com efeito, que aproveita ao homem ganhar o mundo inteiro, se ele se perder ou arruinar a si mesmo? Pois quem se envergonhar de mim e de minhas palavras, o Filho do Homem dele se envergonhará, quando vier em sua glória e na do Pai e dos santos anjos. LUCAS 9,23-6

Este é um ensinamento para cada um de nós, mas também para a Igreja do nosso tempo: se soubermos nos deixar guiar pelo Espírito Santo, se soubermos mortificar o nosso egoísmo para dar espaço ao amor do Senhor e à sua bondade, então encontraremos a paz, então saberemos ser construtores de paz e difundiremos a paz à nossa volta.

ORAÇÃO

Deixai-vos guiar pelo Espírito Santo. Não tenhais medo dos riscos, como ele não teve medo. Docilidade ao Espírito, amor à Igreja e em frente… O Senhor fará tudo. Do Céu Ele continue a acompanhar com amor a Vossa Igreja, que tanto amou em vida, e obtenha para ela, do Senhor, o dom de numerosos e santos sacerdotes, de vocações para a vida religiosa e missionária, assim como para a vida familiar e para o compromisso laical na Igreja e no mundo.

12 DE OUTUBRO

Nossa Senhora Aparecida, padroeira do Brasil

m sinal grandioso apareceu no céu: uma Mulher vestida com o sol, tendo a lua sob os pés e sobre a cabeça uma coroa de doze estrelas. [...] Ela deu à luz um filho, um varão, que irá reger todas as nações com um cetro de ferro. APOCALIPSE 12,1.5

Encontram então a imagem da Imaculada Conceição. Primeiro o corpo, depois a cabeça, em seguida a unificação de corpo e cabeça: a unidade. O Brasil colonial estava dividido pelo muro vergonhoso da escravatura. Nossa

Senhora Aparecida se apresenta com a face negra, primeiro dividida e depois unida, nas mãos dos pescadores. Em Aparecida, logo desde o início, Deus dá uma mensagem de recomposição do que está fraturado, de compactação do que está dividido. A Igreja não pode se esquecer desta lição: ser instrumento de reconciliação.

ORAÇÃO

Ó Maria Santíssima, pelos méritos de nosso Senhor Jesus Cristo, em vossa querida imagem de Aparecida, espalhais inúmeros benefícios sobre todo o Brasil.

Eu, embora indigno de pertencer ao número de Vossos filhos e filhas, mas cheio do desejo de participar dos benefícios de vossa misericórdia, prostrado a Vossos pés, consagro-vos o meu entendimento, para que sempre pense no amor que mereceis; consagro-vos a minha língua para que sempre vos louve e propague a vossa devoção; consagro-vos o meu coração, para que, depois de Deus, vos ame sobre todas as coisas.

13 DE OUTUBRO

is que estou à porta e bato: se alguém ouvir minha voz e abrir a porta, entrarei em sua casa e cearei com ele, e ele comigo. Ao vencedor concederei sentar-se comigo no meu trono, assim como eu também venci e estou sentado com meu Pai em seu trono. Quem tem ouvidos, ouça o que o Espírito diz às Igrejas. APOCALIPSE 3,20-2

Prefiro mil vezes uma Igreja acidentada, caída num acidente, a uma Igreja doente por fechamento! Ide para fora, saí! Pensai também nisto que diz o Apocalipse (é uma coisa linda!): Jesus está à porta e chama, chama para entrar no nosso coração. Esse é o sentido do Apocalipse. Mas fazei a vós mesmos esta pergunta: quantas vezes Jesus está dentro e bate à porta para sair, ir para fora, mas não O deixamos sair, por causa das nossas seguranças, por estarmos muitas vezes fechados em estruturas caducas, que servem apenas para nos tornar escravos, e não filhos de Deus que são livres?

ORAÇÃO

Senhor Jesus, nosso Bom Pastor, procurai as ovelhas tresmalhadas e dai vigor às que estão enfraquecidas, para que o rebanho dos Vossos fiéis possa um dia habitar convosco para sempre. Vós que Sois Deus com o Pai, na unidade do Espírito Santo.

14 DE OUTUBRO

o dia seguinte, João se achava lá de novo, com dois de seus discípulos. Ao ver Jesus que passava, disse: "Eis o Cordeiro de Deus". Os dois discípulos ouviram-no falar e seguiram Jesus. Jesus voltou-se e, vendo que eles o seguiam, disse-lhes: "Que estais procurando?". Disseram-lhe: "Rabi (que, traduzido, significa Mestre), onde moras?". Disse-lhes: "Vinde e vede". Então eles foram e viram onde morava, e permaneceram com ele aquele dia. Era a hora décima, aproximadamente. André, o irmão de Simão Pedro, era um dos dois que ouviram as palavras de João e seguiram Jesus. Encontrou primeiramente Simão e lhe disse: "Encontramos o Messias (que quer dizer Cristo)". João 1,35-41

Os dois discípulos caminham rumo a Jesus e depois percorrem um trecho do caminho com Ele. Recordai sempre isto: a fé consiste em caminhar com Jesus; e dura a vida inteira. No final haverá o encontro definitivo. Somos chamados a caminhar para penetrar cada vez mais no mistério do amor de Deus que, nos permite viver com serenidade e esperança.

ORAÇÃO

Ele te cobrirá com suas plumas, sob suas asas encontrarás refúgio. Sua fidelidade te será um escudo de proteção. Tu não temerás os terrores noturnos, nem a flecha que voa à luz do dia, nem a peste que se propaga nas trevas, nem o mal que grassa ao meio-dia. Caiam mil homens à tua esquerda e dez mil à tua direita, tu não serás atingido.

15 DE OUTUBRO

Santa Teresa de Jesus

uve, ó filha, vê e inclina teu ouvido: esquece o teu povo e a casa do teu pai, que o rei se apaixone por tua beleza: prostra-te à sua frente, pois ele é o teu senhor! A filha de Tiro alegrará teu rosto com seus presentes, e os povos mais ricos com muitas joias cravejadas de ouro. Vestida com brocados, a filha do rei é levada para dentro, até o rei, com séquito de virgens. Introduzem as companheiras a ela destinadas, e com júbilo e alegria elas entram no palácio. S<small>ALMOS</small> 45,11-6

Santa Teresa de Jesus percorreu também o caminho da oração, que ela definia graciosamente como "uma relação de amizade, um encontrar-se frequentemente a sós com quem sabemos que nos ama". Jesus sempre "nos infunde ajuda e coragem, e nunca nos abandona". Para rezar, "o essencial não é pensar muito, mas amar muito", dirigir o olhar para fitar Aquele que olha constantemente para nós com amor e nos suporta com paciência. Deus pode atrair as almas a Si através de muitas veredas, mas a oração é o "caminho seguro". Deixá-la significa perder-se. Estes conselhos da santa são de atualidade perene!

ORAÇÃO

Ó Deus, que pelo Espírito Santo fizestes surgir santa Teresa para recordar à Igreja o caminho da perfeição, dai-nos encontrar sempre alimento em sua doutrina celeste e sentir em nós o desejo da verdadeira santidade.

16 DE OUTUBRO

A tarde desse mesmo dia, o primeiro da semana, estando fechadas as portas onde se achavam os discípulos, por medo dos judeus, Jesus veio e, pondo-se no meio deles, lhes disse: "A paz esteja convosco!". Tendo dito isso, mostrou-lhes as mãos e o lado. Os discípulos, então, ficaram cheios de alegria por verem o Senhor. Ele lhes disse de novo: "A paz esteja convosco! Como o Pai me enviou, também eu vos envio". João 20,19-21

Em Jerusalém, havia quem preferisse que os discípulos de Jesus, impedidos pelo medo, permanecessem fechados em casa para não criar confusão. Também hoje muitos querem isso dos cristãos. Ao contrário, o Senhor ressuscitado estimula-os a ir pelo mundo: "Como o Pai me enviou, também eu vos envio". A Igreja do Pentecostes não hesita em sair ao encontro das pessoas para anunciar a mensagem que lhe foi confiada; ela nasce una e universal, com uma identidade determinada, mas aberta, uma Igreja que abraça o mundo mas não o captura; deixa-o livre. Nós, cristãos, somos livres e a Igreja nos quer livres!

ORAÇÃO

Dirijamo-nos à Virgem Maria. Nela a força do Espírito Santo fez deveras "coisas grandiosas". Ela, Mãe do Redentor e Mãe da Igreja, obtenha pela sua intercessão uma renovada efusão do Espírito de Deus sobre a Igreja e sobre o mundo.

17 DE OUTUBRO

O *fariseu, de pé, orava interiormente deste modo: "Ó Deus, eu te dou graças porque não sou como o resto dos homens, ladrões, injustos, adúlteros, nem como este publicano; jejuo duas vezes por semana, pago o dízimo de todos os meus rendimentos". O publicano, mantendo-se à distância, não ousava sequer levantar os olhos para o céu, mas batia no peito dizendo: "Meu Deus, tem piedade de mim, pecador!". Eu vos digo que este último desceu para casa justificado, o outro não. Pois todo o que se exalta será humilhado, e quem se humilha será exaltado.* Lucas 18,11-4

Pensai nas críticas que Lhe fizeram: Ele convive com os pecadores! Sim, Ele veio para nós, se nos reconhecermos pecadores; mas, se formos como aquele fariseu à frente do altar, não conhecemos o coração do Senhor e nunca teremos a alegria de sentir esta misericórdia! Não é fácil entregar-se à misericórdia de Deus, porque se trata de um abismo incompreensível. Mas devemos fazê-lo! Voltemos ao Senhor! O Senhor nunca se cansa de perdoar, nunca! Somos nós que nos cansamos de Lhe pedir perdão.

ORAÇÃO

Peçamos a graça de não nos cansarmos de pedir perdão, porque Ele jamais se cansa de perdoar. Peçamos esta graça!

18 DE OUTUBRO

São Lucas, Evangelista

or esta razão é que sem cessar agradecemos a Deus por terdes acolhido a sua Palavra, que vos pregamos não como palavra humana, mas como na verdade é, Palavra de Deus que está produzindo efeito em vós, os fiéis. 1 Tessalonicenses 2,13

Não é suficiente ler as Sagradas Escrituras, mas é preciso ouvir Jesus que fala através delas: é precisamente Jesus quem fala nas Escrituras, é Jesus quem fala nelas. É necessário que sejamos antenas receptoras, sintonizadas na Palavra de Deus, para sermos antenas transmissoras! Recebe-se e transmite-se. É o Espírito de Deus que vivifica as Escrituras, que nos faz compreendê-las profundamente, no seu sentido verdadeiro e integral! Interroguemo-nos, como o faz uma das perguntas em vista do Sínodo: que lugar ocupa a Palavra de Deus na minha existência, na vida de todos os dias? Estou sintonizado com Deus ou com tantas palavras da moda ou, ainda, comigo mesmo? Uma pergunta que cada um de nós deve formular.

ORAÇÃO

Ó Deus, que escolhestes são Lucas para revelar, em suas palavras e escritos, o mistério do Vosso amor para com os pobres, concedei aos que já se gloriam do Vosso nome perseverar num só coração e numa só alma, e a todos os povos do mundo ver a Vossa salvação. Por nosso Senhor Jesus Cristo, Vosso Filho, na unidade do Espírito Santo.

19 DE OUTUBRO

hamando a multidão, juntamente com seus discípulos, disse-lhes: *"Se alguém quiser vir após mim, negue-se a si mesmo, tome a sua cruz e siga-me. Pois aquele que quiser salvar a sua vida irá perdê-la; mas, o que perder a sua vida por causa de mim e do Evangelho, irá salvá-la. Com efeito, que aproveita ao homem ganhar o mundo inteiro e arruinar a sua vida? Pois o que daria o homem em troca da sua vida?".* Marcos 8,34-6

Hoje temos mais mártires do que nos primeiros séculos! Porque há também o martírio cotidiano, que não implica a morte, mas é também ele um "perder a vida" por Cristo, cumprindo o próprio dever com amor: quantos pais e mães todos os dias põem em prática a sua fé oferecendo a própria vida pelo bem da família! Quantos sacerdotes, frades, freiras desempenham com generosidade seu serviço pelo reino de Deus! Quantos jovens renunciam aos próprios interesses para se dedicar às crianças, aos deficientes, aos idosos... Eles são mártires do dia a dia!

ORAÇÃO

Senhor Jesus, Salvador dos humildes e felicidade dos pobres, alimento dos famintos e Ressurreição dos mártires, dignai-Vos acolher o louvor eucarístico da Vossa Igreja, fazei brilhar no seu rosto a alegria da Vossa presença e concedei-nos saborear na Terra a Vossa bondade e participar da felicidade eterna.

20 DE OUTUBRO

esse tempo, veio Jesus da Galileia ao Jordão até João, a fim de ser batizado por ele. Mas João tentava dissuadi-lo, dizendo: "Eu é que tenho necessidade de ser batizado por ti e tu vens a mim?". Jesus, porém, respondeu-lhe: "Deixa estar por enquanto, pois assim nos convém cumprir toda a justiça". E João consentiu. Batizado, Jesus subiu imediatamente da água e logo os céus se abriram e ele viu o Espírito de Deus descendo como uma pomba e vindo sobre ele. MATEUS 3,13-6

Jesus não tinha necessidade de ser batizado, mas os primeiros teólogos afirmam que, com o seu corpo, com a sua divindade, no Batismo benzeu todas as águas, para que as águas tivessem o poder de conferir o Batismo. E a partir daquele momento, até aos dias de hoje, esta é uma cadeia ininterrupta: batizavam-se os filhos e depois os filhos batizavam os filhos, e os filhos... E ainda hoje esta corrente continua. Estas crianças são o elo de uma corrente. Vós, pais, tendes um filho ou uma filha para batizar, mas daqui a alguns anos serão eles que terão um filho para batizar, ou um neto... Esta é a cadeia da fé!

ORAÇÃO

Olhai agora, ó Pai, a Vossa Igreja e fazei brotar para ela a água do Batismo. Que o Espírito Santo dê, por esta água, a graça do Cristo, a fim de que o ser humano, criado à Vossa imagem e semelhança, seja lavado da antiga culpa e renasça pela água e pelo Espírito Santo para uma vida nova.

21 DE OUTUBRO

"*Dize-nos, pois, que te parece: é lícito pagar imposto a César, ou não?". Jesus, porém, percebendo a sua malícia, disse: "Hipócritas! Por que me pondes à prova? Mostrai-me a moeda do imposto". Apresentaram-lhe um denário. Disse ele: "De quem é esta imagem e a inscrição?". Responderam: "De César". Então lhes disse: "Devolvei, pois, o que é de César a César, e o que é de Deus, a Deus". Ao ouvirem isso, ficaram maravilhados e, deixando-o, foram-se embora.* MATEUS 22,17-22

À provocação dos fariseus, que queriam, por assim dizer, fazer-lhe o exame de religião e induzi-lo ao erro, Jesus responde com esta frase irônica e genial. É uma resposta útil que o Senhor dá a todos aqueles que sentem problemas de consciência, sobretudo quando estão em jogo suas conveniências, suas riquezas, seu prestígio, seu poder e sua fama. E isso acontece em todos os tempos e desde sempre. A ênfase de Jesus recai certamente sobre a segunda parte da frase: "E o que é de Deus, a Deus". Isso significa reconhecer e professar — diante de qualquer tipo de poder — que só Deus é o Senhor do homem, e não há outro. Essa é a novidade perene que é preciso redescobrir cada dia, vencendo o temor que muitas vezes sentimos perante as surpresas de Deus.

ORAÇÃO

Deus eterno e todo-poderoso, dai-nos a graça de estar sempre ao Vosso dispor, e Vos servir de todo o coração.

22 DE OUTUBRO

uanto aos livros da Lei, os que lhes caíam nas mãos eram rasgados e lançados ao fogo. Onde quer que se encontrasse, em casa de alguém, um livro da Aliança ou se alguém se conformasse à Lei, o decreto real o condenava à morte. 1 Macabeus 1,56-7

A razão reconhece na liberdade religiosa um direito fundamental do homem que reflete a sua mais alta dignidade: a de poder procurar a verdade e reconhecê-la como indispensável. A liberdade religiosa não é só de determinado pensamento ou culto. É liberdade de viver segundo os princípios éticos consequentes à verdade encontrada, quer em privado, quer em público. Este é um grande desafio no mundo globalizado, onde o pensamento débil abaixa também o nível ético geral, e em nome de um falso conceito de tolerância acaba por perseguir os que defendem a verdade. Para mim, é motivo de grande sofrimento constatar que os cristãos no mundo sofrem o maior número de tais discriminações. Há mais cristãos mártires do que nos primeiros séculos da Igreja. E isso acontece a mais de 1700 anos do édito de Constantino, que concedia aos cristãos a liberdade de professar publicamente a sua fé.

ORAÇÃO

Mesmo que os ímpios me amarrem com seus laços, nem assim hei de esquecer a Vossa lei. Libertai-me da opressão e da calúnia, para que eu possa observar Vossos preceitos! Meus opressores se aproximam com maldade; como estão longe, ó Senhor, de Vossa lei!

23 DE OUTUBRO

abemos que a Lei é espiritual; mas eu sou carnal, vendido como escravo ao pecado. Realmente não consigo entender o que faço; pois não pratico o que quero, mas faço o que detesto. Ora, se faço o que não quero, eu reconheço que a Lei é boa. Na realidade, não sou mais eu que pratico a ação, mas o pecado que habita em mim. Eu sei que o bem não mora em mim, isto é, na minha carne. Pois o querer o bem está ao meu alcance, não porém o praticá-lo. Com efeito, não faço o bem que eu quero, mas pratico o mal que não quero. ROMANOS 7,14-9

A evangelização exige de nós uma coragem verdadeira também para essa luta interior, no nosso coração, para dizer a Jesus, com a oração, a mortificação, a vontade de segui-lo e os sacramentos: "Obrigado, obrigado pela tua graça. Desejo levá-la aos outros". Mas isto é trabalho. Isto — não vos assusteis — chama-se *martírio*. O martírio é isto: lutar, todos os dias, para testemunhar. Isto é martírio. E, a alguns, o Senhor pede o martírio da vida, mas há outro martírio de todos os dias, de todas as horas: o testemunho contra o espírito do mal que não quer que sejamos evangelizadores.

ORAÇÃO

Dai-me bom senso, retidão, sabedoria, pois tenho fé nos Vossos santos mandamentos! Porque sois bom e realizais somente o bem, ensinai-me a fazer Vossa vontade!

24 DE OUTUBRO

ssume logo uma atitude conciliadora com o teu adversário, enquanto estás com ele no caminho, para não acontecer que o adversário te entregue ao juiz e o juiz ao oficial de justiça e, assim, sejas lançado na prisão. Em verdade te digo: dali não sairás, enquanto não pagares o último centavo. MATEUS 5,25-6

A quem o segue, Jesus propõe a perfeição do amor: um amor cuja única medida é não ter medida, ir além de qualquer cálculo. O amor ao próximo é uma atitude tão fundamental que Jesus chega a afirmar que a nossa relação com Deus não pode ser sincera se não quisermos fazer as pazes com o próximo. Por isso somos chamados a nos reconciliar com os nossos irmãos antes de manifestar a nossa devoção ao Senhor na oração.

ORAÇÃO

Se levardes em conta nossas faltas, quem haverá de subsistir? Mas em Vós se encontra o perdão, eu Vos temo e em Vós espero.

25 DE OUTUBRO

ão terás outros deuses diante de mim. Não farás para ti imagem esculpida de nada que se assemelhe ao que existe lá em cima, nos céus, ou embaixo na terra, ou nas águas que estão debaixo da terra. Não te prostrarás diante desses deuses e não os servirás, porque eu, o Senhor teu Deus, sou um Deus ciumento, que puno a iniquidade dos pais sobre os filhos até a terceira e quarta geração dos que me odeiam, mas que também ajo com amor até a milésima geração para aqueles que me amam e guardam os meus mandamentos. Não pronunciarás em vão o nome do Senhor teu Deus, porque o Senhor não deixará impune aquele que pronunciar em vão o seu nome. Lembra-te do dia do sábado para santificá-lo. Trabalharás durante seis dias, e farás toda a tua obra. O sétimo dia, porém, é o sábado do Senhor teu Deus. [...] Honra teu pai e tua mãe, para que se prolonguem os teus dias na terra que o Senhor teu Deus te dá. Não matarás. Não cometerás adultério. Não roubarás. Não apresentarás um falso testemunho contra o teu próximo. Não cobiçarás a casa do teu próximo, não cobiçarás a sua mulher, nem o seu escravo, nem a sua escrava, nem o seu boi, nem o seu jumento, nem coisa alguma que pertença a teu próximo. ÊXODO 20,2-17

É fundamental recordar de quando Deus oferece os Dez Mandamentos ao povo de Israel, através de Moisés. No mar Vermelho, o povo tinha experimentado a grande libertação; havia sentido diretamente o poder e a fidelidade de Deus. Agora, Ele próprio, no monte Sinai, indica ao seu povo e a todos nós o percurso para permanecermos livres, um percurso que está gravado no coração do homem, como uma lei moral universal.

ORAÇÃO

Deus eterno e todo-poderoso, aumentai em nós a fé, a esperança e a caridade e dai-nos amar o que ordenais para conseguirmos o que prometeis.

26 DE OUTUBRO

o entrar num povoado, dez leprosos vieram-lhe ao encontro. Pararam à distância e clamaram: "Jesus, Mestre, tem compaixão de nós!". Vendo-os, ele lhes disse: "Ide mostrar-vos aos sacerdotes". E aconteceu que, enquanto iam, ficaram purificados. Um dentre eles, vendo-se curado, voltou atrás, glorificando a Deus em alta voz e lançou-se aos pés de Jesus com o rosto por terra, agradecendo-lhe. Pois bem, era um samaritano. Tomando a palavra, Jesus lhe disse: "Os dez não ficaram purificados? Onde estão os outros nove? Não houve, acaso, quem voltasse para dar glória a Deus senão este estrangeiro?". Em seguida, disse-lhe: "Levanta-te e vai; a tua fé te salvou". Lucas 17,12-9

Penso nos dez leprosos do Evangelho curados por Jesus: vão ao seu encontro, param à distância e gritam: "Jesus, Mestre, tem compaixão de nós". Estão doentes, necessitados de serem amados, de terem força e procuram alguém que os cure. E Jesus responde, libertando-os a todos da sua doença. Causa estranheza, porém, o fato de ver que só regressa um para lhe agradecer, louvando a Deus em alta voz. É preciso saber agradecer, saber louvar o Senhor pelo que faz por nós.

ORAÇÃO

Eu Te celebro, Senhor, de todo o coração, proclamo todas as Tuas maravilhas! Eu me alegro e exulto em ti, e toco ao Teu nome, ó Altíssimo!

27 DE OUTUBRO

m verdade ainda vos digo: se dois de vós estiverem de acordo na terra sobre qualquer coisa que queiram pedir, isso lhes será concedido por meu Pai que está nos céus. Pois onde dois ou três estiverem reunidos em meu nome, ali estou eu no meio deles. MATEUS 18,19-20

A unidade, que desejamos sinceramente, é um dom que vem do alto e que se funda na nossa comunhão de amor com o Pai, o Filho e o Espírito Santo. O próprio Cristo prometeu: "onde dois ou três estiverem reunidos no meu nome, Eu estarei no meio deles". Caminhemos rumo à unidade, unidos fraternalmente na caridade e tendo como ponto de referência constante Jesus Cristo. Na adoração de Jesus Cristo encontraremos o fundamento e a razão de ser do nosso caminho.

ORAÇÃO

Possa o Pai misericordioso ouvir e satisfazer as orações que Lhe dirigimos juntos. Confiemos a Ele as nossas esperanças, "o qual pode fazer muito mais de quanto podemos pedir ou pensar".

28 DE OUTUBRO

stais edificados sobre o fundamento dos apóstolos e dos profetas, do qual é Cristo Jesus a pedra angular. Nele bem articulado, todo o edifício se ergue em santuário sagrado, no Senhor, e vós, também, nele sois coedificados para serdes uma habitação de Deus, no Espírito. EFÉSIOS 2,20-2

Cristo é o Templo vivo do Pai, e é o próprio Cristo que edifica a sua "casa espiritual", a Igreja, feita não de pedras materiais, mas de "pedras vivas", que somos nós mesmos. Nós somos as pedras vivas do edifício de Deus, profundamente unidas a Cristo, que é a pedra fundamental, e também de apoio entre nós. O que isso significa? Quer dizer que o templo somos nós mesmos, nós somos a Igreja viva, o templo vivo, e quando estamos unidos, entre nós está também o Espírito Santo, que nos ajuda a crescer como Igreja. Nós não estamos isolados, mas somos Povo de Deus: esta é a Igreja!

ORAÇÃO

Ó Deus, que, pela pregação dos apóstolos, nos fizestes chegar ao conhecimento do Vosso Evangelho, concedei, pelas preces de são Simão e são Judas, que a Vossa Igreja não cesse de crescer, acolhendo com amor nossos fiéis. Por nosso Senhor Jesus Cristo, Vosso Filho, na unidade do Espírito Santo.

29 DE OUTUBRO

elizes todos os que temem ao Senhor e andam em seus caminhos! Do trabalho de tuas mãos comerás, tranquilo e feliz: tua esposa será vinha fecunda, no recesso do teu lar; teus filhos, rebentos de oliveira, ao redor de tua mesa. Assim vai ser abençoado o homem que teme ao Senhor. Que o Senhor te abençoe de Sião, e verás a prosperidade de Jerusalém todos os dias de tua vida; e verás os filhos de teus filhos. Paz sobre Israel! SALMOS 128,1-6

E quando dizemos "casa" referimo-nos a um lugar de acolhimento, a uma morada, a um ambiente para estar bem, encontrar-se a si mesmo. Ainda mais profundamente, "casa" é uma palavra com um sabor tipicamente familiar, que evoca o carinho e o amor que se podem experimentar no seio de uma família. Então, a "casa" representa a riqueza humana mais preciosa: a do encontro, a dos relacionamentos entre as pessoas, diferentes por idade, por cultura e por história, mas que vivem unidas. Justamente por isso, a "casa" é um lugar decisivo na vida porque se trata de um lugar onde cada pessoa aprende a receber amor e a doar amor.

ORAÇÃO

Assisti, Senhor, os Vossos servos, que, ao inaugurar esta casa, imploram humildemente a Vossa bênção, para que, estando em casa, encontrem em Vós um refúgio, ao saírem, Vos tenham por companheiro, ao regressarem, Vos sintam como hóspede, até que um dia cheguem felizmente à morada para eles preparada na casa do Vosso Pai.

30 DE OUTUBRO

 As multidões que o precediam e os que o seguiam gritavam: Hosana ao Filho de Davi! Bendito o que vem em nome do Senhor! Hosana no mais alto dos céus! MATEUS 21,9

Para ouvir Jesus é preciso estarmos próximos Dele, segui-Lo, como faziam as multidões do Evangelho que O seguiam pelas estradas da Palestina. Jesus não tinha uma cátedra ou um púlpito fixos, era um mestre itinerante, que propunha os seus ensinamentos, que eram os ensinamentos que o Pai lhe tinha dado, ao longo das estradas, percorrendo trajetos nem sempre previsíveis e por vezes pouco fáceis [...]. Mas também ouvimos Jesus na sua Palavra escrita, no Evangelho. Faço-vos uma pergunta: vós leis todos os dias um trecho do Evangelho? É bom ter um pequeno Evangelho, pequeno, e levá-lo conosco, no bolso, na carteira, e ler um pequeno trecho em qualquer momento do dia. Em qualquer momento do dia tiro do bolso o Evangelho e leio algo, um pequeno trecho. Nele é Jesus que fala, no Evangelho! Pensai nisto. Não é difícil, nem sequer necessário que sejam os quatro: um dos Evangelhos, pequeníssimo, conosco. Sempre o Evangelho conosco, porque é a Palavra de Jesus, para poder ouvi-la.

ORAÇÃO

Eu confio no Senhor, a minha alma confia na Sua palavra. A minha alma espera pelo Senhor, mais do que as sentinelas pela aurora.

31 DE OUTUBRO

A sabedoria do pobre levanta a sua cabeça e ele se assenta entre os grandes. ECLESIÁSTICO 11,1

Através do conselho evangélico da pobreza, sereis capazes de reconhecer a misericórdia de Deus não apenas como fonte de fortaleza, mas também como um tesouro. Parece uma contradição, mas ser pobre significa encontrar um tesouro. Mesmo se estamos cansados, podemos oferecer-Lhe os nossos corações carregados de pecados e fraquezas; nos momentos em que nos sentimos mais fracos, podemos encontrar Cristo, que Se fez pobre para que nos tornássemos ricos. Esta necessidade fundamental que temos de sermos perdoados e curados é, em si mesma, uma forma de pobreza que nunca deveríamos esquecer, não obstante todos os progressos feitos para a virtude.

ORAÇÃO

Levantai-vos, ó Senhor, erguei a mão! Não esqueçais os Vossos pobres para sempre! Por que o ímpio Vos despreza desse modo? Porque diz no coração "Deus não castiga?". Vós, porém, vedes a dor e o sofrimento, Vós olhais e tomais tudo em Vossas mãos! A Vós o pobre se abandona confiante, Sois, dos órfãos, vigilante protetor.

1º DE NOVEMBRO

SOLENIDADE DE TODOS OS SANTOS

ra, que os mortos ressuscitam, também Moisés o indicou na passagem da sarça, quando diz: *o Senhor Deus de Abraão, Deus de Isaac e Deus de Jacó.* Ora, ele não é Deus de mortos, mas sim de vivos; todos, com efeito, vivem para ele. LUCAS 20,37-8

Que significa isto: a comunhão dos santos? É a comunhão que nasce da fé e une todos aqueles que pertencem a Cristo em virtude do Batismo. Trata-se de uma união espiritual — todos estamos unidos! — que não é interrompida pela morte, mas continua na outra vida. Com efeito, subsiste um vínculo indestrutível entre nós, vivos, neste mundo e aqueles que já ultrapassaram o limiar da morte. Nós, aqui na terra, juntamente com quantos já entraram na eternidade, formamos uma única e grande família.

ORAÇÃO

Te confiamos, Senhor, as almas dos nossos entes queridos, das pessoas que morreram sem o conforto sacramental, ou não tiveram ocasião de se arrepender nem mesmo no fim da sua vida. Que ninguém tenha receio de Te encontrar depois da peregrinação terrena, na esperança de sermos recebidos nos braços da Tua infinita misericórdia. Que a morte corporal nos encontre vigilantes na oração e carregados de todo o bem realizado ao longo da nossa breve ou longa existência. Senhor, nada nos afaste de Ti nesta terra, mas em tudo nos dê o apoio no ardente desejo de repousar serena e eternamente em Ti. Amém.

2 DE NOVEMBRO

Dia de Finados

epois, tendo organizado uma coleta individual, enviou a Jerusalém cerca de duas mil dracmas de prata, a fim de que se oferecesse um sacrifício pelo pecado: agiu assim absolutamente bem e nobremente, com o pensamento na ressurreição. […] Mas, se considerava que uma belíssima recompensa está reservada para os que adormecem na piedade, então era santo e piedoso o seu modo de pensar. Eis por que ele mandou oferecer esse sacrifício expiatório pelos que haviam morrido, a fim de que fossem absolvidos do seu pecado. 2 Macabeus 12,43-5

Graças à Palavra de Deus, esta celebração é inteiramente iluminada pela fé na Ressurreição. Somos chamados a estar primeiro diante da Cruz de Cristo, como Maria, as mulheres e o centurião; a ouvir o clamor de Jesus, o seu último suspiro e, finalmente, o silêncio; aquele silêncio que se prolonga durante o sábado inteiro. Depois, somos chamados a ir ao túmulo, para ver que a grande pedra foi removida. É o que prega o apóstolo Paulo: Jesus Cristo crucificado e ressuscitado. Se Ele não tivesse ressuscitado, a nossa fé seria vazia e inconsistente. Mas, dado que Ele ressuscitou, então a nossa fé está repleta de verdade e vida eterna.

ORAÇÃO

Nós Vos pedimos, Senhor, que a nossa oração seja proveitosa às almas dos Vossos servos e servas; purificai-as de todos os seus pecados e fazei-as participar na plenitude da redenção.

3 DE NOVEMBRO

m dos Anciãos tomou a palavra e disse-me: "Estes que estão trajados com vestes brancas, quem são e de onde vieram?". Eu lhe respondi: "Meu Senhor, és tu quem o sabe!". Ele, então, me explicou: "Estes são os que vêm da grande tribulação: lavaram suas vestes e alvejaram-nas no sangue do Cordeiro. É por isso que estão diante do trono de Deus, servindo-o dia e noite em seu templo. Aquele que está sentado no trono estenderá sua tenda sobre eles: nunca mais terão fome, nem sede, o sol nunca mais os afligirá, nem qualquer calor ardente; pois o Cordeiro que está no meio do trono os apascentará, conduzindo-os até às fontes de água da vida. E Deus enxugará toda lágrima de seus olhos". APOCALIPSE 7,13-7

Na Eucaristia, nós encontramos Jesus vivo e a sua força, e através dele entramos em comunhão com os nossos irmãos na fé: os que vivem ao nosso lado aqui na terra e aqueles que já nos precederam na outra vida. Isso nos enche de alegria! E é consolador saber que existem outros irmãos que já alcançaram o Céu, que nos esperam e intercedem por nós a fim de que, juntos, possamos contemplar eternamente a face gloriosa e misericordiosa do Pai.

ORAÇÃO

Que Nossa Senhora nos conforte na peregrinação cotidiana na Terra e nos ajude a nunca perder de vista a meta derradeira da vida, que é o Paraíso. E nós vamos em frente com esta esperança, que nunca desilude!

4 DE NOVEMBRO

uando se completaram os dias de sua assunção, ele tomou resolutamente o caminho de Jerusalém e enviou mensageiros à sua frente. Estes puseram-se a caminho e entraram num povoado de samaritanos, a fim de preparar-lhe tudo. Lucas 9,51-2

Na sua existência terrena, Jesus era o Verbo encarnado, o Filho de Deus que se fez homem, e numa certa altura resolveu subir a Jerusalém pela última vez; uma decisão tomada na sua consciência, mas não só: juntamente com o Pai, em plena união com Ele! Decidiu em obediência ao Pai, em escuta profunda e íntima da sua vontade. E por isso a decisão era firme, porque foi tomada juntamente com o Pai. E, no Pai, Jesus encontrava a força e a luz para o caminho. E Jesus era livre, naquela decisão. Como se realiza esta liberdade? No diálogo com Deus, na própria consciência.

Se o cristão não souber falar com Deus, se não souber sentir Deus na sua consciência, não será livre. Por isso, temos que aprender a ouvir mais a nossa consciência. Mas atenção! Isto não significa seguir o próprio eu, fazer o que me interessa, o que me convém, o que me agrada... Não é assim! A consciência é o espaço interior da escuta da verdade, do bem, da escuta de Deus.

ORAÇÃO

Tremei e não pequeis, no silêncio dos vossos leitos falai ao vosso coração.

5 DE NOVEMBRO

uando vos conduzirem às sinagogas, perante os principados e perante as autoridades, não fiqueis preocupados como ou com o que vos defender, nem com o que dizer: pois o Espírito Santo vos ensinará naquele momento o que deveis dizer. Lucas 12,11-2

Todos nós fazemos esta experiência: num momento, em qualquer situação, temos uma ideia e depois mais uma, que se liga a um trecho da Escritura... É o Espírito que nos leva a percorrer este caminho: a vereda da memória viva da Igreja. E isso exige de nós uma resposta: quanto mais generosa for a resposta, tanto mais as palavras de Jesus se tornarão em nós vida, atitudes, escolhas, gestos e testemunho.

Em síntese, o Espírito nos recorda o mandamento do amor e nos chama a vivê-lo!

ORAÇÃO

Ó Deus, sempre nos preceda e acompanhe a Vossa graça, para que estejamos sempre atentos ao bem que devemos fazer. Por nosso Senhor Jesus Cristo, Vosso Filho, na unidade do Espírito Santo.

6 DE NOVEMBRO

Com efeito, aquele que Deus enviou fala as palavras de Deus, pois ele dá o Espírito sem medida. O Pai ama o Filho e tudo entregou em sua mão. Quem crê no Filho tem vida eterna. Quem recusa crer no Filho não verá vida. Pelo contrário, a ira de Deus permanece sobre ele. João 3,34-5

O homem de todos os tempos e lugares deseja uma vida plena e boa, justa e serena, uma vida que não seja ameaçada pela morte, mas que possa amadurecer e crescer até a sua plenitude. O homem é como um viajante que, ao atravessar os desertos da vida, tem sede de água viva, jorrante e fresca, capaz de saciar profundamente o seu desejo de luz, amor, beleza e paz. Todos nós sentimos esse desejo! E Jesus nos doa esta água viva: ela é o Espírito Santo, que procede do Pai e que Jesus derrama nos nossos corações. "Vim para que tenhais vida e vida em abundância", diz-nos Jesus.

ORAÇÃO

O Senhor alimentou o seu povo com a flor da farinha e saciou-o com o mel do rochedo.

7 DE NOVEMBRO

louvável que alguém suporte aflições, sofrendo injustamente por amor de Deus. Mas que glória há em suportar com paciência, se sois esbofeteados por terdes errado? Ao contrário, se, fazendo o bem, sois pacientes no sofrimento, isto sim constitui uma ação louvável diante de Deus. Com efeito, para isto é que fostes chamados, pois que também Cristo sofreu por vós, deixando-vos um exemplo, a fim de que sigais os seus passos. 1 PEDRO 2,19-21

O sofrimento não é um valor em si, mas uma realidade que Jesus ensina a viver com a atitude justa. Com efeito, há modos justos e modos errados de viver a dor e o sofrimento. Uma atitude errada é viver a dor de modo passivo, abandonando-se com inércia e resignação. Também a reação da rebelião e da rejeição não é uma atitude justa. Jesus ensina a viver a dor aceitando a realidade da vida com confiança e esperança, pondo o amor a Deus e ao próximo também no sofrimento: é o amor que transforma tudo.

ORAÇÃO

Mas tu vês a fadiga e o sofrimento e observas para tomá-los na mão: a ti se abandona o miserável, para o órfão tu és um socorro.

8 DE NOVEMBRO

oi maltratado, mas livremente humilhou-se e não abriu a boca, como um cordeiro conduzido ao matadouro [...]. Após detenção e julgamento, foi preso. Dentre os seus contemporâneos, quem se preocupou com o fato de ter ele sido cortado da terra dos vivos, de ter sido ferido pela transgressão do seu povo? Isaías 53,7-8

Deus pôs na Cruz de Jesus todo o peso dos nossos pecados, todas as injustiças perpetradas por cada Caim contra seu irmão, toda a amargura da traição de Judas e de Pedro, toda a vaidade dos prepotentes. Era uma Cruz pesada, como a noite das pessoas abandonadas, como a morte das pessoas queridas. Contudo, é também uma Cruz gloriosa como a aurora de uma longa noite, porque em tudo representa o amor de Deus, que é maior do que as nossas iniquidades e traições. Diante da Cruz de Jesus, vemos quase a ponto de tocar com a mão como somos amados eternamente; perante a Cruz, sentimo-nos "filhos", e não "objetos".

ORAÇÃO

Se Vós não existísseis, ó meu Cristo, eu me sentiria como uma criatura finita. Ó nosso Jesus, orientai-nos da Cruz rumo à Ressurreição e ensinai-nos que o mal não terá a última palavra, mas o amor, a misericórdia e o perdão. Ó Cristo, ajudai-nos a exclamar novamente: "Ontem eu estava crucificado com Cristo; hoje sou glorificado com Ele. Ontem eu estava morto com Ele; hoje estou vivo com Ele. Ontem, eu estava sepultado com Ele; hoje ressuscitei com Ele".

9 DE NOVEMBRO

Caminhando junto ao mar da Galileia, viu Simão e André, o irmão de Simão. Lançavam a rede ao mar, pois eram pescadores. Disse-lhes Jesus: "Vinde em meu seguimento e eu vos farei pescadores de homens". E imediatamente, deixando as redes, eles o seguiram. Um pouco adiante, viu Tiago, filho de Zebedeu, e João, seu irmão, eles também no barco, consertando as redes. E logo os chamou. E eles, deixando o pai Zebedeu no barco com os empregados, partiram em seu seguimento. MARCOS 1,16-20

Assim é para o Reino de Deus: quem o encontra não tem dúvidas, sente que é aquilo que procurava, que esperava e que corresponde às suas aspirações mais autênticas. E é deveras assim: quem conhece Jesus, quem o encontra pessoalmente, permanece fascinado, atraído por tanta bondade, tanta verdade e tanta beleza, e tudo numa grande humildade e simplicidade. Procurar Jesus, encontrar Jesus: eis o grande tesouro!

ORAÇÃO

Mostrai-me, ó Senhor, Vossos caminhos e fazei-me conhecer a vossa estrada! Vossa verdade me oriente e me conduza, porque Sois o Deus da minha salvação.

10 DE NOVEMBRO

 ois nele vivemos, nos movemos e existimos. Atos dos Apóstolos 17,28

O início do mundo não é obra do caos, que deve a sua origem a outrem, mas deriva diretamente de um princípio supremo que cria por amor. O big bang, que hoje é tomado como a origem do mundo, não contradiz a intervenção criadora divina, mas a exige. A evolução na natureza não se opõe à noção de Criação porque a evolução pressupõe a Criação dos seres que evoluem. Ao contrário, no que se refere ao homem, nele há uma mudança e uma novidade. Quando, no sexto dia da narração do Gênesis, chega a Criação do homem, Deus confere ao ser humano outra autonomia, uma autonomia diferente daquela da natureza, que é a liberdade.

ORAÇÃO

Deus Eterno e todo-poderoso, que dispondes de modo admirável todas as Vossas obras, dai aos que foram resgatados pelo Vosso Filho a graça de compreender que o sacrifício do Cristo, nossa Páscoa, na plenitude dos tempos, ultrapassa em grandeza a Criação do mundo realizada no princípio. Por Cristo, nosso Senhor.

11 DE NOVEMBRO

 Senhor é meu pastor, nada me falta. Em verdes pastagens me faz repousar. Para as águas tranquilas me conduz e restaura minhas forças; ele me guia por caminhos justos, por causa do seu nome. Ainda que eu caminhe por um vale tenebroso, nenhum mal temerei, pois estás junto a mim; teu bastão e teu cajado me deixam tranquilo. SALMOS 23,1-4

É preciso saber indicar e levar Cristo, partilhando estas alegrias e esperanças, como Maria que trouxe Cristo ao coração do homem; é preciso saber penetrar no nevoeiro da indiferença, sem se perder; há necessidade de descer mesmo na noite mais escura, sem ser invadido pela escuridão nem se perder; há necessidade de ouvir as ilusões de muitos, sem se deixar seduzir; há necessidade de acolher as desilusões, sem cair na amargura; tocar a desintegração alheia, sem se deixar dissolver e decompor na própria identidade.

ORAÇÃO

Deus eterno e todo-poderoso, conduzi-nos à comunhão das alegrias celestes, para que o rebanho possa atingir, apesar de sua fraqueza, a fortaleza do Pastor. Por nosso Senhor Jesus Cristo, Vosso Filho, na unidade do Espírito Santo.

12 DE NOVEMBRO

as, quando vier a perfeição, o que é limitado desaparecerá. Quando eu era criança, falava como criança, pensava como criança, raciocinava como criança. Depois que me tornei homem, fiz desaparecer o que era próprio da criança. Agora vemos em espelho e de maneira confusa, mas, depois, veremos face a face. 1 Coríntios 13,10-2

Não nos cansemos de velar sobre os nossos pensamentos e atitudes, para sentir desde já o calor e o esplendor da Face de Deus — e será maravilhoso! —, que na vida eterna contemplaremos em toda a sua plenitude. Em frente, pensando neste juízo que começa agora, que já começou. Em frente, fazendo com que o nosso coração se abra a Jesus e à sua salvação; em frente, sem receio, porque o amor de Jesus é maior, e se pedirmos perdão dos nossos pecados Ele nos perdoa. Jesus é assim. Então, em frente com esta certeza, que nos levará à glória do Céu!

ORAÇÃO

Salvai-nos, Senhor nosso Deus, e nos reuni de todas as nações, para darmos graças ao Vosso santo nome e nos alegrarmos no Vosso louvor.

13 DE NOVEMBRO

omo um jovem conservará puro o seu caminho? Observando a tua palavra. Eu te busco de todo o coração, não me deixes afastar dos teus mandamentos. Conservei tuas promessas no meu coração para não pecar contra ti. Bendito sejas, Senhor, ensina-me teus estatutos. Com meus lábios eu enumero todas as normas de tua boca. Eu me alegro com o caminho dos teus testemunhos, mais do que com todas as riquezas. Vou meditar teus preceitos e considerar teus caminhos. Eu me delicio com teus estatutos e não me esqueço da tua palavra. SALMOS 119,9-16

Talvez pensemos que a liberdade consiste em fazer tudo o que queremos; ou então em nos aventurar em experiências extraordinárias, para sentir a inebriação e vencer o tédio. Isso não é liberdade. Liberdade quer dizer saber ponderar sobre o que fazemos, saber avaliar o que é bom e o que é mau, quais são os comportamentos que nos fazem crescer, quer dizer escolher sempre o bem. Somos livres para o bem. E nisso não tenhais medo de ir contra a corrente, embora não seja fácil! Ser livre para escolher sempre o bem é algo exigente, mas fará de vós pessoas dotadas de espinha dorsal, que sabem enfrentar a vida, pessoas com coragem e paciência.

ORAÇÃO

Deus de poder e misericórdia, afastai de nós todo obstáculo para que, inteiramente disponíveis, nos dediquemos ao Vosso serviço.

14 DE NOVEMBRO

" *O Espírito do Senhor está sobre mim, porque ele me ungiu para evangelizar os pobres; enviou-me para proclamar a remissão aos presos e aos cegos a recuperação da vista, para restituir a liberdade aos oprimidos e para proclamar um ano de graça do Senhor." Enrolou o livro, entregou-o ao servente e sentou-se. Todos na sinagoga olhavam-no, atentos. Então começou a dizer-lhes: "Hoje se cumpriu aos vossos ouvidos essa passagem da Escritura".* Lucas 4,18-21

Há dois meses ouvi uma pessoa dizer: "Por isso ele fala dos pobres, por isso tem esta preferência. Este papa é comunista". Não! Esta é uma bandeira do Evangelho, não do comunismo! Mas a pobreza sem ideologia, a pobreza... E por isso creio que os pobres estão no centro do anúncio de Jesus. É suficiente lê-lo! O problema é que, depois, esta atitude em relação aos pobres foi às vezes ideologizada na história. Não, não é assim: a ideologia é algo diferente. É assim no Evangelho, é simples, muito simples. Isso se vê também no Antigo Testamento. É por isso que os ponho sempre no centro.

ORAÇÃO

Sim, pois ele não desprezou, não desdenhou a pobreza do pobre, nem lhe ocultou sua face, mas o ouviu, quando a ele gritou. De ti vem meu louvor na grande assembleia, cumprirei meus votos diante daqueles que o temem. Os pobres comerão e ficarão saciados, louvarão ao Senhor aqueles que o buscam: "Que vosso coração viva para sempre!".

15 DE NOVEMBRO

odo o que crê que Jesus é o Cristo nasceu de Deus, e todo o que ama ao que gerou ama também o que dele nasceu. Nisto reconhecemos que amamos os filhos de Deus: quando amamos a Deus e guardamos os seus mandamentos. Pois este é o amor de Deus: observar os seus mandamentos. E os seus mandamentos não são pesados, pois todo o que nasceu de Deus vence o mundo. E esta é a vitória que venceu o mundo: a nossa fé. 1 João 5,1-4

A relação filial com Deus não é como um tesouro que conservamos num canto da nossa vida, mas deve crescer, deve ser alimentada cada dia com a escuta da Palavra de Deus, a oração, a participação nos sacramentos, especialmente da penitência e da Eucaristia e com a caridade. Nós podemos viver como filhos! E esta é a nossa dignidade — temos a dignidade de filhos. Devemos nos comportar como filhos autênticos! Isso quer dizer que cada dia devemos deixar que Cristo nos transforme e nos torne como Ele; significa que devemos procurar viver como cristãos, procurar segui-Lo, embora vejamos os nossos limites e as nossas debilidades.

ORAÇÃO

A pedra que os pedreiros rejeitaram tornou-se agora a pedra angular. Pelo Senhor é que foi feito tudo isso: que maravilhas Ele fez a nossos olhos! Este é o dia que o Senhor fez para nós, alegremo-nos e Nele exultemos!

16 DE NOVEMBRO

aria, então, disse: "Minha alma engrandece o Senhor, e meu espírito exulta em Deus, em meu Salvador, porque olhou para a humilhação de sua serva. Sim! Doravante as gerações todas me chamarão de bem-aventurada, pois o Todo-poderoso fez grandes coisas em meu favor. Seu nome é santo e sua misericórdia perdura de geração em geração, para aqueles que o temem". Lucas 1,46-50

Mas o que significa liberdade? Sem dúvida, não é fazer tudo o que queremos, deixar-nos dominar pelas paixões, passar de uma experiência para outra sem discernimento, seguir a moda; liberdade não significa, por assim dizer, lançar da janela tudo o que não nos agrada. Não, a liberdade não é isso! A liberdade nos é concedida para que saibamos fazer escolhas boas na vida! Como boa mãe, Maria nos educa para sermos como Ela, capazes de fazer escolhas definitivas; escolhas definitivas neste momento em que reina, por assim dizer, a filosofia do provisório. É muito difícil comprometer-se na vida de maneira definitiva. E Ela nos ajuda a fazer escolhas definitivas com aquela liberdade integral e com a qual Ela mesma respondeu "sim" ao plano de Deus sobre a sua vida.

ORAÇÃO

Salvador do mundo, que tivestes Vossa Mãe junto à Cruz, concedei-nos, por sua intercessão, a graça de participar generosamente nos Vossos sofrimentos.

17 DE NOVEMBRO

Vós, porém, não aprendestes assim a Cristo, se realmente o ouvistes e, como é a verdade em Jesus, nele fostes ensinados a remover o vosso modo de vida anterior — o homem velho, que se corrompe ao sabor das concupiscências enganosas — e a renovar-vos pela transformação espiritual da vossa mente, e revestir-vos do Homem Novo, criado segundo Deus, na justiça e santidade da verdade. Efésios 4,20-4

O homem novo, "criado segundo Deus", nasce no Batismo, onde se recebe a própria vida de Deus, que nos torna seus filhos e nos incorpora a Cristo e à sua Igreja. Essa vida permite que olhemos para a realidade com um olhar diverso, deixando de estar distraídos pelas coisas que não contam e não podem durar por muito tempo, pelas coisas que acabam com o tempo. Por isso, somos chamados a abandonar os comportamentos do pecado e fixar o olhar no essencial: "O homem vale mais por aquilo que é do que por aquilo que tem". Eis a diferença entre a vida deformada pelo pecado e a que é iluminada pela graça.

ORAÇÃO

Mostrai, Senhor, a Vossa imensa bondade aos filhos que Vos imploram e dignai-Vos renovar e conservar os dons da Vossa graça naqueles que se gloriam de Vos ter por seu criador e sua providência. Por nosso Senhor Jesus Cristo, Vosso Filho, que é Deus convosco, na unidade do Espírito Santo.

18 DE NOVEMBRO

inalmente, Ele se manifestou aos Onze, quando estavam à mesa, e censurou-lhes a incredulidade e a dureza de coração, porque não haviam dado crédito aos que o tinham visto ressuscitado. E disse-lhes: "Ide por todo o mundo, proclamai o Evangelho a toda criatura. Aquele que crer e for batizado será salvo; o que não crer será condenado". MARCOS 16,14-6

O anúncio e o testemunho do Evangelho, para cada cristão, nunca são um ato isolado. Isto é importante: o anúncio e o testemunho do Evangelho para cada cristão nunca são um ato isolado ou de grupo, e nenhum evangelizador age, como recorda muito bem Paulo VI, "sob uma inspiração pessoal, mas em união com a missão da Igreja e em nome dela". E continuava Paulo VI: "é uma dicotomia absurda pensar em viver com Jesus e sem a Igreja, em seguir Jesus fora da Igreja, em amar Jesus sem amar a Igreja". Senti vós a responsabilidade que tendes de cuidar da formação dos vossos institutos na doutrina sadia da Igreja, no amor à Igreja e no espírito eclesial.

ORAÇÃO

Senhor da messe e pastor do rebanho, faz ressoar em nossos ouvidos teu forte e suave convite: "Vem e segue-me". Derrama sobre nós o teu Espírito, que ele nos dê sabedoria para ver o caminho e generosidade para seguir Tua voz.

19 DE NOVEMBRO

stando em viagem, entrou num povoado, e certa mulher, chamada Marta, recebeu-o em sua casa. Sua irmã, chamada Maria, ficou sentada aos pés do Senhor, escutando-lhe a palavra. Marta estava ocupada pelo muito serviço. Parando, por fim, disse: "Senhor, a ti não importa que minha irmã me deixe assim sozinha a fazer o serviço? Dize-lhe, pois, que me ajude". O Senhor, porém, respondeu: "Marta, Marta, tu te inquietas e te agitas por muitas coisas; no entanto, pouca coisa é necessária, até mesmo uma só. Maria, com efeito, escolheu a melhor parte, que não lhe será tirada". Lucas 10,38-42

Na nossa vida cristã, a oração e a ação permaneçam sempre profundamente unidas. Uma oração que não leva à ação concreta a favor do irmão pobre, doente e necessitado de ajuda, é uma prece estéril e incompleta. Mas, do mesmo modo, quando só prestamos atenção à ação, esquecendo-nos da centralidade de Cristo, sem reservar tempo ao diálogo com Ele, corremos o risco de não servir a Deus presente no irmão necessitado. É de uma forte relação de amizade com o Senhor que nasce em nós a capacidade de viver e de anunciar o amor de Deus, a sua misericórdia, a sua ternura pelo próximo.

ORAÇÃO

Concedei, Senhor, a cada homem, a graça de Vos servir nos mais pobres e fazei que os cristãos do mundo inteiro, à semelhança de Maria, irmã de Marta, saibam escutar a palavra de Jesus. Ele que é Deus convosco na unidade do Espírito Santo.

20 DE NOVEMBRO

ilipe *encontrou Natanael e lhe disse: "Encontramos aquele de quem escreveram Moisés, na Lei, e os profetas: Jesus, filho de José, de Nazaré". Perguntou-lhe Natanael: "De Nazaré pode sair algo de bom?" Filipe lhe disse: "Vem e vê".* João 1,45-6

Os bens, as perspectivas deste mundo acabam por decepcionar, impelem ao descontentamento perene; o Senhor é o bem que não desilude, o único que não engana. E isso exige um desapego de nós mesmos, que só podemos alcançar através de uma relação constante com o Senhor e com a unificação da vida ao redor de Cristo. E isso se chama familiaridade com Jesus. A familiaridade com Jesus Cristo deve constituir o alimento cotidiano do representante pontifício, porque é a alimentação que nasce da memória do primeiro encontro com Ele e porque constitui também a expressão diária de fidelidade à sua chamada. Familiaridade. Familiaridade com Jesus Cristo na oração, na celebração eucarística, que nunca pode ser descuidada no serviço da caridade.

ORAÇÃO

Fazei, Senhor Jesus Cristo, que o sacramento pelo qual nos renovais encha o nosso coração com a suavidade do Vosso amor e nos leve a desejar os bens do alto. Vós que Sois Deus com o Pai, na unidade do Espírito Santo.

21 DE NOVEMBRO

o vê-lo, caí como morto a seus pés. Ele, porém, colocou a mão direita sobre mim assegurando: "Não temas! Eu sou o Primeiro e o Último, o Vivente; estive morto, mas eis que estou vivo pelos séculos dos séculos, e tenho as chaves da Morte e do Hades. Escreve, pois, o que viste: tanto as coisas presentes como as que deverão acontecer depois destas". Apocalipse 1,17-19

O Catecismo da Igreja Católica afirma que a Igreja é apostólica porque "guarda e transmite, com a ajuda do Espírito Santo que nela habita, a doutrina, as sãs palavras recebidas dos apóstolos". A Igreja conserva ao longo dos séculos este tesouro inestimável que é a Sagrada Escritura, a doutrina, os sacramentos, o Ministério dos Pastores, de tal modo que podemos ser fiéis a Cristo e participar na sua própria vida. É como um rio que corre na história, se desenvolve e irriga, mas a água que escorre é sempre aquela que brota da nascente, e a fonte é o próprio Cristo: Ele é o Ressuscitado, Ele é o Vivente e as suas palavras não passam, porque Ele mesmo não passa, Ele está vivo, hoje Ele está presente aqui no meio de nós, Ele nos ouve, nós falamos com Ele e Ele nos escuta, está no nosso coração. Hoje Jesus está conosco! Esta é a beleza da Igreja: a presença de Jesus no meio de nós.

ORAÇÃO

Diga a casa de Israel: é eterna a Sua misericórdia. Diga a casa de Aarão: é eterna a Sua misericórdia. Digam os que temem o Senhor: é eterna a Sua misericórdia.

22 DE NOVEMBRO

"*Pois tive fome e me destes de comer. Tive sede e me destes de beber. Era forasteiro e me recolhestes. Estive nu e me vestistes, doente e me visitastes, preso e viestes ver-me.*" *Então os justos lhe responderão: "Senhor, quando foi que te vimos com fome e te alimentamos, com sede e te demos de beber? Quando foi que te vimos forasteiro e te recolhemos ou nu e te vestimos? Quando foi que te vimos doente ou preso e fomos te ver?". Ao que lhes responderá o rei: "Em verdade vos digo: cada vez que o fizestes a um desses meus irmãos mais pequeninos, a mim o fizestes".* Mateus 25,35-40

Recordemos as palavras de Paulo VI: "Para a Igreja católica, ninguém é estrangeiro, ninguém é excluído, ninguém está distante". Somos uma única família humana que, na multiplicidade das suas diferenças, caminha rumo à unidade, valorizando a solidariedade e o diálogo entre os povos. Recordemos que, curando as feridas dos refugiados e das vítimas do tráfico, pomos em prática o mandamento da caridade que Jesus nos deixou quando se identificou com o estrangeiro, com os que sofrem, com todas as vítimas inocentes da violência e da exploração.

ORAÇÃO

Deus eterno e todo-poderoso que dispusestes restaurar todas as coisas no Vosso amado Filho, Rei do Universo, fazei que todas as criaturas, libertas da escravidão e servindo à Vossa majestade, Vos glorifiquem eternamente.

23 DE NOVEMBRO

inde a mim todos os que estais cansados sob o peso do vosso fardo e eu vos darei descanso. Tomai sobre vós o meu jugo e aprendei de mim, porque sou manso e humilde de coração, e encontrareis descanso para vossas almas. MATEUS 11,28-9

Na ideia de muitos, são Francisco aparece associado à paz; e está certo, mas poucos vão em profundidade. Qual é a paz que Francisco acolheu e viveu e nos transmite? A paz de Cristo, que passou através do maior amor, o da Cruz. É a paz que Jesus ressuscitado deu aos discípulos quando apareceu no meio deles. A paz franciscana não é um sentimento piegas. Por favor, este são Francisco não existe! E também não é uma espécie de harmonia panteísta com as energias do cosmos… Também isso não é franciscano! Também isso não é franciscano, mas uma ideia que alguns formaram. A paz de são Francisco é a de Cristo, e a encontra quem "toma sobre si" o seu "jugo", isto é, o Seu mandamento: "Amai-vos uns aos outros, como Eu vos amei". E esse jugo não se pode levar com arrogância, presunção, orgulho, mas apenas se pode levar com mansidão e humildade de coração.

ORAÇÃO

Voltamo-nos para ti, Francisco, e te pedimos: ensina-nos a sermos "instrumentos da paz", da paz que tem a sua fonte em Deus, a paz que nos trouxe o Senhor Jesus.

24 DE NOVEMBRO

embra-te, *porém, de todo o caminho que o Senhor teu Deus te fez percorrer durante quarenta anos no deserto, a fim de humilhar-te, tentar-te conhecer o que tinhas no coração: irias observar seus mandamentos ou não? Ele te humilhou, fez com que sentisses fome e te alimentou com o maná que nem tu nem teus pais conheciam, para te mostrar que o homem não vive apenas de pão, mas que o homem vive de tudo aquilo que procede da boca do Senhor.* Deuteronômio 8,2-3

Na Eucaristia comunica-se o amor do Senhor por nós: um amor tão grandioso que nos nutre com Ele mesmo; um amor gratuito, sempre à disposição de cada pessoa faminta e necessitada de regenerar as próprias forças. Viver a experiência da fé significa deixar-se alimentar pelo Senhor e construir a própria existência não sobre os bens materiais, mas sobre a realidade que não perece; os dons de Deus, a sua Palavra e o seu Corpo.

ORAÇÃO

Senhor, nosso Deus, que nos reunistes para celebrarmos a Ceia de Jesus, dai pão em abundância aos que o não têm e fazei sentir aos cristãos mais fome do pão vivo que desceu do Céu. Por Cristo, nosso Senhor.

25 DE NOVEMBRO

 legra-te, jovem, com tua juventude, sê feliz nos dias da tua mocidade, segue os caminhos do teu coração e os desejos dos teus olhos, saibas, porém, que sobre estas coisas todas Deus te pedirá contas. Eclesiastes 11,9

Seria triste se um jovem guardasse a sua juventude num cofre: assim esta juventude torna-se velha, no pior sentido da palavra; torna-se um trapo; não serve para nada. A juventude deve ser arriscada: bem arriscada, arriscada com esperança. Deve ser apostada em coisas grandiosas. A juventude deve ser dada, para que outros conheçam o Senhor.

ORAÇÃO

Sejam nossos filhos como plantas, crescidos desde a adolescência; nossas filhas sejam colunas talhadas, imagem de um palácio.

26 DE NOVEMBRO

ra, certa mulher que havia doze anos tinha um fluxo de sangue e que muito sofrera nas mãos de vários médicos, tendo gasto tudo o que possuía sem nenhum resultado, mas cada vez piorando mais, tinha ouvido falar de Jesus. Aproximou-se dele, por detrás, no meio da multidão, e tocou-lhe a roupa. Porque dizia: "Se ao menos tocar as suas roupas, serei salva". E logo estancou a hemorragia. E ela sentiu no corpo que estava curada de sua enfermidade. MARCOS 5,25-31

É preciso tocar a carne de Cristo, assumir este sofrimento pelos pobres. A pobreza, para nós, cristãos, não é uma categoria sociológica, filosófica ou cultural. Não! É uma categoria teologal. Diria que esta é talvez a primeira categoria, porque aquele Deus, o Filho de Deus, humilhou-se, fez-se pobre para caminhar conosco ao longo da estrada. E esta é a nossa pobreza: a pobreza da carne de Cristo, a pobreza que nos trouxe o Filho de Deus com a sua Encarnação. A Igreja pobre para os pobres começa pelo dirigir-se à carne de Cristo. Se nos fixarmos na carne de Cristo, começamos a compreender qualquer coisa, a compreender o que é esta pobreza, a pobreza do Senhor. E isso não é fácil!

ORAÇÃO

Onde haja caridade e amor, aí habita Deus! Aqui nos juntou o amor de Cristo: alegremo-nos e nele rejubilemos; respeitemos amorosamente o nosso Deus e amemo-nos na lealdade do coração.

27 DE NOVEMBRO

orque os dons e a vocação de Deus são sem arrependimento. ROMANOS 11,29

À nossa frente está a derrota definitiva do pecado e da morte, o início de um novo tempo de alegria e de luz sem fim. Mas já nesta terra, na oração, nos sacramentos e na fraternidade, nós encontramos Jesus e o seu amor, e deste modo podemos antegozar algo da vida ressuscitada. A experiência que vivemos do seu amor e da sua fidelidade faz arder como um fogo no nosso coração, aumentando a nossa fé na Ressurreição. Com efeito, se Deus é fiel e ama, não pode sê-lo a tempo limitado: a fidelidade é eterna, não pode mudar. O amor de Deus é eterno, não pode mudar! Não é a tempo limitado: é para sempre! É para ir em frente! Ele é fiel para sempre e nos espera, espera cada um de nós, acompanha cada um de nós com esta fidelidade eterna.

ORAÇÃO

A bondade e a graça hão de me acompanhar todos os dias de minha vida e habitarei na casa do Senhor para todo o sempre.

28 DE NOVEMBRO

ambém eu te digo que tu és Pedro, e sobre esta pedra edificarei minha Igreja, e as portas do Inferno nunca prevalecerão contra ela. Eu te darei as chaves do Reino dos Céus e o que ligares na terra será ligado nos céus, e o que desligares na terra será desligado nos céus. Mateus 16,18-9

No credo, depois de professar: "Creio na Igreja una", acrescentamos o adjetivo "santa"; isto é, afirmamos a santidade da Igreja, uma característica presente desde o início na consciência dos primeiros cristãos, que se chamavam simplesmente "santos", pois tinham a certeza de que é a obra de Deus, o Espírito Santo, que santifica a Igreja.

ORAÇÃO

Senhor nosso Deus, que, por meio dos apóstolos são Pedro e são Paulo comunicastes à Vossa Igreja os primeiros ensinamentos da fé, concedei-nos, por sua intercessão, o auxílio necessário para chegarmos à salvação eterna. Por nosso Senhor Jesus Cristo, Vosso Filho, que é Deus convosco, na unidade do Espírito Santo.

29 DE NOVEMBRO

uando o Filho do Homem vier em sua glória, e todos os anjos com ele, então se assentará no trono da sua glória. E serão reunidas em sua presença todas as nações e ele separará os homens uns dos outros, como o pastor separa as ovelhas dos cabritos, e porá as ovelhas à sua direita e os cabritos à sua esquerda. Mateus 25,31-3

Quando pensamos na volta de Cristo e no seu Juízo Final, que manifestará o bem que cada um tiver realizado ou deixado de fazer durante a sua vida terrena, compreendemos que nos encontramos diante de um mistério que nos excede, que nem sequer conseguimos imaginar. As primeiras comunidades cristãs costumavam acompanhar as celebrações e preces com a aclamação "*maranatá*", uma expressão constituída por duas palavras aramaicas que, segundo o modo como são cadenciadas, podem ser entendidas como uma súplica: "Vem, Senhor!", ou então como uma certeza alimentada pela fé: "Sim, o Senhor vem, o Senhor está próximo!". É a exclamação na qual culmina toda a revelação cristã, no final da maravilhosa contemplação que nos é oferecida no Apocalipse de João. É a Igreja-Esposa que, em nome da humanidade inteira, dirige-se a Cristo, seu esposo, e não vê a hora de ser envolvida pelo seu abraço, que é plenitude de vida e de amor.

ORAÇÃO

Aquele que atesta estas coisas diz: "Sim, venho muito em breve!". Amém! Vem, Senhor Jesus! A graça do Senhor Jesus esteja com todos! Amém.

30 DE NOVEMBRO

Dias virão em que o monte da casa do Senhor será estabelecido no mais alto das montanhas e se alçará acima de todos os outeiros. A ele acorrerão todas as nações, muitos povos virão, dizendo: "Vinde, subamos ao monte do Senhor, à casa do Deus de Jacó, para que ele nos instrua a respeito dos seus caminhos e assim andemos nas suas veredas". ISAÍAS 2,2-3

O profeta Isaías nos fala de um caminho, dizendo que no fim dos dias, no final do caminho, o monte do Templo do Senhor permanecerá firme no cimo dos montes. A nossa vida é um caminho: devemos caminhar até chegarmos ao monte do Senhor, ao encontro com Jesus. A coisa mais importante que pode acontecer a uma pessoa é encontrar Jesus: Aquele que nos ama, que nos salvou, que deu a sua vida por nós. Encontrar Jesus! E nós caminhamos para encontrar Jesus. Nós podemos formular esta pergunta: "Mas quando encontro Jesus? Somente no fim?". Não, não! Encontramo-lo todos os dias, na oração! Quando tu rezas, encontras Jesus. Quando recebes a Comunhão, encontras Jesus nos sacramentos. Quando levas o teu filho para batizá-lo, encontras Jesus, recebes Jesus.

ORAÇÃO

Ó Deus todo-poderoso, concedei a Vossos fiéis o ardente desejo de possuir o reino celeste, para que, acorrendo com as nossas boas obras ao encontro do Cristo que vem, sejamos reunidos à sua direita na comunidade dos justos.

1º DE DEZEMBRO

obreveio então uma tempestade de vento, e as ondas se jogavam para dentro do barco, e o barco já estava se enchendo. [...] Levantando-se, Ele conjurou severamente o vento e disse ao mar: "Silêncio! Quieto!". Logo o vento serenou e houve grande bonança. Depois, Ele perguntou: "Por que tendes medo? Ainda não tendes fé?". Então ficaram com muito medo e diziam uns aos outros: "Quem é este a quem até o vento e o mar obedecem?". Marcos 4,37-41

A Igreja é como um barco que deve enfrentar as tempestades e às vezes parece que está prestes a sucumbir. Aquilo que a salva não são as qualidades nem a coragem dos seus homens, mas a fé, que permite caminhar entre as dificuldades. A fé nos confere a segurança da presença de Jesus sempre ao nosso lado, da sua mão que nos segura para nos proteger do perigo. Todos nós estamos neste barco, e aqui nos sentimos seguros, não apesar dos nossos limites e debilidades. Estamos seguros sobretudo quando sabemos nos ajoelhar e adorar Jesus, o único Senhor da nossa vida. Para isso nos convida sempre a nossa Mãe, Nossa Senhora. Dirijamo-nos a Ela com confiança.

ORAÇÃO

Santa Mãe de nosso Redentor, porta do Céu sempre aberta, estrela do mar, socorrei o povo que caiu e quer se levantar. Vós gerastes, ó maravilha, aquele que Vos criou e permanecestes sempre virgem. Recebei a saudação do anjo Gabriel e tende piedade de nós, pecadores.

2 DE DEZEMBRO

obe a um alto monte, mensageira de Sião; eleva a tua voz com vigor, mensageira de Jerusalém; eleva-a, não temas; dize às cidades de Judá: "Eis aqui o vosso Deus!". Eis aqui o Senhor Deus: ele vem com poder, o seu braço lhe assegura o domínio; eis com ele o seu salário, diante dele a sua recompensa. Isaías 40,9-10

Como na vida de cada um de nós há sempre necessidade de voltar a partir, de se erguer, de reencontrar o sentido da meta da próxima existência, assim para a grande família humana é necessário renovar sempre o horizonte comum para o qual estamos encaminhados. O horizonte da esperança! Esse é o horizonte para percorrer um bom caminho. O tempo do Advento restitui-nos o horizonte da esperança, uma esperança que não desilude porque está fundada na Palavra de Deus. Uma esperança que não decepciona, simplesmente porque o Senhor nunca desilude! Ele é fiel! Ele não desilude! Pensemos e sintamos esta beleza.

ORAÇÃO

Deus de bondade infinita, que sem cessar Vos lembrais do Vosso povo e o visitais pelos Vossos mensageiros, conservai-nos vigilantes e despertos para o dia da vinda do Vosso Filho. Ele, que é Deus convosco, na unidade do Espírito Santo.

3 DE DEZEMBRO

começou a ensinar-lhes: *"O Filho do Homem deve sofrer muito, ser rejeitado pelos anciãos, pelos chefes dos sacerdotes e pelos escribas, ser morto e, depois de três dias ressuscitar". Dizia isso abertamente. Pedro, chamando-o de lado, começou a recriminá-lo. Ele, porém, voltando-se e vendo seus discípulos, recriminou a Pedro, dizendo: "Afasta-te de mim, Satanás, porque não pensas as coisas de Deus, mas as dos homens!".* MARCOS 8,31-3

Muitas vezes nos contentamos com algumas preces, com uma missa dominical distraída e inconstante, com alguns gestos de caridade, mas não temos esta coragem de "sair" para anunciar Cristo. Somos um pouco como são Pedro. Assim que Jesus fala de Paixão, Morte e Ressurreição, de dom de si, de amor por todos, o apóstolo chama-o à parte e o repreende. Aquilo que Jesus diz altera os seus planos, parece inaceitável, põe em dificuldade as seguranças que tinha construído para si, a sua ideia de Messias. Jesus olha para os discípulos e dirige a Pedro talvez uma das palavras mais duras dos Evangelhos.

ORAÇÃO

Jamais morrerei, eu vou viver para contar as obras do Senhor! O Senhor me castigou e castigou, mas não me entregou à morte! Abri-me as portas da justiça, vou entrar celebrando ao Senhor! Esta é a porta do Senhor: os justos por ela entrarão.

4 DE DEZEMBRO

ete vezes por dia eu te louvo por causa de tuas normas justas. É grande a paz dos que amam a tua lei, para eles não existe um tropeço. Eu espero tua salvação, Senhor, e pratico teus mandamentos. SALMOS 119,164-6

A condição essencial para conservar o dom do conselho é a oração. Voltamos sempre ao mesmo tema: a oração! Mas o tipo de oração não é tão importante. Podemos rezar com as preces que todos sabemos desde crianças, mas também com as nossas palavras. Pedir ao Senhor: "Senhor, ajudai-me, aconselhai-me, o que devo fazer agora?". E com a oração damos espaço para que o Espírito venha e nos ajude naquele momento, nos aconselhe sobre o que devemos fazer. A oração! Nunca esquecer a oração. Nunca! Ninguém nota quando rezamos no ônibus, pelas ruas: rezamos em silêncio com o coração. Aproveitemos esses momentos para rezar a fim de que o Espírito nos conceda o dom do conselho.

ORAÇÃO

Ouve a minha prece, Senhor, que o meu grito chegue a Ti! Não escondas Tua face de mim no dia da minha angústia; inclina o Teu ouvido para mim, no dia em que Te invoco, responde-me depressa!

5 DE DEZEMBRO

ois estou convencido de que nem a morte nem a vida, nem os anjos nem os principados, nem o presente nem o futuro, nem os poderes, nem a altura, nem a profundeza, nem qualquer outra criatura poderá nos separar do amor de Deus manifestado em Cristo Jesus, nosso Senhor. ROMANOS 8,38-9

Não obstante toda a nossa existência esteja circundada por ameaças, nunca algo poderá nos separar do amor que o próprio Cristo reservou para nós, entregando-se totalmente. Até os poderes demoníacos, hostis ao homem, deparam-se impotentes diante da íntima união de amor entre Jesus e quantos o recebem com fé. Essa realidade do amor fiel que Deus tem por nós ajuda-nos a enfrentar com serenidade e força o caminho de cada dia, que algumas vezes é imediato e outras é lento e extenuante. Somente o pecado do homem pode interromper este vínculo; mas, também neste caso, Deus irá procurá-lo sempre, irá em sua busca para restabelecer com ele uma união que perdura também depois da morte; aliás, uma união que alcança o seu apogeu no encontro final com o Pai. Essa certeza confere um sentido renovado e pleno à vida terrena e abre-nos à esperança para a vida além da morte.

ORAÇÃO

Manifestai, ó Deus, Vossa inesgotável bondade para com os filhos e filhas que Vos imploram e se gloriam de Vos ter como criador e guia, restaurando para eles a Vossa Criação e conservando-a renovada.

6 DE DEZEMBRO

odo o que nele tem esta esperança, purifica-se a si mesmo como também ele é puro. Todo o que comete pecado comete também a iniquidade, porque o pecado é a iniquidade. Mas sabeis que ele se manifestou para tirar os pecados e nele não há pecado. Todo aquele que permanece nele não peca. 1 João 3,3-6

A esperança é um pouco como o fermento, que faz dilatar a alma; existem momentos difíceis na vida, mas com a esperança a alma vai em frente e contempla aquilo que nos espera. Também a esperança nos purifica e alivia, e isso nos leva a caminhar depressa, com prontidão. Nesta antecipação do crepúsculo hodierno, cada um de nós pode pensar no ocaso da sua própria vida: "Como será o meu ocaso?". Todos nós teremos um declínio, todos! Encaro-o com esperança? Com aquela alegria de ser acolhido pelo Senhor? Trata-se de um pensamento cristão que nos incute paz. Pensemos no crepúsculo de numerosos irmãos e irmãs que nos precederam, meditemos sobre o nosso ocaso, quando ele chegar. Ponderemos no nosso coração, e nos interroguemos: "Onde está ancorado o meu coração?". Se não estiver bem ancorado, ancoremo-lo ali, naquela margem, conscientes de que a esperança nunca dececiona, porque o Senhor Jesus *nunca desilude*.

ORAÇÃO

Quem poderá subir à montanha do Senhor? Quem habitará no Seu santuário? O que tem as mãos inocentes e o coração puro, o que não invocou o Seu nome em vão.

7 DE DEZEMBRO

 orei hostilidade entre ti e a mulher, entre tua linhagem e a linhagem dela. Ela te esmagará a cabeça e tu lhe ferirás o calcanhar. Gênesis 3,15

Maria, uma jovem de Nazaré, pequena localidade da Galileia, nos arrabaldes do império romano e também na periferia de Israel. Um pequeno povoado. E no entanto, sobre ela, uma jovem daquela aldeia pequena e longínqua, pousou o olhar do Senhor, que a escolheu para ser a Mãe do seu Filho. Em vista desta maternidade, Maria foi preservada do pecado original, ou seja, daquela ruptura na comunhão com Deus, com os outros e com a Criação que fere cada ser humano em profundidade. Mas esta ruptura foi curada antecipadamente na Mãe daquele que veio para nos libertar da escravidão do pecado. A Imaculada está inscrita no desígnio de Deus; é fruto do amor de Deus que salva o mundo.

ORAÇÃO

Senhor, nosso Deus e nosso Pai, que convocastes e reunistes estes Vossos filhos para celebrarem os louvores da Virgem Imaculada, fazei que, olhando para Ela, aprendam a imitá-La e a progredir na santidade.

8 DE DEZEMBRO

SOLENIDADE DA IMACULADA CONCEIÇÃO DA BEM-AVENTURADA VIRGEM MARIA

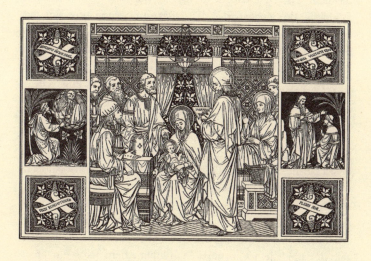

 Senhor Deus disse à mulher: "Que fizeste?". E a mulher respondeu: "A serpente me seduziu e eu comi". Então o Senhor Deus disse à serpente: "Porque fizeste isso, és maldita entre todos os animais domésticos e todas as feras selvagens! Caminharás sobre teu ventre e comerás poeira todos os dias de tua vida! Porei hostilidade entre ti e a mulher, entre tua linhagem e a linhagem dela. Ela te esmagará a cabeça e tu lhe ferirás o calcanhar". GÊNESIS 3,13-5

Devemos muito a esta Mãe! Nela, presente em cada momento da história da salvação, vemos um testemunho sólido de esperança. Ela, mãe da esperança, nos sustenta nos momentos de escuridão, de dificuldade, de desconforto, de aparente derrota ou de verdadeiras derrotas humanas.

ORAÇÃO

Virgem Santa e Imaculada, que sois a honra do nosso povo e a guardiã solícita da nossa cidade, a Vós nos dirigimos com amorosa confidência.

Toda sois Formosa, ó Maria! Em Vós não há pecado. Suscitai em todos nós um renovado desejo de santidade: na nossa palavra, refulja o esplendor da verdade, nas nossas obras, ressoe o cântico da caridade, no nosso corpo e no nosso coração, habitem pureza e castidade, na nossa vida, se torne presente toda a beleza do Evangelho.

Toda sois Formosa, ó Maria! em Vós Se fez carne a Palavra de Deus. Ajudai-nos a permanecer numa escuta atenta da voz do Senhor: o grito dos pobres nunca nos deixe indiferentes, o sofrimento dos doentes e de quem passa necessidade não nos encontre distraídos, a solidão dos idosos e a fragilidade das crianças nos comovam, cada vida humana sempre seja, por todos nós, amada e venerada.

Toda sois Formosa, ó Maria! Em Vós, está a alegria plena da vida beatífica com Deus. Fazei que não percamos o significado do nosso caminho terreno: a luz terna da fé ilumine os nossos dias, a força consoladora da esperança oriente os nossos passos, o calor contagiante do amor anime o nosso coração, os olhos de todos nós se mantenham bem fixos em Deus, onde está a verdadeira alegria.

Toda sois Formosa, ó Maria! Ouvi a nossa oração, atendei a nossa súplica: esteja em nós a beleza do amor misericordioso de Deus em Jesus, seja esta beleza divina a salvar-nos a nós, à nossa cidade, ao mundo inteiro.

Amém.

9 DE DEZEMBRO

 amais vou esquecer teus preceitos, pois é por eles que me fazes viver. Eu pertenço a ti: salva-me, pois eu busco teus preceitos. SALMOS 119,93-4

Um cristão sem memória não é um cristão autêntico: é um cristão a meio caminho, é um homem ou uma mulher prisioneiro do momento, que não sabe valorizar a sua história, não sabe lê-la nem vivê-la como história de salvação. Ao contrário, com a ajuda do Espírito Santo, podemos interpretar as inspirações interiores e os acontecimentos da vida à luz das palavras de Jesus. E assim prospera em nós a sabedoria da memória, a sapiência do coração, que é um dom do Espírito.

ORAÇÃO

Que o Espírito reavive a memória cristã em todos nós! E naquele dia, juntamente com os apóstolos, estava presente a Mulher da memória, Aquela que desde o princípio ponderava tudo no seu coração. Estava presente Maria, nossa Mãe. Que Ela nos ajude neste caminho da memória!

10 DE DEZEMBRO

isto ouvi uma voz forte que, do trono, dizia: "Eis a tenda de Deus com os homens. Ele habitará com eles; eles serão o seu povo, e ele, Deus-com-eles, será o seu Deus. Ele enxugará toda lágrima dos seus olhos, pois nunca mais haverá morte, nem luto, nem clamor, e nem dor haverá mais. Sim! As coisas antigas se foram!". APOCALIPSE 21,3-4

João nos diz que na Igreja, esposa de Cristo, se torna visível a "nova Jerusalém". Isso significa que a Igreja, além de esposa, é chamada a se tornar cidade, símbolo por excelência da convivência e das relações humanas. Então, como é bonito poder contemplar desde já, segundo outra imagem deveras sugestiva do Apocalipse, todas as nações e povos reunidos nessa cidade, como que numa tenda, "a tenda de Deus!".

ORAÇÃO

Elevemos, irmãos, a nossa fervorosa oração a Jesus Cristo, que quis nascer da Virgem Maria e habitou entre nós, para que Se digne entrar nesta casa e abençoá-la com a sua presença. Nosso Senhor Jesus Cristo esteja aqui no meio de vós, alimente a vossa caridade fraterna, tome parte nas vossas alegrias e vos conforte nas tristezas. E vós, seguindo os mandamentos e exemplos de Cristo, procurai, acima de tudo, viver de tal modo que esta casa nova seja lugar onde habite a caridade, e donde se difunda ao longo e ao largo a suave fragrância de Cristo.

11 DE DEZEMBRO

sso podeis saber com certeza, meus amados irmãos. Que seja cada um de vós pronto para ouvir, mas tardio para falar e tardio para encolerizar-se; pois a cólera do homem não é capaz de cumprir a justiça de Deus. Por essa razão, renunciando a toda imundície e a todos os vestígios de maldade, recebei com docilidade a Palavra que foi plantada em vossos corações e é capaz de salvar as vossas vidas. TIAGO 1,19-21

Recordemo-nos que as palavras matam. Também os desejos negativos contra o próximo matam. Muitas vezes, quando ouvimos as pessoas falarem mal dos outros, parece que os pecados da calúnia e da difamação foram eliminados do decálogo, mas falar mal de uma pessoa é pecado. E por que falar mal de alguém? Porque no coração se escondem o ódio, a antipatia, e não o amor. Devemos pedir sempre esta graça: saber o que acontece dentro do meu coração, para fazer sempre a escolha do bem. E que o Senhor nos ajude a amar-nos uns aos outros.

Mas e se eu não gostar de uma pessoa? Devo rezar por aquela pessoa, para que o Senhor me leve a gostar dela. E assim ir em frente, recordando que quanto mancha a nossa vida é aquilo que de negativo sai do nosso coração. E que o Senhor nos ajude!

ORAÇÃO

Vinde, Espírito do Temor de Deus, preenchei-me com o Vosso Santo Temor de modo que tenha sempre Deus presente e evite tudo o que possa desagradar aos olhos de sua Divina Majestade.

12 DE DEZEMBRO

Nossa Senhora de Guadalupe

 antai ao Senhor um cântico novo! Terra inteira, cantai ao Senhor! Cantai ao Senhor, bendizei o seu nome! Proclamai sua salvação, dia após dia, anunciai sua glória por entre as nações, pelos povos todos as suas maravilhas! SALMOS 96,1-3

Quando apareceu a são Juan Diego, seu rosto era mestiço e suas vestes, cheias de símbolos da cultura indígena. Seguindo o exemplo de Jesus, Maria está ao lado dos seus filhos, acompanha o seu caminho como mãe atenciosa, partilha as alegrias e esperanças, os sofrimentos e as angústias do Povo de Deus, do qual todos os povos da terra são chamados a fazer parte. A aparição da imagem da Virgem no manto de Juan Diego foi o sinal profético de um abraço, o abraço de Maria a todos os habitantes das vastas terras americanas, aos que já estavam ali e aos que chegaram depois. A América é uma terra generosa, onde podem conviver povos diversos, uma terra capaz de respeitar a vida humana em todas as suas fases, desde o ventre materno até à velhice, capaz de acolher os emigrantes, os povos, os pobres e os marginalizados de todas as épocas. Essa é a mensagem de Nossa Senhora de Guadalupe.

ORAÇÃO

Caros irmãos e irmãs da América inteira, rezo por todos vós, mas também vós orai por mim! Que a alegria do Evangelho esteja sempre nos vossos corações! O Senhor vos abençoe e a Virgem vos acompanhe!

13 DE DEZEMBRO

stando ainda a falar às multidões, sua mãe e seus irmãos estavam fora, procurando falar-lhe. Alguém lhe disse: "Eis a tua mãe e os teus irmãos que estão aí fora e procuram falar-te". Jesus respondeu àquele que o avisou: "Quem é minha mãe e quem são meus irmãos?". E, apontando para os discípulos com a mão, disse: "Aqui estão a minha mãe e os meus irmãos, porque aquele que fizer a vontade de meu Pai que está nos Céus, esse é meu irmão, irmã e mãe". MATEUS 12,46-50

A fraternidade é uma dimensão essencial do homem, sendo ele um ser relacional. A consciência viva desta dimensão relacional nos leva a ver e tratar cada pessoa como uma verdadeira irmã e um verdadeiro irmão; sem tal consciência, torna-se impossível a construção de uma sociedade justa, de uma paz firme e duradoura. E convém desde já lembrar que a fraternidade se começa a aprender habitualmente no seio da família, graças sobretudo às funções responsáveis e complementares de todos os seus membros, mormente do pai e da mãe. A família é a fonte de toda a fraternidade, sendo por isso mesmo também o fundamento e o caminho primário para a paz, já que, por vocação, deveria contagiar o mundo com o seu amor.

ORAÇÃO

Que Maria, a Mãe de Jesus, nos ajude a compreender e a viver todos os dias a fraternidade que jorra do coração do seu Filho, para levar a paz a todo o homem que vive nesta nossa amada terra.

14 DE DEZEMBRO

ão rogo somente por eles, mas pelos que, por meio de sua palavra, crerão em mim: a fim de que todos sejam um. Como tu, Pai, estás em mim e eu em ti, que eles estejam em nós, para que o mundo creia que tu me enviaste. João 17,20-1

Sim, queridos irmãos e irmãs em Cristo, sintamo-nos todos intimamente unidos à oração do nosso Salvador na Última Ceia, àquela sua imploração *ut unum sint*. Peçamos ao Pai misericordioso a graça de viver em plenitude aquela fé que recebemos, em dom, no dia do nosso Batismo, e de poder dar testemunho livre, feliz e corajoso dela. Este será o melhor serviço que podemos prestar à causa da unidade entre os cristãos, um serviço de esperança para um mundo ainda marcado por divisões, contrastes e rivalidades. Quanto mais formos fiéis à sua vontade nos pensamentos, nas palavras e nas obras, tanto mais caminharemos efetiva e substancialmente para a unidade.

ORAÇÃO

E agora convido todos vós a rezar juntos, a orar juntos à Nossa Senhora, Rainha da paz, Rainha da unidade entre os cristãos, Mãe de todos os cristãos: que Ela nos conceda a paz, ao mundo inteiro, e que nos acompanhe nesta vereda de unidade.

15 DE DEZEMBRO

isse-lhe Jesus: "Eu sou a ressurreição. Quem crê em mim, ainda que morra, viverá. E quem vive e crê em mim jamais morrerá. Crês nisso?". João 11,25-6

Sobre esta Palavra do Senhor nós acreditamos que a vida de quem crê em Jesus e segue os Seus mandamentos, depois da morte será transformada numa vida nova, plena e imortal. Assim como Jesus ressuscitou com o próprio corpo, mas não voltou a uma vida terrena, também nós ressurgiremos com os nossos corpos que serão transfigurados em corpos gloriosos. Ele espera por nós junto do Pai, e a força do Espírito Santo, que O ressuscitou, ressuscitará também quem estiver unido a Ele.

ORAÇÃO

Deus santo, Deus da vida, Deus salvador, que na Ressurreição do Vosso Filho destes ao mundo a vitória sobre a morte, fazei-nos viver ressuscitados com Ele, deixando-nos conduzir pelo seu Espírito. Por Cristo, nosso Senhor.

16 DE DEZEMBRO

os teus mandamentos estão as minhas delícias: eu os amo. Levanto as mãos aos teus mandamentos, que amo, e medito em teus estatutos. Lembra-te da tua palavra ao teu servo, na qual tu me fazes esperar. Esta é a minha consolação na minha miséria: a tua promessa me dá vida. Os soberbos caçoam de mim à vontade, mas eu não me desvio de tua lei. SALMOS 119,47-51

Na vida sempre existirão pessoas que vos farão propostas para bloquear o vosso caminho. Por favor, ide contra a corrente. Sede corajosos: ide contra a corrente. Podeis ouvir: "Não, mas... toma um pouco de álcool, usa um pouco de droga". Não! Ide contra a corrente nesta civilização que nos faz muito mal. Entendestes? Ide contra a corrente; e isso significa fazer barulho, ir em frente, mas com os valores da beleza, da bondade e da verdade. Desejo-vos todo o bem, bom trabalho, alegria no coração: jovens alegres!

ORAÇÃO

E por isso dou-vos a Bênção. Mas antes, todos juntos, rezemos à Nossa Senhora, que é a Mãe da beleza, a Mãe da bondade e a Mãe da verdade, para que nos dê a graça da coragem, porque Nossa Senhora é corajosa, esta mulher tinha coragem! Era boa, boa, boa! Peçamos a ela, que está no Céu, que é a nossa Mãe, que nos dê a graça da coragem para irmos em frente e contra a corrente. Todos juntos, como estais, assim, rezemos uma ave-maria à Nossa Senhora.

17 DE DEZEMBRO

ompreendei isto: se o dono da casa soubesse em que hora viria o ladrão, não deixaria que sua casa fosse arrombada. Vós também, ficai preparados, porque o Filho do Homem virá numa hora que não pensais. Lucas 12,39-40

O Evangelho nos fala do desejo do encontro definitivo com Cristo, um desejo que nos faz estar sempre prontos, com o espírito vigilante, porque esperamos este encontro com todo o coração, com todo o nosso ser. Trata-se de um aspecto fundamental da vida. É um desejo que todos nós, explícita ou implicitamente, temos no coração. O evangelista Lucas mostra-nos Jesus, que caminha com os seus discípulos rumo a Jerusalém, rumo à Páscoa de Morte e Ressurreição, e é neste caminho que os educa, revelando-lhes o que Ele mesmo tem no coração, as atitudes profundas da sua alma. Entre essas atitudes encontra-se a vigilância interior, a expectativa concreta do Reino de Deus. Para Jesus, é a espera do regresso para a casa do Pai. Para nós, a espera do próprio Cristo, que virá à nossa procura a fim de nos levar para a festa sem fim, como já fez com a sua Mãe, Maria Santíssima: levou-a para o Céu juntamente consigo.

ORAÇÃO

Ouvi, Deus de bondade, as nossas súplicas e fazei-nos entrar na glória eterna, onde já se encontra a Mãe do Vosso Filho, elevada ao Céu em corpo e alma. Por Cristo, nosso Senhor.

18 DE DEZEMBRO

  chegaram a Cafarnaum. Em casa, Ele lhes perguntou: "Sobre o que discutíeis no caminho?". Ficaram em silêncio, porque pelo caminho vinham discutindo sobre qual era o maior. Então Ele, sentando-se, chamou os doze e disse: "Se alguém quiser ser o primeiro, seja o último de todos e o servo de todos". Marcos 9,33-35

Se, no Natal, Deus se revela não como alguém que está no alto e que domina o universo, mas como Aquele que se abaixa, que desce sobre a terra pequenino e pobre, significa que, para sermos semelhantes a Ele, não devemos nos colocar acima dos outros, mas, ao contrário, abaixar-nos, pôr-nos a seu serviço. Mas se um cristão não quer se humilhar, não aceita servir ou se vangloria em toda a parte, ele não é cristão, e sim pagão. O cristão serve, abaixa-se. Se, através de Jesus, Deus se comprometeu com o homem a ponto de se tornar um de nós, quer dizer que tudo o que fizermos a um irmão ou a uma irmã, a Ele o fazemos. Foi o próprio Jesus quem nos recordou: quem alimenta, acolhe, visita e ama um destes pequeninos e mais pobres entre os homens, é ao Filho de Deus que o faz.

ORAÇÃO

Confiemo-nos a Deus, à intercessão maternal de Maria, Mãe de Jesus e nossa Mãe, a fim de que nos ajude neste Santo Natal, já iminente, a reconhecermos no rosto do nosso próximo, especialmente das pessoas mais frágeis e marginalizadas, a imagem do Filho de Deus que se fez homem.

19 DE DEZEMBRO

 o Verbo se fez carne, e habitou entre nós. João 1,14

Deus está sempre presente a suscitar homens novos, a purificar o mundo do pecado que o envelhece, do pecado que o corrompe. Mesmo que a história humana e pessoal de cada um de nós possa estar marcada pelas dificuldades e fragilidades, a fé na Encarnação nos diz que Deus é solidário com o homem e com a sua história. Esta proximidade de Deus ao homem, a cada homem, a cada um de nós, é um dom que nunca acaba! Ele está conosco! Ele é Deus conosco! E essa proximidade nunca acaba.

ORAÇÃO

Senhor nosso Deus, que de modo admirável criastes o homem e de modo ainda mais admirável o renovastes, fazei que possamos participar na vida divina do Vosso Filho que Se dignou assumir a nossa natureza humana. Ele, que é Deus convosco, na unidade do Espírito Santo.

20 DE DEZEMBRO

isse-lhe Jesus: *Eu sou a ressurreição. Quem crê em mim, ainda que morra, viverá.* João 11,25

A ressurreição de todos nós acontecerá no último dia, no fim do mundo, por obra da onipotência de Deus, que restituirá a vida ao nosso corpo, reunindo-o à alma, em virtude da Ressurreição de Jesus. Esta é a explicação fundamental: dado que Jesus ressuscitou, também nós ressuscitaremos; temos a esperança na Ressurreição, porque Ele nos abriu a porta para a Ressurreição. E essa transformação do nosso corpo é preparada nesta vida pela relação com Jesus, nos sacramentos, especialmente na Eucaristia. Nós, que nesta vida somos alimentados pelo Corpo e Sangue, ressuscitaremos como Ele, com Ele e por meio Dele.

ORAÇÃO

Deus, Pai de misericórdia, escutai benignamente as nossas orações, para que, ao confessarmos a fé na Ressurreição do Vosso Filho, se confirme em nós a esperança da ressurreição dos Vossos servos. Por nosso Senhor Jesus Cristo, Vosso Filho, que é Deus convosco, na unidade do Espírito Santo.

21 DE DEZEMBRO

orque um menino nos nasceu, um filho nos foi dado, ele recebeu o poder sobre seus ombros e lhe foi dado este nome: Conselheiro-maravilhoso, Deus-forte, Pai-eterno, Príncipe-da-paz. Isaías 9,5

Francisco de Assis nos diz: trabalhai por edificar a paz. Mas, sem a verdade, não há verdadeira paz. Não pode haver verdadeira paz, se cada um é a medida de si mesmo, se cada um pode reivindicar sempre e só os direitos próprios, sem se importar ao mesmo tempo com o bem dos outros, com o bem de todos, a começar com a natureza comum a todos os seres humanos nesta terra.

ORAÇÃO

Senhor Deus de Paz, escutai a nossa súplica!

Tentamos tantas vezes e durante tantos anos resolver os nossos conflitos com as nossas forças e também com as nossas armas; tantos momentos de hostilidade e escuridão; tanto sangue derramado; tantas vidas despedaçadas; tantas esperanças sepultadas... Mas os nossos esforços foram em vão. Agora, Senhor, ajudai-nos Vós! Dai-nos, Vós, a paz, ensinai-nos, Vós, a paz, guiai-nos, Vós, para a paz. Amém.

22 DE DEZEMBRO

ambém José subiu da cidade de Nazaré, na Galileia, para a Judeia, na cidade de Davi, chamada Belém, por ser da casa e da família de Davi, para se inscrever com Maria, sua mulher, que estava grávida. Enquanto lá estavam, ela deu à luz o seu filho primogênito, envolveu-o com faixas e reclinou-o numa manjedoura, porque não havia lugar para eles na sala. Lucas 2, 4-7

O Menino de Belém é frágil, como todos os recém-nascidos. Não sabe falar e, no entanto, é a Palavra que Se fez carne e veio para mudar o coração e a vida dos homens. Também hoje as crianças precisam ser acolhidas e defendidas. Infelizmente, neste mundo que desenvolveu as tecnologias mais sofisticadas, ainda há tantas crianças em condições desumanas, vivendo à margem da sociedade, nas periferias das grandes cidades ou nas zonas rurais. Ainda hoje há tantas crianças exploradas, maltratadas, escravizadas, vítimas de violência e de tráfico. Muitas são hoje as crianças exiladas, refugiadas, por vezes afundadas nos mares, especialmente nas águas do Mediterrâneo. De tudo isso nos envergonhamos hoje diante de Deus, Deus que Se fez Menino.

ORAÇÃO

Ó Maria, Mãe de Jesus, Vós que acolhestes, ensinai-nos a acolher; Vós que adorastes, ensinai-nos a adorar; Vós que acompanhastes, ensinai-nos a acompanhar. Amém.

23 DE DEZEMBRO

Fiel é esta palavra: *Se com ele morremos, com ele viveremos. Se com ele sofremos, com ele reinaremos. Se nós o renegamos, também ele nos renegará. Se lhe somos infiéis, ele permanece fiel, pois não pode renegar-se a si mesmo.* 2 Timóteo 2,11-3

Jesus nunca nos abandona, porque não pode negar-se a si mesmo. É fiel. A fidelidade que Deus, sem cessar, nos confirma também a nós, pastores, independentemente dos nossos méritos, é a fonte de nossa confiança e da nossa paz. A fidelidade do Senhor para conosco mantém sempre aceso em nós o desejo de servi-lo e de servir os irmãos na caridade.

ORAÇÃO

Senhor Deus, Pai de nosso Senhor Jesus Cristo, Pai de infinita misericórdia e Deus de toda a consolação: Vós habitais nos Céus e olhais para os humildes, Vós conheceis todas as coisas ainda antes de existirem. Por Vossa palavra e Vosso dom, instituístes a Igreja com suas normas fundamentais, eternamente predestinastes a geração dos justos que havia de nascer de Abraão, estabelecestes príncipes e sacerdotes, e não deixastes sem ministério o Vosso santuário, e, desde o princípio do mundo, Vos apraz ser glorificado por aqueles que Vós mesmo escolheis.

24 DE DEZEMBRO

VÉSPERA DE NATAL

quele, porém, que perseverar até o fim, esse será salvo. E este Evangelho do Reino será proclamado no mundo inteiro, como testemunho para todas as nações. E então virá o Fim. MATEUS 24,13-4

Mas, estimados amigos, o Evangelho não diz respeito unicamente à religião; ele se refere ao homem, ao homem todo, ao mundo, à sociedade e à civilização humana. O Evangelho é a mensagem de salvação de Deus para a humanidade. Mas, quando dizemos "mensagem de salvação", não é um modo de dizer, não são palavras vazias, como existem tantas hoje em dia! A humanidade tem verdadeiramente necessidade de ser salva! Vemos isso, todos os dias, quando folheamos o jornal, mas também ao nosso redor, nas pessoas e nas situações; e inclusive em nós mesmos! Cada um de nós tem necessidade da salvação! Sozinhos não conseguimos! Precisamos da salvação! Mas salvação do quê? Do mal. O mal age, desempenha o seu trabalho. Mas o mal não é invencível e o cristão não se resigna diante do mal.

ORAÇÃO

Ó Deus, que admiravelmente criastes o ser humano e mais admiravelmente restabelecestes a sua dignidade, dai-nos participar da divindade do Vosso Filho, que Se dignou a assumir a nossa humanidade.

25 DE DEZEMBRO

NATAL

 anjo, porém, disse-lhes: "Não temais! Eis que eu vos anuncio uma grande alegria, que será para todo o povo: Nasceu-vos hoje um Salvador, que é o Cristo-Senhor, na cidade de Davi. Isto vos servirá de sinal: encontrareis um recém-nascido envolto em faixas deitado numa manjedoura". E de repente juntou-se ao anjo uma multidão do exército celeste a louvar a Deus dizendo: "Glória a Deus no mais alto dos céus e paz na terra aos homens que ele ama!". LUCAS 2,10-4

A primeira coisa que o Natal nos chama a fazer é isto: dar glória a Deus, porque Ele é bom, é fiel, é misericordioso. Neste dia, desejo a todos que possam reconhecer o verdadeiro rosto de Deus, o Pai que nos deu Jesus. Desejo a todos que possam sentir que Deus está perto, possam estar na sua presença, amá-Lo, adorá-Lo. Possa cada um de nós dar glória a Deus sobretudo com a vida, com uma vida gasta por amor d'Ele e dos irmãos.

Paz aos homens. A verdadeira paz — como sabemos — não é um equilíbrio entre forças contrárias; não é uma bela "fachada", por trás da qual há contrastes e divisões. A paz é um compromisso de todos os dias, mas a paz é artesanal, realiza-se a partir do dom de Deus, da graça que Ele nos deu em Jesus Cristo.

ORAÇÃO

Ó Deus, que fizestes resplandecer esta noite santa com a claridade da verdadeira luz, concedei que, tendo vislumbrado na terra este mistério, possamos gozar no Céu sua plenitude. Por nosso Senhor Jesus Cristo, Vosso Filho, na unidade do Espírito Santo. Amém.

26 DE DEZEMBRO

Santo Estêvão

stêvão, porém, repleto do Espírito Santo, fitou os olhos no céu e viu a glória de Deus, e Jesus, de pé, à direita de Deus. E disse: "Eu vejo os céus abertos, e o Filho do Homem, de pé, à direita de Deus". Eles, porém, dando grandes gritos, taparam os ouvidos e precipitaram-se à uma sobre ele. E, arrastando-o para fora da cidade, começaram a apedrejá-lo. As testemunhas depuseram seus mantos aos pés de um jovem chamado Saulo. E apedrejaram a Estêvão, enquanto este invocava e dizia: "Senhor Jesus, recebe meu espírito". Depois, caindo de joelhos, gritou em voz alta: "Senhor, não lhes leves em conta este pecado". E, dizendo isto, adormeceu. ATOS DOS APÓSTOLOS 7,55-60

Os cristãos que sofrem estão na Igreja da paciência. Eles sofrem e há mais mártires hoje do que nos primeiros séculos da Igreja. Sim, mais mártires! Irmãos e irmãs nossos, que sofrem! Levam a fé até ao martírio. Mas o martírio nunca é uma derrota; o martírio é o grau mais alto do testemunho que devemos dar. Nós estamos a caminho do martírio, de pequenos martírios: ao renunciar a isto, ao fazer aquilo… Vamos a caminho.

ORAÇÃO

Ensinai-nos, ó Deus, a imitar o que celebramos, amando nossos próprios inimigos, pois festejamos santo Estêvão, Vosso primeiro mártir, que soube rezar por seus perseguidores. Por nosso Senhor Jesus Cristo, Vosso Filho, na unidade do Espírito Santo.

27 DE DEZEMBRO

Três dias depois, eles o encontraram no templo, sentado em meio aos doutores, ouvindo-os e interrogando-os; e todos os que o ouviam ficavam extasiados com sua inteligência e com suas respostas. Ao vê-lo, ficaram surpresos, e sua mãe lhe disse: "Meu filho, por que agiste assim conosco? Olha que teu pai e eu, aflitos, te procurávamos". Ele respondeu: "Por que me procuráveis? Não sabíeis que devo estar na casa de meu Pai?". Lucas 2,46-9

Diante de todas as dificuldades e surpresas do projeto de Deus, a esperança da Virgem nunca vacilou! Mulher de esperança. Isso nos diz que a esperança se nutre de escuta, de contemplação, de paciência, para que os tempos do Senhor amadureçam.

ORAÇÃO

Jesus, Maria e José, em Vós contemplamos o esplendor do verdadeiro amor, a Vós, com confiança, nos dirigimos.

Sagrada Família de Nazaré, tornai também as nossas famílias lugares de comunhão e cenáculos de oração, escolas autênticas do Evangelho e pequenas igrejas domésticas.

Sagrada Família de Nazaré, que nunca mais se faça, nas famílias, experiência de violência, egoísmo e divisão: quem ficou ferido ou escandalizado depressa conheça consolação e cura.

Sagrada Família de Nazaré, que o próximo Sínodo dos Bispos possa despertar, em todos, a consciência do caráter sagrado e inviolável da família, a sua beleza no projeto de Deus.

Jesus, Maria e José, escutai, atendei a nossa súplica.

28 DE DEZEMBRO

ntão Herodes, percebendo que fora enganado pelos magos, ficou muito irritado e mandou matar, em Belém e em todo seu território, todos os meninos de dois anos para baixo, conforme o tempo de que havia se certificado com os magos. Então cumpriu-se o que fora dito pelo profeta Jeremias: "Ouviu-se uma voz em Ramá, choro e grande lamentação: Raquel chora seus filhos e não quer consolação, porque eles já não existem". MATEUS 2,16-8

No ser humano frágil, cada um de nós é convidado a reconhecer o rosto do Senhor, que na sua carne humana experimentou a indiferença e a solidão às quais frequentemente condenamos os mais pobres, tanto nos países em fase de desenvolvimento, como nas sociedades abastadas. Cada criança não nascida, mas condenada injustamente a ser abortada, tem o rosto de Jesus Cristo, tem a face do Senhor, que ainda antes de nascer e depois, recém-nascido, experimentou a rejeição do mundo. E cada idoso — falei da criança, mas agora falemos dos idosos, outro ponto —, ainda que seja enfermo ou esteja no fim dos seus dias, tem em si o rosto de Cristo. Não pode ser descartado, como nos propõe a "cultura do descarte"!

ORAÇÃO

Ó Deus, hoje os santos inocentes proclamam Vossa glória não por palavras, mas pela própria morte; dai-nos também testemunhar com a nossa vida o que os nossos lábios professam.

29 DE DEZEMBRO

 is que eu vos envio como ovelhas entre lobos. Por isso, sede prudentes como as serpentes e sem malícia como as pombas.
Mateus 10,16

Entre os vários aspectos da luz, que nos guia no caminho da fé, inclui-se também uma santa "astúcia". Também esta é uma virtude: a "astúcia" santa. Trata-se daquela sagacidade espiritual que nos permite reconhecer os perigos e evitá-los. Os Magos souberam usar esta luz feita de "astúcia" quando, no caminho de regresso, decidiram não passar pelo palácio tenebroso de Herodes, mas seguir por outra estrada. Estes sábios vindos do Oriente nos ensinam o modo de não cairmos nas ciladas das trevas e a nos defendermos da obscuridade que teima em envolver a nossa vida. Com esta "astúcia" santa, eles guardaram a fé. Também nós devemos guardar a fé. Guardá-la daquela escuridão, se bem que, muitas vezes, é uma escuridão travestida de luz! Porque às vezes o demônio, diz são Paulo, veste-se de anjo de luz.

ORAÇÃO

Uns confiam em carros, outros em cavalos; nós, porém, invocamos o nome do Senhor nosso Deus. Eles se inclinam e caem; nós, porém, nos levantamos e ficamos de pé.

30 DE DEZEMBRO

SAGRADA FAMÍLIA

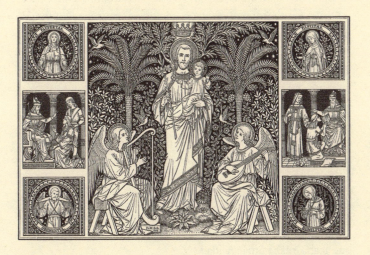

 ilhinhos, é chegada a última hora. 1 João 2,18

Com a vinda de Deus na história já estamos no tempo "último", depois do qual a passagem final será a segunda e definitiva vinda de Cristo. Naturalmente fala-se, aqui, da *qualidade* do tempo, não da *quantidade*. Com Jesus veio a "plenitude" do tempo, plenitude de significado e plenitude de salvação. E não haverá uma nova revelação, mas a manifestação plena do que Jesus já revelou. Neste sentido estamos na "última hora"; cada momento da nossa vida não é provisório, é definitivo, e cada uma das nossas ações está cheia de eternidade; com efeito, a resposta que damos hoje a Deus, que nos ama em Jesus Cristo, incide sobre o nosso futuro. A visão bíblica e cristã do tempo e da história não é cíclica, e sim linear: é um caminho que se orienta para um cumprimento. Por conseguinte, um ano que transcorreu não nos leva a uma realidade que acaba, mas a uma realidade que se cumpre, é mais um passo rumo à meta que está diante de nós: uma meta de esperança e uma meta de felicidade, porque encontramos Deus, razão da nossa esperança e fonte da nossa alegria.

ORAÇÃO

A Mãe de Deus, em cujo nome começaremos uma nova etapa da nossa peregrinação terrena, nos ensine a acolher o Deus feito homem, para que cada ano, mês e dia esteja repleto do seu amor eterno. Assim seja!

31 DE DEZEMBRO

VÉSPERA DO ANO-NOVO

ão penseis que vim revogar a Lei e os profetas. Não vim revogá-los, mas dar-lhes pleno cumprimento, porque em verdade vos digo que, até que passem o céu e a terra, não será omitido nem um só i, uma só vírgula da Lei, sem que tudo seja realizado. Aquele, portanto, que violar um só desses menores mandamentos e ensinar os homens a fazerem o mesmo, será chamado o menor no Reino dos Céus. Aquele, porém, que os praticar e os ensinar, esse será chamado grande no Reino dos Céus. MATEUS 5,17-9

Estimados amigos, como vedes, não vos propus fórmulas prontas. Não as tenho e não acredito em quantos dizem que as têm: elas não existem! No entanto, encontrei no caminho da vossa Igreja aspectos bonitos e importantes que devem prosperar, e quero confirmar-vos neles. Escutai a Palavra, caminhai juntos em fraternidade, anunciai o Evangelho nas periferias! O Senhor vos abençoe, Nossa Senhora vos proteja e são Francisco vos ajude a viver a alegria de ser discípulos do Senhor.

ORAÇÃO

Deus eterno e todo-poderoso, que estabelecestes o princípio e a plenitude de toda a religião na encarnação do Vosso Filho, concedei que sejamos contados entre os discípulos daquele que é toda a salvação da humanidade. Por nosso Senhor Jesus Cristo, Vosso Filho, na unidade do Espírito Santo.

TIPOGRAFIA Garamond
DIAGRAMAÇÃO Osmane Garcia Filho
PAPEL Pólen, Suzano S.A.
IMPRESSÃO Geográfica, fevereiro de 2025

A marca FSC® é a garantia de que a madeira utilizada na fabricação do papel deste livro provém de florestas que foram gerenciadas de maneira ambientalmente correta, socialmente justa e economicamente viável, além de outras fontes de origem controlada.